書山有路勤為徑
學海無崖苦作舟

文經閣

書山有路勤為徑
學海無崖苦作舟

文經閣

不同於戲裡說的雍正皇帝

秦漢唐◎編著

- 雍正是如電視劇中所言「勞累而死」的嗎？
- 雍正的後宮真是如此的爭寵大鬥心機嗎？
- 雍正真是每天忙於調停後宮「房事」嗎？
- 雍正是位陰沈、反覆無常的暴君嗎？
- 雍正真是位深情多意的多情君王嗎？

引言

放眼歷史，打開清朝的畫卷，我們會很驚奇地發現，清朝的「康熙盛世」和「乾隆盛世」是那麼的耀眼奪目，正是所謂的「雙峰」現象。而在這雙峰之間必有低谷，這就是雍正王朝。相比於兩個超過六十年的盛世王朝，雍正王朝短短的十六年時間，實在顯得渺小，因而，雍正名聲遠不及自己的父親，功績也敵不過自己的兒子。然而正是他，開創了一個過渡期，建立了一個政績顯著、民眾叫好的雍正王朝。

試看當時的形勢，在康熙晚期，皇太子沒有確定，因而導致爭儲鬥爭的白熱化。康熙的眾皇子大多是血氣方剛、奮發有為之人，每個人都能獨當一面，成就一番事業。

皇太子允礽很有心計，眼中不摻沙子，身邊聚集了一大批趨炎附勢的人，大有定位非他莫屬的形勢；然而他太張狂、太傲悖，眼中無人，目空一切，又犯了康熙不許交結朋黨的大忌。被廢了太子，而其實力猶在，捲土重來不是沒有可能……大阿哥允禔勇氣逼人，銳不可當，又會玩手段、耍花招，最先出來向皇太子挑戰，而且聯合了允禩等實力派，奪儲呼聲頗高……三阿哥允祉博學多才，素有謀略，有文士之風，向得康熙喜愛，又結交了一大批文士文官，形成了一個小集團……八阿哥允祀交際廣泛，善結人心，籠絡了很多朝中大臣，人緣最好，皇太子被廢後，奪儲呼聲最高，得意之處便不免忘形……十四阿哥允禵是康熙晚年最有希望繼成皇位的人，他有大將之才，通曉韜略，很受康熙賞識，是雍正爭儲中遭遇的最強勁的對手。從後來的傳說野史中還有說康熙遺詔傳位十四阿哥，只是被雍正心腹隆科多篡改了……此非正史，自當別論，事實如何現在也無從考證。

但是，雍正在這場爭儲鬥爭中確實是高瞻遠矚，深藏玄機，陰謀成事，最後奪得勝利。在起初的爭奪皇位期間，作為四阿哥的雍正，起初並不得寵，但他憑著自己的穩重和鎮定，穩紮穩打，逐漸取得了康熙的信任。到後來，康熙不得不承認：「惟四阿哥深肖朕躬，性量過人，深明大義……似此居心行事，洵是偉人。」

雍正知道自己的弱勢，所以在這場鬥爭之前他沒有過多地暴露自己，相反是積蓄實力，到處活動，左右逢源，持中間立場，一點不表露自己的奪帝心機，讓別人放鬆了對他的警惕。然而沉默者又是最有爆發力量的，因為他是黑馬，黑馬的目標是在最後能第一個出線，獨佔鰲頭。

儘管雍正處於弱勢，然而他並沒有放棄。與其他幾位阿哥相比，雍正還有許多優點。首先，他比大阿哥有勇有謀，不逞匹夫之勇，不張狂武斷；他待人寬厚謙和，有容有度，不似二阿哥皇太子一味傲慢無禮，眼中無人；他剛強果斷，意氣風發，不似三阿哥一味謙和，全是學者風範；他比八阿哥穩健，從不急於求成，做出頭鳥，而是秘密行事；他又比十四哥考慮周到，富有心機，內外兼備，權謀處事……正是他這樣取他人之長，補己之短，才最後脫穎而出。

其次，他雖然是宮女所生，但投靠了懿仁皇后，有佟國維佬爺做相國，有老舅隆科多的相助，背景這麼硬，而且懿仁皇后一句話當頂千金，這也是他的優勢。再次，他也培養了自己的心腹，在關鍵時候得到年羹堯、隆科多的幫助，他才得以順利登基。最後，雍正是一位權謀家，能陰能忍、能大能小，城府深厚，完全掩蓋了自己。真是不飛則已，一飛沖天，不鳴則已，一鳴驚人。憑著這些優點，在激烈的皇位角逐中，雍正最後一舉成功。

勝利永遠屬於那些堅韌不拔、一往無前、絕不回頭的人；勝利，永遠屬於那些動心忍性、在逆境中默默奮鬥的人；勝利，只給那些頭腦有準備的人，有思想、用智慧、用權謀運籌帷幄的人。雍正具備了這些條件，所以，他是勝者，他是最後的贏家。

但凡有心之人，做事都非常隱蔽，深藏不露。雍正勢力敵不過眾兄弟，又不得康熙之寵，但他善於體察康熙心志，凡是諸皇子讓康熙厭惡的所作所為，他都反其道而行之，並讓康熙看在眼裡，喜在心上。更為重要的是他能結納人才，籠絡人心，準備實力，以「陰」謀事，以「忍」用事，以不爭為爭，最後脫穎而出，黑馬出線。

第二章 鞏固強權，軟硬兼施 101

得權不易，固權更難。雍正採取「穩、狠、毒」的策略。先哼哼哈哈，懷柔有加，一旦穩定，拉打結合，嚴懲不貸。太子黨勢力龐大，對之採取分化瓦解；允祀交際廣泛，支持甚眾，宜拉；允禵威脅最大，當嚴打；至於允禟等跳樑小丑，則殺雞儆猴，年隆不敬，勢危皇權，則先給甜頭，後給磚頭，最後重拳擊之，並一網打盡，餘黨不留。

第三章　寡恩多察　借力統馭　189

用人需知人，知人需善任。雍正重才，才以致用，而輕其德，他多用南面之術，愈是那些有作為的人用得愈高明。有人攻擊他「權術馭下」，雍正向大臣表示：「君臣之間惟以推誠為貴，朕與卿等期共勉之」。其實，他說的與做的不一樣。他善於用一部分人整治另一部分人。

第四章 威以治世 變以臨事 275

君臨天下，威勢領先，行不行，先放「三把火」。雍正卻放得有聲有色，他是改革的急先鋒，大刀闊斧，革除積弊，創新機制，積極有為，真是難能可貴。但他更有一套治世的心機，拿出所有防範矛的盾，端出所有收伏人的心，既給之與之，又己所不欲，勿施於人……真是以治應制，以變應變。

第一章 深藏不露，黑馬終出線

但凡有心之人，做事都非常隱蔽，深藏不露。雍正勢力敵不過眾兄弟，又不得康熙之寵，但他善於體察康熙心志，凡是諸皇子讓康熙厭惡的所作所為，他都反其道而行之，並讓康熙看在眼裡，喜在心上。更為重要的是他能結納人才，籠絡人心，準備實力，以「陰」謀事，以「忍」用事，以不爭為爭，最後脫穎而出，黑馬出線。

皇后的養子——最強大的後台

雍正，名胤禛，即天降福貴之意，乃康熙第四子，稱為四阿哥。生於西元一六七八年，四十五歲才做上皇帝，在位十三年，於西元一七三五年暴卒而逝。這位四阿哥，乃一宮女所生，沒有顯赫的背景，又不受康熙寵愛，而且眾兄弟不乏比他更優秀者，他又有何德何能，坐上皇帝寶座？

無德無能就不能做皇帝？歷史上弒父殺兄、弒君奪位者有之，暴君、昏君、庸君者更是不計其數，而雍正確是有能，這從他陰謀奪取帝位的一系列過程中充分體現出來，而他的能、德在他當政後更是表露無遺。

雍正從一出生下來，就割斷了母子襁褓情，被別人拿來當作穩固地位的工具。因為什麼，就因為他是宮女的兒子，沒有地位，沒有名分，就會被別的有名有分的皇后貴妃爭來奪去。因而他既是戰利品，又是犧牲品。

雍正的生母叫小鳳，他在還沒有生下來的時候，就被當時的鈕祜祿氏皇后和懿貴妃同時看中，因為她們倆都沒有子嗣，所以想把小鳳肚子裡的雍正及早佔為己有，將來好鞏固自己的地位。

且看鈕祜祿氏皇后來到懿貴妃處商量小鳳懷上龍種的事。兩人分主次落座後，懿貴妃一面命人獻上熱奶，一邊問道：「娘娘來此有何吩咐，請娘娘直說，奴婢願效犬馬之勞。」

鈕祜祿氏淡淡一笑：「也沒有什麼大不了的事，是為了一名宮女懷了龍胎快要分娩的事來同妹妹商量的。」

懿貴妃有些吃驚地問：「莫非娘娘要嚴懲那名宮女不成？」

「哪能呢？我高興還來不及呢，怎會嚴懲於她？我想同妹妹一起去請求皇上准奏把那宮女接進宮內分娩，並讓皇上加封那宮女一個身分，將來生下的阿哥或格格也有個身分。況且，這樣做也顯得我們姊妹心胸大度，能容納他人。倘若那宮女在宮外分娩，將來傳揚出去別人還以為是我們不許呢。妹妹以為如何？」懿貴妃聽皇后講完，雖表面上不明確反對，但仍很猶豫，不明確表態。

鈕祜祿氏見懿貴妃還有些遲疑，便催促道：「妹妹不必多慮，讓太監們著一八抬大轎抬回宮就是。事不宜遲，妹妹快隨我一同去見皇上吧，如果分娩了則一切都晚了。」

懿貴妃儘管心中不樂意，也只好隨皇后去面見皇上。

康熙正在為平藩之事一籌莫展，見皇后和懿貴妃突然到來，估計她們是為小鳳的事向自己興師問罪的，正待發火訓斥她們，一聽皇后之言懸著的心才落了下來，對皇后與懿貴妃的做法很感動，當即就答應了她們的請求。

當天晚上，小鳳就被皇后派人接回紫禁城，暫且安頓在咸福宮。

雍正生下後，小鳳住的咸福宮一派祥和的氣氛。幾聲嬰兒高吭而有力的哭聲更給這融融的喜氣增添了幾分暖意。

鈕祜祿氏皇后接過宮女抱上來的嬰兒，讚道：「好英俊的孩子，真難為小鳳姑娘為皇上生下這麼一位討人喜愛的皇子。」作為一名宮女，能得到皇后的照顧，小鳳自然感激不盡。為表達自己的感激之情，小鳳請求鈕祜祿氏為她的孩子賜名。

鈕祜祿氏皇后也贊同道：「按照已經序齒的幾位皇子，這孩子排行老四，我們先叫他四皇子吧。至於給他賜名應該由皇上做主，待我奏明聖上，稍後再給四阿哥起個響亮好聽的名字。」

康熙當然非常高興，也非常樂意為四阿哥取名，他說：「東漢許慎《說文》云：『禛』是以真受福之意，希望這孩子能夠對上天和祖宗一片真誠之心，並以此得到天地和祖上的福佑。他們這一輩是『胤』字輩，所配字都以『示』為偏旁，本身就有上蒼降福保佑之意，就叫胤禛吧。

「胤禛，果真是好名字，皇上實在英明！」皇后附和著讚道。見皇上對四阿哥愛不釋手，皇后便道：「皇上，臣妾有一事請求皇上，臣妾見皇上很喜歡四阿哥，臣妾入宮多年膝下無子，臣妾想把四阿哥抱到坤寧宮撫養，不知皇上是否贊同？」

康熙聽後哈哈大笑，「朕以為是什麼大事呢，既然皇后有此請求，朕就答應你。皇后的這個請求也是為我愛新覺羅氏著想，這孩子能夠得到皇后的撫養，也是他的福份，希望這孩子將來不要辜負皇后的一片撫育之恩。」

小鳳見自己的親生孩子被別人抱走，內心心痛萬分，但她是皇后，自己是一個低微的宮女，又能怎麼著呢？小鳳望著皇后派人把自己的兒子抱走，聽著兒子漸漸遠去的哇哇哭聲，再也抑止不住內心的委屈，把頭埋在被裡失聲地哭了起來。在襁褓中的胤禛從此便割斷了這份母子情。胤禛這次換了新的貴人，等著他的將是好的將來嗎？

胤禛被鈕祜祿氏皇后奪去後，懿貴妃心裡非常不滿意，她想盡法子要把胤禛奪過來。經過精心策劃，終於把胤禛抱到她的膝下，成了她變成皇后的戰利品，又是保住她地位的榮耀品。

胤禛跟了懿貴妃，但懿貴妃並沒有立即升為皇后。而且，懿貴妃帶胤禛，還遭受了一次行刺大內者的傷害，幸得治好。

因為胤禛伶俐可愛，博學多才，懿貴妃便帶他去見了孝莊皇太后。胤禛深得皇太后喜愛。一次給太后送壽禮，胤禛別出心裁，與其他阿哥送吃穿用品和奇珍異寶不同，他送上了自己一本手抄的《論語》，雙手呈給太后說：「胤禛年幼，不諳世事，也從未離開京師半步，不懂得奇珍異寶珍貴，也無金銀花費，無法用這些貴重禮品給皇祖母祝壽。不過，在孫兒看來，再珍貴的物品也都是皇阿瑪的，孫兒不想再用皇阿瑪的東西給皇祖母祝壽，而想盡自己之所能，用自己的一片孝心來向皇祖母祝壽。這樣，孫兒就在這幾個月內精心將一部《論語》抄寫在一幅長卷上，以此作為皇祖母太后的壽禮，不知太后是否喜歡？」

「祖母喜歡，喜歡！皇孫的如此厚禮比其他什麼珍貴的玉器金銀都令老身高興，真難為你有如此孝心，快快呈上給老身看看。」皇太后非常高興地道。

兩名太監打開匣子，在大堂之內將巨幅手抄《論語》展開給太后及眾人過目。儘管字寫得並不太好，但卻寫得十分工整有力，也初步顯示了書寫者的紮實基本功。胤禛一個十多歲的孩子能一絲不苟地抄下《論語》實在難能可貴。

太后連連點頭稱讚，命太監掛在大堂的屏幃上，一邊問胤禛道：「四庫之書如此眾多，你為何抄寫《論語》，而不抄寫其他書呢？」

「回皇祖母，孫兒曾聽師傅說，半部《論語》打天下，半部《論語》治天下，瞭解整部《論語》既可打天下又可治天下，孫兒抄下《論語》就是皇祖母的孫兒都有打天下治天下的本領，大家齊心協力輔助皇阿瑪治國安邦，我們大清江山才會國泰民安，四夷朝服。」

「孫兒說得好，說得好，真難為你小小年紀就有如此心胸，將來一定有大用。」

胤禛討得太后的歡心，懿貴妃也藉太后的名聲向康熙請求冊封為后。有太后和幾位大臣的一力舉薦，加上國不可長期無后，康熙也就答應了。這位懿貴妃順利地當上了皇后，既借了胤禛的光，又給胤禛帶來了希望，有皇后母親和相國姥爺的後臺，他胤禛今後可以直起腰來做人了，至於能否做太子當皇帝，那是遙不可及的事，現在想這些還不是時候，要看接下來的努力了。

而有一人早已在幫胤禛著想了，她就是懿皇后，與其是為胤禛著想，倒不如說是為她自己著想。

她是一個富有心機和計謀的女人，父親是一等公佟國維，哥哥是隆科多將軍。剛剛被冊封為皇后，她又在為確保她的皇后位置和今後的榮耀生活盤算了。她要了胤禛作兒子，就是這個目的。而現在，更要打他的主意了，看來胤禛還真是一塊寶，誰爭到都會對誰有利，從冊封皇后這一過程中就能看出來，所以，懿皇后對胤禛恩愛有加。

胤禛從小就非常懂事，小小年紀就能看透事物的本質。他知道懿皇后的心事後，也想借助皇后之力幫自己謀取太子之位。於是有一次，他激將懿皇后道：「額娘怎麼一當上皇后就膽小了，是不是害怕有人來搶額娘的位子？」

「搶？額娘不但要當皇后，還要當太后呢，這裡的位子誰也搶不走。」

胤禛也就嘻笑道：「皇額娘，你要當太后可要讓孩兒先當皇上，如果胤礽當上皇上，那太后的位子到額娘身上就很難啦。」

懿皇后嗔怪胤禛道：「額娘如今已是皇后，還怕不能給你奪得太子之位嗎？萬事需從長計議，可不能心急，你皇阿瑪今年尚不到四十歲，今後的機會多著呢。還怕胤礽比你搶了先？不過大阿哥也有覬覦太子之位的心思，太后萬壽節那日，胤禛也是費盡心思，只不過他比你又遜了一籌，此外，還有三阿哥。誰不想當太子做皇上，那幾位小阿哥如今尚不懂世事，再過幾年恐怕也會加入太子的競爭之中。君臣有天壤之別，誰不想當皇上呢？這就是自古為爭皇位兄弟殘殺、父子相疑、叔侄相鬥的原因。」皇后說完，不禁有些嘆氣。

「皇額娘，正是這樣，孩兒才請您早早幫助孩兒爭奪太子之位的，愈是等待下去競爭對手愈多，事不宜遲啊！」

「皇額娘盡力去做吧，只是……」

「皇額娘，您是為孩兒，也是為您老自己呀，您為孩兒得了皇位，您老的大恩大德孩兒永世不忘，立為太后那是小事……」

胤禛還要說下去，皇后打斷了他的話：「放心好啦，額娘不為你著想還能為誰。只是太子並無惡跡，好端端的，皇上怎會隨便聽信額娘的話將他廢去呢？廢立太子是國家社稷之根本大事，皇上怎會聽信母后一人之言？何況先朝留下規矩，後宮之人不能干預朝政。」

「皇額娘認為該怎樣才好呢？」

皇后略一沉吟道：「須有朝中重臣參與，幾位權臣聯名上奏請求另立太子，而這還須尋找出太子的劣跡後方可行事。」

胤禛一聽皇后這麼說，有點失望了。

「既然如此之難，孩兒也不想爭什麼太子之位了，索性做個無所事事的阿哥痛快。」

皇后見胤禛垂頭喪氣的樣子，也就鼓勵道：

「事情還沒做就退縮了，真令額娘失望，自古至今哪一位登上皇位的人不是刀劍叢中殺出來的，血肉地裡爬出來的，就是守成之帝也是在明爭暗奪、爾虞我詐的爭鬥中登上皇上寶座的。俗話說，明槍好躲暗箭難防，愈是和平時光爭奪帝位愈令人算盡機關，一著不慎全盤皆輸，想當皇上，沒有個耐性與韌性能成嗎？《孟子．公孫醜上》是如何說的？」

「故天將降大任於是人也，必先苦其心志，勞其筋骨，餓其體膚，空乏其身……」

胤禛立即朗聲背道。

「對於聖賢之言不能只會背誦，要學以致用，指導自己的言行，幹出一番轟轟烈烈的事業才行，否則，豈不成了書呆子、蛀蟲？所以，你現在要學會忍耐，處處用心。」皇后訓斥道。

「皇額娘說的是，孩兒今後再也不說這些喪氣的話令皇額娘生氣，而且孩兒一定會照這個方向努力的。」

皇后拍拍胤禛的頭，笑道：「這才像我的阿哥，額娘是個要強的人，有著武則天的心腸，只是，只是生不逢辰啊，你皇阿瑪也非唐高宗李治，我的武禛大周王朝夢是做不成了，只想有一位李隆基似的兒子，可是又天不遂人願，如今只好把一切寄託在你身上了。」

這次對話激起了懿皇后心中的慾望，她不是甘於落後的人，於是計上心來，立刻行動起來。她首先找來自己的父親佟國維，探探父親的口氣。佟國維聽後當然很高興，女兒做了皇后，自己豈有不榮之理，那股高興勁兒就像是自己做了皇上一般。佟國維先背著皇上向女兒祝賀恭維了一番，看女兒並不高興，便問怎麼了。

皇后看看父親，說道：「女兒偶得高位，可喜也憂，古人云：福兮禍之所倚，禍兮福之所伏。今日得寵明日就可能遭貶，是禍是福如何講得清楚呢？」

佟國維一愣，驚問道：「皇后之位乃後宮主位，豈能說立就立說廢就廢，就是皇上也不能貿然行之，皇后不必杞人憂天。」

「父親在官場多年，應該知道官場之險惡，宮廷角逐爭鬥是有過之而無不及。女兒僥倖得到主位是托太后之福，一旦太后薨駕，女兒如何在宮廷立身？」

「皇上不是一直都寵愛於你嗎？」佟國維不解地問道。

「皇上的確對女兒信愛有加，但女兒志向一向高遠，總不能只尋求眼前短暫的歡樂吧。百年後，皇上龍馭上賓，到那時候女兒就是任人宰割的魚肉了。」

佟國維卻不這麼認為，因為當今太子無母，這太后之位肯定是女兒的。

懿皇后卻反駁道：「父親只知其一不知其二，只看到事情的表面，沒有瞭解其背後。太子是何等之人父親該不會聞所未聞吧？倘若不是胤礽，女兒怎會到如今才得到這皇后之位？如果他當上皇帝，女兒的命運可想而知，即使不被賜死也會被作賤死的，胤礽的為人我是再清楚不過的。」

經女兒這麼一分析，佟國維也隱隱看出女兒的危機。女兒的擔憂不無道理，如果女兒倒臺了，他們佟家就徹底完了，一榮俱榮，一損俱損。佟國維沉思半晌也理不出頭緒，他抬頭看看女兒，又看看坐在旁邊的四阿哥，尋思道：女兒沒有子嗣，甚至連一位格格也沒生出，她收養了這位聰明過人的四阿哥，難道女兒要在四阿哥身上打主意？

「以女兒之見，應如何處理才能永保女兒的宮中主位呢？」懿皇后掃一眼胤禛，直盯著父親說道：「四阿哥聰明好學，為人忠厚，做事果斷有主見，理應立為太子。相反，胤礽庸碌無能卻空佔太子之位，皇上也深為自己立太子過早，選了一位庸才而後悔，早有廢立之心，卻苦於沒有合適的藉口與機會，朝中諸大臣又不能理解聖上之苦，聖上一直孤掌難鳴。」

皇后故意如此真真假假旁敲側擊，想看看父親的態度。佟國維信以為真，立即說道：「如果是這樣，我聯合幾位老大臣聯名上疏皇上，請求重立太子。」

皇后見父親答應了，又怕他急於求成，也便委婉說道：

「這事也不是一時就能做成的，必須認真斟酌，從長計議，父親只要暗中活動就可以了，至於聯名保奏之事也不需你老人家親自出面。」

胤禛當然明白皇后話中含義，但佟國維已經答應了，絕不能再失去這樣有權有勢的靠山，要拉攏住他。於是胤禛躬身說道：「如果外公能幫我奪得太子之位，胤禛定會重謝，終生不忘外公的大恩大德。」

「只要娘娘吩咐，做外公的定會為四阿哥赴湯蹈火，效犬馬之勞。」

胤禛心下也高興，有外公佟國維出馬效力，他也看到了爭取做太子的希望。事已商定，大家都高興，於是告辭各自回府了。

胤禛少年受過苦難，特別是屢換撫養人，使他一顆幼小的心從小就受到傷害。沒有母子情，缺少兄弟姊妹意，孤單的他自然養成了日後陰忍深層的性格，為他爭儲做了充分的性格準備。再者，能投靠懿皇后也是他的幸運，雙方都能相互利用，更重要的是胤禛為自己找了一個強硬的大後臺，也就是有了所謂的大背景，給他爭儲加了一個重要籌碼。

潛身佛門礪心志——空空切切成陰忍

能成就一番事業的人幼年必是經歷了苦難的磨練，才得以修身養性，具備了這方面的素質，為日後的成功奠定了性格的基礎。雍正的性格是陰性，其陰險狠毒是出了名的，全靠肚裡做成，陰謀成事。所以他能在眾多皇子爭儲的弱勢中脫穎而出，的確是少年磨練的意志和養成的性格鑄就的。

從社會學、心理學的角度看，胤禛這種性格的形成是有其原因的。他的生母只是一個宮女，在封建社會中，宮女的地位十分低下，沒有資格撫養皇子，哪怕是她自己十月懷胎的嫡親骨肉。因此，胤禛尚未出世，就被指派給了別的有身分的女人。此後，他的監護人又屢屢更換，這不能不給幼年的胤禛帶來寄人籬下的感受，並對他的人格產生不良的影響。當然，宮廷權力鬥爭的殘酷無情，也必然造就胤禛性格的畸形人物。

真是少年多磨難，說起來，胤禛不僅因為屢換撫養人而造成性格陰忍怪詰，還因為在懿貴妃府上險遭刺殺而不得不出道佛門，治傷養性。

給胤禛治傷的是一個西藏喇嘛章嘉呼土克圖，他看看胤禛的病，把脈之後沉思半晌說：「四阿哥的傷病說難治也難治，說不難也不難。」眾人不解，他繼續說道：「說難，是因為四阿哥體內存在上百種草藥殘力，它們相生相剋作用於四阿哥的心脾，傷心又傷神。而這上百種藥物是哪些藥物，一時難以查明，即使查明了，這些藥物殘存的藥力各是多少也是無法知道的。這樣一來，清除四阿哥體內的藥物殘力也就難了。」

眾人聽他這麼一分析，和御醫分析的情況完全相同，不能不對這位西藏喇嘛另眼相看。御醫雖然也診斷出四阿哥的病因，卻也不知從何處下手才能治好四阿哥的病，這喇嘛卻說不難治療，倒看他是如何治療的。

眾人忙問他如何能治好，康熙也在一旁急了，章嘉呼土克圖卻出語驚人：「請皇上允許我把四阿哥帶回西藏治病。」這話一出，所有的人都大吃一驚。

西藏，那遙遠荒蠻的地方，距京城有萬里之遙，更何況西藏至今尚沒有正式劃歸清朝統一管轄，在領域歸屬上仍有摩擦，還有發生戰爭的可能。這西藏喇嘛要求帶走四阿哥，其目的何在？是真的為四阿哥治病，還是懷有別的目的？要四阿哥作人質，或者另有所圖？

康熙也是暗暗吃驚，沒想到這西藏喇嘛竟提出這等要求。見眾人沒有反應，章嘉呼土克圖說道：「如果皇上不答應我的請求，四阿哥的病我無能為力，請皇上另請高明吧，我告辭了。」

章嘉呼土克圖起身就要走，康熙阻止道：「慢，請大師說明原因，為四阿哥治病為何一定要帶到西藏呢？等朕明白究竟之後再答應你。」

「回皇上，四阿哥的病非一日能夠治癒，更何況治療四阿哥的藥物必須用我們西藏天山南麓的天山雪蓮。這種藥物長勢奇特，百年罕見，又十分難以採摘。」

不等章嘉呼土克圖說下去，康熙哈哈笑道：「這位大師，你看我這景棋宮內收集有天下各種奇草異藥，只要書中有名的，宮中都有，就是書上沒有記載的，宮中也有。至於大師所說的天山雪蓮更不足為奇，宮中備有許多呢。」

章嘉呼土克圖又說道：「我要將四阿哥帶出宮外治病，還另有原因。」

「哦？還有什麼原因，大師儘管講來。」康熙頗感意外地說。

章嘉呼土克圖神情嚴肅，不是賣關子，也不像故弄玄虛，他鄭重地說道：「在下略通天象，夜觀大清朝的天象實在是大昌大吉大盛之象，但由於陰陽互濟，盈盛之中包含損氣。皇上為至陽之帝象，眾皇子之中必然產出至陰之氣與之對應，經在下推算，這陰氣恰恰應在四阿哥身上，這也許才是四阿哥病因的真正原因。」

而章嘉呼土克圖最後開出的藥方，就是帶胤禛出家，當喇嘛，這樣既可以治他的病，又可保他一生健康平安。事關大清的前途，如果胤禛能出家當和尚，犧牲一個皇子，卻可以換來大清的江山穩固和前景宏遠，所以，康熙思考了許久，最後答應讓胤禛出家。為了表明他的決定，康熙很莊重地說道：「朕乃一國之主，一言九鼎，既然答應了這位大師，絕不反悔。但朕對這位大師也有一個小小要求，請大師務必答應朕。大師不必去西藏了，普天之下莫非王土，率土之濱莫非王臣，朕在京城之內為大師建一寺院，令大師為住持，就讓四阿哥到寺院中陪伴大師，做一名弟子，寺院一切花費用度全由宮中提供。大師既可傳播西藏喇嘛教義，又可為四阿哥講經治病，大師以為如何？」

章嘉呼土克圖知道康熙的話雖然說得客氣，但其實卻是不容違抗，只好點頭答應。說來也怪，自從四阿哥隨章嘉呼土克圖喇嘛在柏林寺出家，他的病就漸漸痊癒了。

從此，四阿哥胤禛就成了一名和尚，在空曠的寺院裡修身養性，學會了如何去忍耐世間的萬事萬物，如何去看待人間的種種變化，一者是忍，一者是空，一者是無慾。在這裡，不僅有優雅

清靜的環境，有佛家經典參禪，更有一批高深佛學大師的指點，他於是參悟了許多世間的道理。

一位大師曾經給他指出：「一個人成功是要付出非凡的代價，忍耐再忍耐。千里之堤潰於蟻穴，小不忍則亂大謀，望你從佛家真諦中領悟到做人的道理。依老衲所觀，你一生有四大劫，隱忍則可逢凶化吉，有驚無險；虛張則會惹火燒身，甚至死於非命。無慾則剛，多慾是你一生之大忌，切記切記。」

然而，他當時畢竟還小，只是做他的和尚，當然不會有更大的慾望。當他漸漸長大，也漸漸明白，他是皇子，是四阿哥，有如此大的榮耀，有這麼多好吃好玩的東西，而不必在佛門苦守清修，於

是就有些想入非非，蠢蠢欲動。但他更知道，如果能當上皇太子，不僅有非常大的權利，而且將來還可以做皇帝，統管江山和天下百姓，那是多麼的威風，而他現在只是一個和尚，這就意味著他失去了這一切，更不用說去繼承大統，手握天下了。因此，當他明白這一切的時候，他就強烈地想跳出佛門，脫離佛海，去爭取屬於他自己的東西。

胤禛的願望實現了，他終究不是佛門中人。他傳信給懿貴妃，果然非常奏效，加上康熙也不希望自己的兒子真的空守佛門，無所作為，他更想為自己培養一個文武全才的接班人。而更主要的是懿貴妃的作用，當初她好不容易得到這個兒子，讓他去做和尚她有一千個不願意，但康熙說話了，她也不得不從。胤禛說要回來，她又一萬個樂意，自己丟失的王牌又能撿回來。經她一斡旋，胤禛也就很快離開了柏林寺，回到了宮中，回到懿貴妃的身邊。

佛有佛空，塵有塵亂。世間尤其是皇宮並不像胤禛想像的那麼好，甚至比在寺裡還要糟。因為他是下等宮女所生，即使是皇后收養也無多大榮耀；而且他當過和尚，在皇宮裡就受到眾阿哥的欺負和污辱。

一次在顧八代老師的課上，胤禛順利地背出了李斯的《諫逐客書》，深得顧八代讚賞。而大阿哥胤禔走到胤禛跟前，摸摸胤禛光光的腦門，笑道：「嗯，看不出宮女養出的種倒挺聰明的，這小腦瓜挺靈活的，也還真像個大冬瓜。若把這些毛全刮去，那才是地地道道的和尚呢。」

而太子胤礽更是出言不遜：「就是，生成的和尚坯子，背什麼聖人詩書儒家經典，還是回柏林寺當阿彌陀佛吧。治國經典安世之道背得再多也沒有用，將來皇阿瑪的位子也輪不到你坐。我的位子是誰也奪不去的，還是老老實實當你的四和尚，死了這條心吧。不然，將來我當上皇上，連柏林寺也不讓你進，封你為『阿其那』，去看守五臺山那位老和尚吧。」

這樣的氣和污辱太過分了，胤禛當然很傷心，很惱火，下了學就早早離開南書房，想出宮散散悶氣。去哪兒呢？柏林寺吧，那兒更不能去，就現在幾位哥哥都罵自己是四和尚，是被皇阿瑪趕出宮的出家僧人，再去那裡讓他們看見又不知怎麼嘲笑自己了。

而現在懿貴妃是他的養母，對他也非常疼愛，有苦也只能向她傾訴了。胤禛一見懿貴妃，彷彿真的見到了久別的親人，竟哭了起來。

懿貴妃急忙把他拉到身邊，問道：「誰欺負你了，快給額娘說，額娘給你作主。」

胤禛抽泣著說：「額娘，胤禔和胤礽辱罵孩兒，連額娘也一起辱罵了。」說著，又嗚嗚地哭起來。

懿貴妃勃然大怒，她對大阿哥胤禔和皇太子胤礽印象本來就壞，這兩人因為年齡較大，根本不把她放在眼裡，更談不上尊敬了。再加上在懿貴妃的心中，她這多年來一直沒被立為皇后，也與皇太子從中作梗有關。

康熙子嗣甚多，胤礽雖然已被立為皇太子，但因為母親早逝，沒有人為自己撐腰，也怕節外生枝。胤礽一直為這事擔心，惟恐冊立了皇后對自己不利，誰不偏向自己兒子呢？萬一皇上聽信皇后讒言抓他個過錯將他廢黜，豈不皇位一場空，這樣事自古至今實在屢見不爽，胤礽便和索額圖等人結成太子黨，在康熙面前吹風，反對冊立皇后也是常有的事。

今天，積怨成多，激起懿貴妃心中怒火，壓在心頭多年的野心與慾望又重新翻騰上來。她惡狠狠地說：「虎不食人，人反倒食起虎來。我要瞧瞧你胤礽有多大本領，看老娘能否將你扳倒。哼，一個胎毛未退乳臭未乾的娃娃就敢在老娘身上放肆，真是豈有此理！」

懿貴妃愈說愈生氣，真的動起怒來了，似有不跟皇太子大幹一場絕不甘休的架式。胤禛看在眼裡，記在心裡，他知道懿貴妃是自己的保護傘，一定會為自己撐腰的，但事情得從長計議，所以他安慰懿貴妃道：「額娘別發這麼大的火，氣壞了身子，額娘也不必為著孩兒與那無賴胤礽一般見識。孩兒受點委屈算什麼，只要他不敢當面欺負額娘就行了。額娘要制服二阿哥也非易事，他畢竟是皇阿瑪封的皇太子，不同一般阿哥，額娘與他爭鬥起來，皇阿瑪未必偏向額娘。這事最好從長計議，能想法設方讓皇阿瑪罷去他的太子封號，他就不會這麼趾高氣揚，連額娘你也不放在眼中了。」

懿貴妃心中一驚，想不到這孩子竟能說出這番話。這才感到胤禛不知不覺中已經長大了，也有心計了。無論如何，胤禛是她撫養大的，與她接觸也最多，平日裡最喜歡來永和宮，有什麼心裡話總愛跟她說，只要對他好一些，待他長大後也會視自己如同親生母親一樣的。懿貴妃這樣想著，忽然生出一個大膽念頭。

「孩兒，你知道皇太子與一般阿哥有什麼不同嗎？」

胤禛頭一偏，「當然知道了，皇太子將來要繼承皇阿瑪的皇位，能夠當皇上，而一般阿哥最多只能封個親王什麼的。」

懿貴妃點點頭，「那麼你想當皇太子嗎？」

「當然想當囉，當皇上多威風，像阿瑪一樣君臨天下，人人都要下跪叩拜，想殺誰就殺誰，想要誰就要誰，想幹什麼就幹什麼……。」

這就是少年胤禛，說話未免幼稚、大氣，但從這裡就可以看出他的狠來：「想殺誰就殺誰」，這是陽殺，而他當政後卻是陰殺，有異曲同工之妙也。

這是胤禛在壓抑和受污辱的情況下說出的話，必是他當時心裡的真實反映，由此可看出胤禛的目標和志向。真是動心忍性，增益其所不能。少年出家和受盡屈辱的生活，使他養成了一種陰忍的性格。陰性之人最能忍受長期的磨難，最會耍手段、玩陰謀，其報仇心也非常強烈。一旦出人頭地，得權得勢，便把原先的對手和敵人全踏在腳下，這還不夠，有可能還再踹上一腳。雍正是不是這樣的人，將在下列小節中突現出來。

苦難和不幸應當看作是人生的幸事，經歷多，見的世面多，也就多了一份智慧。胤禛經歷的，所養成的性格正是他角逐皇位的需要。歷史不獨鍾情於哪一個人，而是鍾情於那些有準備有頭腦的人。雍正作為一個非常帝王，在理性之處，已經具有了特異資質，非凡性格。

嚴教之下養才氣——才還不可外露

俗話說，手中有糧，心中不慌。同樣，一個人有才學，具備了各方面的才能，心中才有底氣，做什麼都能很快上手，而成事則是早晚的事。

清朝前期皇帝大多是有作為的皇帝，入關安穩定天下後，每個皇帝都注重對兒子的教育培養，使他們成為有用之才，將來擔當國家和社稷的大任。滿清皇帝大多有才，康熙皇帝文史哲經皆通，且吟詩作賦，工書善畫，曾繪耕織圖以勸農耕，將國家治理得井井有條，基本上是滿分。雍正皇帝也是多才，世人稱讚，其治國嚴猛，世人雖多有指責，卻繼往開來，為乾隆盛世奠定了堅實的基礎。

在鄂爾泰等人編纂的《清世宗實錄》中，是這樣介紹雍正的：「天表奇偉，隆準頎身，雙耳半垂，目光炯照，音吐洪亮，舉止端疑，幼耽書詩，博覽弗倦，精究理學之原，旁徹性宗之旨。天章濬發，立就萬言。書法遒雄，妙兼眾體。每籌度事理，評騭人才，因端競委，燭照如神。韜略機宜，皆所洞悉。」

雍正自幼即接受嚴格的教育，很早就掌握了滿文和漢文。當皇子時盡有時間讀書，幼承庭訓，時習簡編。做了皇帝後，為了敷政寧人，而繼續努力，勤奮學習，繼承前朝傳統，繼續舉行經筵，與人講解儒、法、佛、道。雍正學習《論語》、《大學》、《中庸》、《孟子》、《易經》、《詩經》、《尚書》、《禮記》、《春秋》這些漢學名著，並且有自己獨到的理解。

雍正五年八月初六日經筵，講官鄧德、蔡世遠講解「文行忠信」。雍正批評道：「講章內將文、行、忠、信分為四端，是貫穿的解釋。」他據此認為：「仁義道德之理見於詞章為文，見於躬行為行，實有諸已則為忠，誠孚於物則為信。分之固為四端，合之則此一理。聖人四教，即謂之一教亦可。」

且不說雍正說得對不對，在理不在理，他善於學習並努力實踐，總算是個有作為的皇帝。皇帝好學，做臣的誰不好呢，所以，雍正皇帝朝代大部分官員都是愛學習的，一朝學術氣象蔚然喜人。《論語》上說：「君子之德風，小人之德草，草上之風，必偃。」這是說：君子的德行好比風，老百姓的德行好比草，草上有風吹，草必定隨風而倒。好學也是一種德，君子好學，小民也會好學的。君臣間也是一個道理。

雍正皇帝說：「聖人統言智、仁、勇，乃一貫之義，如遇有益於民應行之善政，見得透徹，即毅然行了，則是勇以行其智，勇以全其仁，智仁勇未嘗非一事，若將三字誤會，恐涉於匹夫之勇，婦人之仁，奸徒之智，反將聖人之言誤解矣。」

雍正在《悅心集》裡對「仁」的問題還進行了更深一層的闡述：「自古大聖人，猶以為難事。而況後世人，豈復便能至。全之不勝難，得之至容易。千人萬人心，一人之心是。」（《仁》）「仁者難逢思有常，平居慎勿恃無傷。爭先徑路機關惡，近後語言滋味長。爽口物多須作疾，快心事過必為殃。與其病後能求藥，不若病前能自防。」（《仁者吟》）「四方上下曰宇，往古來今曰宙。宇宙便是吾心，吾心即是宇宙。宇宙內事，是己分內事；己分內事，是宇宙內事。人心至靈，此理至明。人皆有是心，心皆具是理。」（《本仁說》）

康熙有為，當然希望自己的兒子更有作為，因而他對自己兒子的約束是極嚴的，雍正當然不例外。康熙二十二年，即一六八三年，六歲的雍正開始入尚書房讀書。學習的課程包括滿、漢、蒙古文和各種經史子集，此外還有騎射、游泳等項目。康熙對皇子們要求極嚴。除為他們延聘了一流教師之外，自己還不時親自檢查皇子們的一切活動，瞭解他們的學習情況、審閱他們的文章，並要求他們解釋功課。當時，雍正跟隨大學士張英學習四書五經，向徐元夢學習滿文。而跟他關係最密切的，則是他的恩師顧八代。

顧八代，滿州鑲黃旗人。康熙二十三年以侍講學士入值尚書房，後升禮部尚書。康熙三十七年顧八代退休，退職後過著清貧的生活，死時家無餘財，是雍正出錢安葬了他。雍正稱他「品行端方、學術醇正。」他的廉潔奉公，無疑給少年雍正以深刻的印象和影響。

在這樣的好老師帶動下，雍正同顧八代「與共朝夕，講論忠孝大義，研究經書至理、肫誠周至，且獲益良多。」因為受到顧八代和其他老師的悉心教誨，雍正進入尚書房讀書後，學業精進神速。

顧八代非常注重對皇子們的治國教育，常常啟發他們，使他們樹立理想和激發執著追求精神。他在課上就講：「自古都是創業難，守業更難，前車之鑑後世之師，聖上時常同微臣談及前明滅亡的原因，總結說根本原因是守成皇帝坐享其成，一個個昏庸無能，文不能操軍書，武不能擊強敵，最後落個亡國吊死之恨。聖上為此牢記祖訓，文武兼修。聖上更希望諸位皇子有勇有謀通古今之變，達陰陽交替，將來有功有為於大清社稷，確保江山永固，千年不變。」

正是顧八代的循循誘導，善於育人，使雍正從小就接受了他的一套治國思想和方法，為後來做皇帝打下深厚的儒學基礎。而且，雍正在顧八代培養下也造就了自己的豪邁氣派和高遠志向。在康熙二十五年，當時的胤禛跟隨康熙出巡塞北。父子幾人經由北固口到博洛和屯，然後向西南行，過張家口與蒙古諸王公會於塞外，大家共同飲酒，共同行獵。當時年僅九歲胤禛在目睹了這一盛況之後，心有所感，出口成章，吟出了「一人臨塞北，萬里熄邊烽」的豪邁詩句。雖然這首詩是稱頌康熙的氣魄的，但從這首詩裡，我們也不難體味出少年雍正的豪邁胸襟和高遠志向。

少年和青年時期的雍正，就是在嚴父和良師的嚴格管束下逐漸成長起來的。在這段時期裡，他不但熟讀了四書五經，還掌握了滿、蒙、漢、藏等多種語言。此外，學習之餘，還藉由騎馬射箭鍛鍊了身體，增長了毅力。

康熙對兒子們的教育要求得很緊。這是因為他看到一些王公大臣的子孫因過分嬌生慣養，以致長大成人後，不是「癡頑無知」，便是「任性狂悖」。有鑑於此，康熙認為過分的驕縱反而是害了子孫，特別是做帝王的，對子孫必須從幼年時就嚴格管教。基於這種認識，康熙為他的兒子們制訂了一套嚴格的作息制度。

據乾隆時目睹過康熙教子的趙翼回顧：「本朝家法之嚴，即皇子讀書一事，已迴絕千古。余內值時，屆早班之期，率以五鼓入，時部院百官未有至者，惟內府蘇拉數人往來。黑暗中殘睡未醒，時復倚柱假寐，然已隱隱望見有白紗燈一點入隆宗門，則皇子進書房也……」

趙翼這段話清楚地記述了當時皇子們讀書的事。他這段話的意思是說康熙教子極嚴，大異於別朝別代。那時他就在尚書房教皇子們讀書。當時大臣們都是凌晨五鼓時分入朝，在大臣們入朝之前，皇宮內就有人摸黑起床了。黑暗中大家正倚著柱子打盹兒時，皇子們已在白紗燈光的引領下進內書房讀書了。他們進了內書房，就開始讀書作文；到了下午，又開始向滿州老師學習國書滿語和騎馬射箭等事，一直到黃昏才能放學休息，而且日日不輟、年年如此。像這樣潛心學習，文事武功又怎麼會不精深嫻熟呢？千古興衰的道理又怎麼會不瞭解呢？有了這樣紮實的功底，將來參予政事時，什麼事能辦不成呢？……

趙翼這段記敘雖有頌揚清朝的意思，但基本上屬實的。從中我們不難看出雍正幼年讀書時的情形。也正是這種嚴格的教育，才培養了後來雍正勤政務實的作風。

有才還不可以外露，否則會引來人嫉妒，遭人打擊。胤禛跟顧八代學到了很多東西，自己又勤奮刻苦，虛心求教，所以成績很好，自然被老師讚賞了。這就引來了其他幾位阿哥的眼紅，於是他們冷嘲熱諷，打擊報復，揭短露弊，讓胤禛尷尬和下不了臺。就像上次顧八代佈置背誦講解李斯的《諫逐客書》，其他幾位皇子都背不出，唯有胤禛既能背又分析得挺透徹，之後卻遭到幾位大阿哥的奚落和污辱。他非常委屈，但除了到懿貴妃那裡去告狀，還能做些什麼呢？只能忍受，只能更好地去學習，化屈辱為力量，現在是人在屋簷下，將來要做人上人。

好漢打脫牙齒和血吞，韓信能忍胯下之辱。忍天下所不能忍，必是胸懷大志之人，方能成大事。所以，年輕人趁著年輕，就應該腳踏實地，虛心求教，多學點東西，為自己的人生路奠定堅定的知識基礎，這不僅是素質的展現，更是實力的要求。

橫戈鐵馬踏征程——帶兵打仗我也行

文武之道，一張一弛。有了文治，還得有武功。除了要求皇子們刻苦讀書之外，康熙皇帝還格外注意對他們的體質和膽魄進行訓練，希望他們能吃苦耐勞，盡早地堅強起來。他希望他們能繼承祖先的傳統，適應馬背上的生活。因此，除了督促皇子們在讀書的日子裡加緊騎馬射箭，康熙還定期帶他們遠赴塞外，去行圍打獵。

雍正從九歲時就跟康熙遠赴塞外，在整整一個月的時間裡，他同康熙一起終日顛簸在馬背上，任憑風吹日曬。他們身背箭囊，手挽長弓，縱馬馳騁，身手矯捷，幾乎每天都能獵獲幾件野味。據說，雍正首次出獵，就用短箭射殺了兩頭小鹿。經過這樣的鍛鍊，雍正不但磨練了筋骨，同時也鍛鍊出堅韌不拔的毅力，為他將來從政奠定了基礎。

在康熙平定三藩叛亂和統一臺灣後，國內政局相對緩和，因此，他就把主要精力轉向北方。在這段時期裡，他幾乎每年都有一度帶領皇子們到塞外巡邊，並與蒙古諸公共同飲酒行獵。他們這些措施，一方面加強了中央集權制，促進了國家的統一，另一方面也開闊了雍正等皇子們的視野。

在北方有一支強大的蒙古族部落，他們經常南下，威脅著大清的北方邊境。在東起庫頁島、外興安嶺，西到伊黎河、帕米爾高原的廣大地區，活躍著蒙古族的三個部落。喀爾喀蒙古也叫漠北蒙古，主要有四大集團，是元朝宗室的後裔，也就是現在的外蒙古，當時已經歸屬大清朝管轄。漠南蒙古更是早已隸屬清廷，只有生活在阿爾泰山以南、巴爾喀什湖以東、天山以北的漠西蒙古還沒有被清朝統一。

這漠西蒙古又叫厄魯特蒙古，它所屬四部，即和碩特、準噶爾、杜爾伯特和土爾扈特四部。他們雖然明確歸屬清朝，也年年入朝進貢，表示臣屬，但其中準噶爾部因為佔有伊黎河流域肥沃的牧場和東西方貿易的交通要道，發展最快，實力也最大，隱隱威脅著清廷。其首領噶爾丹是一位野心勃勃而又兇狠殘忍的封建主。他暗中勾結沙俄，並取得沙俄的支持，妄圖控制漠西蒙古部族，並統一漠南漠北兩大部族，從而建立自己的準噶爾汗國。

從康熙十三年起，噶爾丹就多次派小股兵力騷擾漠北蒙古，掠奪他們的牛羊，奪取他們的土地。康熙忙於平定南方的三藩叛亂，無暇顧及北方，只是對南逃的漠北蒙古牧民給予妥善安置，對噶爾丹的無理進犯不予理睬。

在噶爾丹進犯的同時，沙俄也大舉侵犯大清的東北邊境，還跟噶爾丹部落暗中勾結，向噶爾丹提供武器。康熙哪能容忍他們的恣意妄為？這東北的白山黑水之間的千里沃地是大清江山的根本，愛新覺羅家族就是從這裡崛起的，這裡埋藏著他們先祖的遺骨。為了保護這片「龍興之地」，康熙親自率軍東征，終於打敗了沙俄的進犯，雙方簽定了《中俄尼布楚條約》，確立了中俄東北邊境線。

噶爾丹見自己的後臺柱子都被清朝打敗，也收斂了自己的行為，並主動派使節入朝拜見求得諒解。康熙以天朝大國仁君厚帝的風範接見了使節並給予了諒解。

誰知好景不長，噶爾丹又以打獵為名偷襲漠北蒙古，打得漠北蒙古首領哲布尊丹巴逃回中原。噶爾丹又以索要哲布尊丹巴為藉口，率兵南下，打敗了清朝駐邊部隊。康熙無奈，派皇兄裕親王福全和皇弟恭親王常寧各率大軍從兩路包抄噶爾丹叛軍，最終打敗進犯之軍，取得烏蘭布通大捷。

噶爾丹見自己不是清朝敵手，又派使節入京求和，聲稱臣服納貢，永不叛離。康熙再次接受了噶爾丹的請求，休戰言和，並召集蒙古各部首領，舉行多倫諾爾會盟，對各部首領分別授予親王、郡王、貝勒、貝子等封號，並派遣官員分別處理各地事務。

接下來有一段長久的安寧。然而，蒙古部落是天生不會被馴服的，反抗心猶強。在經過了長期的發展生產、休養生息的基礎上，噶爾丹部又強大起來，先攻擊了漠北蒙古，打得哲布尊丹巴率部南下，繼而又

康熙皇帝坐像

一次背信棄義，攻佔清朝的北方邊境。甚至來勢洶洶地率軍三十萬，一直打到離北京只有七百里的地方。

康熙接到快奏，勃然大怒，將告急文書重重地摔在御案上，罵道：「豈有此理，朕不誅滅噶爾丹誓不甘休！如此出爾反爾、背信棄義之小人，天地不容。朕將替天行道，誅殺此亂臣賊子！來人，傳三閣三殿大學士，商討出兵烏蘭布通的軍機大事。」

文武將官很快聚集到朝堂，商討征伐噶爾丹事宜。在商討定出兵策略之後，康熙決定，帶幾位皇子一塊兒出征，讓他們在真刀實戰中去鍛鍊。之後康熙開始分配任務：「朕決定讓胤禔執掌正黃旗大營隨朕聽令，胤祺執掌正藍旗大營也隨朕出兵。正白旗大營由胤祉執掌，隨費揚古到東路軍聽命，正紅旗大營就讓胤禛執掌，到西路軍薩布素帳下聽令。」

眾皇子接令後立即帶領所屬人馬離去。胤禛是最後一個接令的，康熙只對他說了一句鼓勵的話，並沒有別樣的表示。這讓胤禛十分失望，也讓他覺得委屈。

在胤禛心裡，他自認為比其他阿哥聰明好學，有勇有謀，可以擔當大任，甚至比皇太子胤礽都出色得多。因此他覺得在皇阿瑪的心中，他的地位一定高於其他阿哥，至少可以和皇太子胤礽相媲美。如果皇阿瑪不是過早地立胤礽為皇太子，那皇太子之位非他莫屬。

可是，漸漸讓胤禛失望的是，一切並非像他想像的那樣，自己種種略顯聰明的努力全部白費了，皇阿瑪並沒有對他太多的偏向。無論是新婚的花費，府邸的建造還是給予擔當職責的機會，他都不比任何人優越。就說這次征討葛爾丹叛亂，他只是被派往其他將領帳下聽令，沒有像原先設想的那樣獨當一面，甚至待在皇阿瑪身邊聽令也沒有。是自己才華表現不夠，還是皇阿瑪把自己也看得同其他阿哥一樣平庸呢？胤禛從心底升起一種懷才不遇的孤獨感。若是往昔，胤禛一定據理爭辯幾句，但五臺山上數月的磨練使他彷彿變了個人似的，對任何事都看得很淡，只把委屈壓在心底。他那天也是這樣？

胤禛的舅舅隆科多也被安排在正紅旗，被任命為正紅旗大營的參軍，協助胤禛處理正紅旗大營的軍務。這是佟國維一手安排的，他希望兒子能幫助胤禛帶好正紅旗軍馬，一舉奪個頭功，不但樹立四阿哥的威信，自己臉上也有光，也算對得起自己的女兒。

在這場戰爭中，胤禛是遇到了一些挫折。但在隆科多的協助下，他的確掌握了許多用兵之道，在軍中開闊了視野，增長了見識。而且這次帶兵，都是親臨前線作戰，胤禛跟士兵們在一起，體會到了軍中的生活，

懂得了體恤士兵和激發士氣的重要性，也學會了很多用兵謀略。這次隨軍出征，真是大大鍛鍊了胤禛的軍事才能，為他後來平定青海叛亂打下了基礎。

前面已經提到，雍正早在九歲時，就在《熱河懷詠》中寫下令人拍案叫絕的「一人臨塞北，萬里熄邊烽」的豪情壯語，隨父出征的雍正在戰事平定之後，又作《狼居胥山大閱》和《功成回鑾恭頌二首》等詩，以讚揚康熙的文治武功，同時也表達了自己對戰爭的看法。詩中寫道：

指顧靖邊烽，懷生盡服從。
遐荒歸禹甸，大漠紀堯封。
廟算無遺策，神功邁昔蹤。
凱旋旌耀日，光景霽天容。

這短短八句詩波瀾壯闊，奇情壯采，不但烘托了戰場上人人奮勇的場面，還活化了戰爭中康熙運籌帷幄以及戰勝回朝時旌旗蔽日的情形。像這樣的豪邁詩篇，在歷代帝王中也是少見的。

由此可見，雍正在少年時期，不僅有文采和才學，還有武功和軍事才能。具備了這幾方面的素養，才是具有真正帝王的基本資質，在政治和軍事上都能有一番作為。

皇門多虎子——各露鋒芒，福兮禍兮

人說多子多福，有時候也未必。特別像封建社會皇帝和官僚士族，往往子嗣眾多，到爭權爭利的時候，這些子嗣往往互相爭鬥，爭個你死我活。所以兒子太多了既是福又是禍。

康熙教子極嚴，因此，他膝下三十五個皇子中，頗有幾個非凡人物。這其中最有威望的當屬二阿哥皇太子允礽，大阿哥允禔，三阿哥允祉，四阿哥允禛（即雍正），八阿哥允祀和十四阿哥允禵等。

二阿哥允礽是正宮娘娘孝誠仁皇后所生，在兩歲的時候即以嫡長子的身分被立為太子。允礽聰明伶俐，起初頗受康熙喜愛。但後來，他的太子身分，逐漸助長了他驕傲任性的習慣，他因此受到其他兄弟的嫉妒。另一方面，由於他是皇位的未來繼承人，致使許多大臣趨附到允礽身邊。這些大臣結成太子黨，積極幫助允礽謀取帝位。

大阿哥允禔是惠妃所生，雖然他年長於太子允礽，但因不是嫡長子，所以未被立為太子。因此，他非常痛恨允礽，暗中一直在謀劃推翻太子的活動。特別是太子允礽與康熙的衝突公開化之後，大阿哥曾一度受到康熙的重用。他曾出任副將軍，領兵征討過噶爾丹，並被康熙封為直郡王。此外，他還與八阿哥允祀、九阿哥允禟、十四阿哥允禵等人勾結，與太子允礽暗中作對，並從中挑撥康熙與太子之間的關係。

三阿哥允祉是個飽覽群書的博學之士，人極厚道安靜，一直頗受康熙賞識。同時，由於允祉博學多才，康熙非常喜歡接近三阿哥。「每有餘暇，常去三阿哥府上走動」。

八阿哥允祀素有心計，精明幹練。特別是他能以仁愛自勵，善於籠絡人才，收買人心，因此有禮賢下士的美名，受到朝野內外許多人的擁護。連雍正都不得不承認，八阿哥頗有識量」。

十四阿哥允禵是雍正的同母兄弟，此人聰明驍勇，頗善領兵打仗，人又英武帥氣，性格耿直，頗有大將之才。因此，康熙晚年曾非常重視十四阿哥。

而四阿哥允禛（胤禛）即雍正呢？在當時情況下，他與這些兄弟相比，並沒有什麼優勢和過人之處，而且他的母親只是一個一般的皇妃，外戚在朝中又無實力，是很難與另外幾位兄弟爭衡的。

雍正的生母雖沒地位，但雍正的養母孝懿仁皇后在當時卻頗有影響。恰好雍正自小就非常親近孝懿仁皇后，而皇后因膝下並無其他子女，也非常寵愛雍正。這樣，雍正就得到了佟氏家族的支持。特別是佟國維的次子隆科多，在為雍正爭奪帝位的過程中，發揮了舉足輕重的地位。

隆科多是雍正養母孝懿仁皇后的弟弟，當時他任步軍統領兼理藩院尚書。步軍統領一職，掌管著北京城內外九門的鑰匙，統帥八旗步兵，因此雍正籠絡住隆科多就等於控制住了京城的軍隊。

年羹堯是雍正的另一個親信。他是漢軍旗人，康熙三十九年進士。他任四川巡撫時年僅三十歲，是個少壯派人物。雍正為了籠絡年羹堯，娶了他的妹妹做側福晉，這樣，大舅子兼主僕關係使年羹堯成為雍正的第一心腹。在爭奪皇位的過程中，年羹堯發揮了至關重要的作用。因為當時的他手握晉川陝三省大軍兵權，能夠有效地抵制其他皇子的陰謀叛亂。

有了這麼多文武全才、能征善戰的虎子，康熙可謂心滿意足矣。其實不然，因為他是皇帝，皇帝就意味著與眾不同，可以享盡榮華，可以生殺予奪，而這麼多非凡的、有為的皇子，誰不想做這個皇帝啊，就是有點志向的平民百姓也會振臂一呼揭竿起義去搶奪皇位。所以，康熙有這麼多非凡的皇子，既是福又是禍。福在大清能出這麼多人才，可以穩保江山長固；禍在如果眾皇子都來爭皇位的話，必然爭個你死我活，攪得天翻地覆，天下不亂皇室先亂，勢必影響大清的前途。所以，康熙在皇位繼承人的選擇上也是極其慎重的。

在眾皇子的激烈鬥爭中，首先是皇太子允礽急功近利，急於求成，想立刻當上皇帝，又狂悖無禮，目無尊長，招致康熙的深惡痛絕。經過長期考察和深思熟慮，康熙廢了太子允礽的封號，致使允礽地位一落千丈。

允礽原來聰明勇武，其聰明才智為眾兄弟所不及。因此，康熙曾最榮寵這個太子。但是，正是康熙的溺愛，逐漸滋長了允礽驕傲自大、飛揚拔扈的習氣。同時由於太子的身分地位，他並不把眾兄弟放在眼裡，時日一久，就遭到了眾兄弟的敵視和反對。而允礽非但不知悔改，反而變本加利，與眾兄弟作對。這些導致他最終被孤立了起來，成為眾人攻擊的目標。

眾兄弟對允礽的不滿，無疑會影響康熙對太子的看法。此外，由於允礽聰明天縱又是皇位的合法繼承人，致使他每以皇帝自居，出言行事極是乖張狂妄、剛愎任性。他對大臣非常霸道，稍有違逆，便非打即罵。當他的老師徐元夢勸他謙恭待人時，他非但不聽，反而把六十多歲的老師一腳踹進水中。這些事傳到康熙耳中後，康熙看到允礽傲慢無禮、目無尊長的毛病，逐漸對他心生反感。

而這期間，眾皇子每每向康熙進言，攻訐指責允礽，更使康熙對允礽產生了極壞的印象。但導致康熙廢除允礽的更主要原因，還在於允礽的狂悖無禮，目無君上、不知恭孝。而目無君上，不知恭孝正是康熙最不能容忍的。

康熙在親征噶爾丹時，因日理萬機，而積勞成疾，重病在途中。當時他非常惦記在京理政的太子允礽，派人傳旨太子急往前方探視。當時，允礽見到重病的康熙，非但面無愧色，反而顯露出喜笑顏開形狀，大概是盼著康熙速死，自己好早些登大寶。康熙見到允礽這般情狀，當然非常傷心。

康熙雖然痛恨太子，但他卻把太子的狂悖歸結到一向親近太子的諸大臣身上。同時，子不教、父之過，康熙也認為太子的狂悖失德，自己也有一定的責任。

據此，康熙在廢除允礽之前，就以「結黨妄行，議論國事」的罪名罷免了許多親近太子的官員，並把其首領大學士索額圖收監候審，將其囚死在獄中。索額圖曾出任大學士，後改任領侍衛大臣，此人係滿洲人氏，又是允礽的生母孝誠仁皇后的叔叔，因此當時權傾朝野。據說他「專權用事，賄賂公行，人多怒之」。無法否認的是，他一直在極力促成外孫奪取皇位一事。並為允礽邀結了一批朝廷重臣，結成太子黨，共同策劃擁立允礽早登大寶。康熙最氣惱不過的即是皇子們結黨營私，爭奪皇位。因此索額圖的獲罪是不可避免的。

當時與以索額圖為首的太子黨公開作對的是大阿哥的舅舅、大學士明珠。大阿哥允禔是庶出，所以沒被立為太子。明珠自然忿憤，就聯絡了戶部尚書佛倫、刑部尚書徐乾和大學士余國柱等人結成阿哥黨，公開與索額圖作對。他們的命運因之更慘，康熙同樣罷免了這些人的官職，並處以重罪。康熙之所以這麼做，主要是因為任何一個阿哥結黨，都會危及他的皇權。在君權至高無上的封建社會裡，帝王只能是一統天下。所以，允礽最大的不智，就是不應該與父皇康熙爭權奪勢。

皇太子允礽同康熙產生激烈矛盾之後，以大阿哥允禔，八阿哥允祀為首的眾皇子紛紛登臺亮相。他們一方面攻訐詆毀允礽，另一方面又公開培植黨羽，積極謀取太子位。特別是在八阿哥允祀的支持下，允禔更是有恃無恐。

八阿哥允祀在兄弟們中堪稱才智第一，特別是他禮賢下士謙恭仁慈的作風，頗受朝中諸大臣的擁護，因此他的勢力非常龐大。他之所以會支援允禔，主要是因為他是允禔的生母惠妃一手帶大的，兩人兄弟情深。另一方面，允祀雖然頗有作為，但其生母卻是辛者庫賤籍。所謂辛者庫，亦即奴隸的意思，也就是說，允祀出身不好，其生母是奴隸。在等級森嚴的封建社會裡，允祀的這種出身無疑會給他爭奪皇位帶來極壞的影響。因此，他最初採取了支持允禔的策略。

有了允祀這個強有力的支持者，允禔便越發明目張膽起來。急於求成的允禔一方面捉拿了太子允礽的手下，嚴刑逼供企圖迫使他們承認允礽有篡位的居心；另一方面又向康熙進密言，聲稱假如父皇想處死允礽又怕落不慈之名，他可以替康熙下手。他如此露骨地參與奪儲一事，激起了康熙的憤怒，更使康熙為之不寒而慄。因此康熙斥責允禔「不諳君臣大義，不念父子至情」，又罵他是「亂臣賊子，天理國法，皆不能容者。」自此，允禔失去了康熙的寵信。

允禔失寵後轉而開始支持允祀。他說：「相面人張明德曾相允祀日後必有大貴。」希望藉命運之說打動康熙。而康熙崇尚儒學，是不信命的，所以允禔又一次失敗。不甘心之下，允禔又想出了另一個狠毒的陰謀，暗殺皇太子。

允祀雖然出身不好，但他卻頗有心機。表面上他禮賢下士，謙恭做人，實際上卻是為籠絡人心，以實現他稱帝的勃勃野心。在太子允礽被廢前，允礽是允祀最大的擋路石。對此，允祀採取了如下措施：一、廣結人心，爭取各方面的支持。二、團結兄弟，共同對付允礽，並在康熙面前攻訐允礽。三、企圖暗殺皇太子。

暗殺皇太子，是允祀所採取的最毒辣的行動。當時有個叫張明德的算命先生常在王公府走動。此人頗會鑽營，又能信口開河討眾王公歡心，因此在當時名聲很響。允祀得知張明德這個人後，將其請入府中。張明德已揣度出允祀的心意，因此不失時機地說允祀大富大貴，日後必能位至極尊。同時還聲稱自己認識許多武林高手，而太子惡名昭彰，自己願意請一幫好漢，翦除太子。如此一來，允祀及其黨羽允禟、允禵、允禔等人就動了惡念。

也正因為如此，大阿哥允禔才在康熙面前提到八阿哥允祀是大富大貴命。不想這句話引起了康熙的疑慮。一查之下，發現了允祀等人的陰謀。震怒之下的康熙凌遲處死了張明德，並以「知情不報，妄蓄大志」的罪名，革除了允祀的爵位，同時還給允禟、允禔等人以相應的懲戒。

正當允禔、允祀威風八面之時，允祉突然向康熙告發允禔企圖謀害太子以奪取儲位。

當時允禔曾向康熙進言說：「今欲誅允礽，不必父皇親自出手，兒臣可代勞也。」康熙聽罷大為震驚，一怒之下指斥允禔：「似此不諳君臣大義，不念父子至情之人，直為亂臣賊子，天理國法皆不能容也！」三阿哥允祉就在這個節骨眼兒上揭發大阿哥與蒙古喇嘛巴漢格隆相勾結，企圖利用邪術咒死允礽一事，康熙聽後派人追查，巴漢格隆果然招認了與允禔相勾結的事實，同時還交出了十幾個身上紮滿銀針、背後寫有太子允礽名字的小木人。在人贓俱獲的情況下，大阿哥允禔無從狡辯，輕而易舉地就被允祉擊敗了。為此，康熙革去允禔王爵並將其終身監禁，接著又順藤摸瓜查出了八阿哥謀害太子的罪證。由此我們可以看到，三阿哥允祉的確算個城府頗深的人物。

惟獨雍正，在這一系列事件中受到了康熙的賞識，因為太子允礽被廢前後，雍正表面上一直在維繫康熙同眾皇子的關係。他一方面替太子允礽求情，另一方面又替允祀等人說好話。康熙於是覺得「惟四阿哥性量過人，深肖朕躬，似此居心行事，洵稱偉人。」

康熙之所以如此稱讚雍正，就在於諸王爭位期間，雍正從未擺出咄咄逼人的架式。相反，他一方面做出與眾兄弟親善的形狀，另一方面又做出對康熙親敬恭孝的樣子，使康熙認為他「誠且孝」，這就為日後奪取儲位譜寫了一個良好的開端。

雍正在這連串皇子爭儲的事件中能夠高瞻遠矚，凡事從全盤考慮，既不躊躇不前，又能把握住一個度字，做到適可而止。首先，當允礽被廢時，雍正並沒像大阿哥允禔、八阿哥允祀一樣急於跳出來爭奪儲位。因為在當時的情況下，他知道自己既沒有大阿哥那樣多的支持者，也沒有八阿哥那樣高的聲望。假如他跳出來與老大、老八爭衡，無異於以卵擊石。因此，他採取了以靜制動的辦法。正是這個以靜制動的策略，使雍正逐漸化被動為主動。

當時，大阿哥允禔奪儲呼聲高漲，此後八阿哥允祀離儲位也似乎只有一步之遙。在這樣的情況下，雍正既沒做牽制老大、老八的勢力的事，也不對允礽落井下石。他的這種胸襟氣魄，的確堪稱是臨危不亂、處變不驚的典範。

聰明人要學會做聰明事，前面是個大染缸，眾人不明白裡面是什麼東西便紛紛趨之而入，結果自己不僅落得個滿身異彩還極不受人歡迎，甚至還有人溺死在染缸中。雍正在眾皇子中能冷靜頭腦，慎重行事，不趨利而行，不爭風吃醋，而是採取以退為進、以靜制動的策略，從而贏得了康熙的賞識，這才是真正的聰明者。

康熙的眾多皇子正如樹上開花，非常燦爛，然而燦爛得一時不能燦爛一世。長開不敗的花朵應當是吸天地精華，孕育果實，而不是光等著花的凋零。雍正可謂是一朵不太顯眼的花，但他善於「借局佈勢，力小勢大，鴻漸於陸」，在力量和條件有限時，不輕舉妄動，而是暗尋途徑，伺機而動。

韜光養晦無為動——假癡不癲

在逆境裡鍛鍊意志，在聰明人面前裝傻蛋，在強者面前做弱者，這就是韜光養晦術。之所以要韜光養晦，是因為自己處於弱勢和不利地位，只能藉由韜光養晦來積蓄力量，改變境遇。正像《假癡不癲》釋義裡所講的那樣，表面上糊裡糊塗，心底卻非常清楚，裝瘋賣傻是給別人看的，其目的是讓人信以為真，放鬆警惕，從而蒙混過關，伺機改變不利地位。

雍正在眾皇子中地位不是很高，應當說處於弱勢處境，但雍正能韜光養晦，在逆境中學會生存。因為柔不代表懦弱，柔只是表面的，柔中必然要暗藏韌性和剛性，才不失為一個偉人，一條漢子，這就是人們常說的外弛內張之術。而雍正，恰恰就是這種外弛內張的人。

俗話說，物極必反，太聰明了就是傻。八阿哥允祀的確有過人之處，那就是他善於籠絡人心。他不但結交了朝中一大部分文武官員，而且還與九阿哥允禟、十四阿哥允禵、大阿哥允禔等人結成了死黨。表面上他們這一幫人氣勢極大，但骨子裡卻犯了一個最大的錯誤。允祀等人結夥營私，積極營求儲位，恰恰是康熙最不能容忍的。特別是在廢太子事件後，康熙已清醒地看到了皇子拉幫結派所產生的惡果，就更不能容忍允祀等人的活動了。因此，允祀的營求儲位恰犯了康熙的大忌。

在康熙身體虛弱的時候，他想重新立一個太子，於是召集滿朝文武商議：

「朕躬近來雖照常安適，但漸覺虛弱。人生難料，託付無人，倘有不虞，此基業非朕所建立，關係甚大，因躊躇無代朕聽理之人，遂至心氣不寧，精神恍惚……爾等皆朕所信任，薦擢大臣，行陣之間，爾等尚能聽命，今令爾等與滿漢大臣等會同詳議，於諸阿哥中舉奏一人。大阿哥所行甚謬，虐戾不堪，除他之外，於諸阿哥中眾議屬准，朕即從之。若議時互相瞻顧，別有探聽，俱屬不可。」

其中之意，再明白不過了。二阿哥行事乖謬，暴戾成性，沒有做太子的品格，而且是已廢之人，不在考慮之列；而允祀因上次謀殺太子之事讓康熙深惡痛絕，指責其「知情不報，妄蓄大忌」，已被革去其爵位，再沒有立他之意，這次也不要允祀心腹馬齊等人參與。

在這樣的情況下，允祀及其黨羽非但沒有及時收斂，反而變本加利暗中串聯，公然悖逆康熙的指示，馬齊在退出時，恰碰上大學士張玉書。於是他暗示了張玉書推舉皇八子允祀的意思。此後，允祀的另外幾個死黨阿靈阿、鄂倫岱、揆敘、王鴻緒等又私相密議，並與諸大臣暗通消息，在手心裡寫「八」字互相傳看。

至此，所有的大臣就盡皆公推允祀為皇太子了。

康熙看到眾人皆推舉允祀，當時非常震驚，他沒想到在太子允礽之外，八阿哥允祀居然有這麼龐大的勢力。而皇子結黨，必然會對他的皇權造成威脅。這樣，康熙就更不能立允祀為太子了。綜上所述，允祀的積極營求儲位，恰恰觸動了康熙的龍鬚，招致康熙的抵觸情緒。因此，允祀是聰明反被聰明誤了。

正所謂大智若愚，大賢若怯。與允祀的鋒芒畢露不同，雍正採取的是韜光養晦的策略。他表現出一副與世無爭的樣子，終日裡大談禪定虛無。其實他們哪會明白這是雍正「養晦韜光，以靜制動」的策略呀！

從這次鬥爭中，允禵發現儲位雖貴，但不是可以硬搶的，因為父皇康熙過於精明，稍有風吹草動，必會疑心大起。允禔和允祀的教訓深刻。

既然不能霸王硬上弓，那只有攻心為上。所以在允礽又當太子的那一段時間裡，胤禵主要的策略是以退為進，韜光養晦。受封親王的時候，胤禵就向康熙稟奏說，我現在的爵位已經很高，現在又封親王，可是弟弟他們都還只是個貝子。同是兄弟，這樣厚此薄彼，恐怕會有人說閒話。還是請父皇降低我的爵位與賞賜，分給兄弟們，以提高她們的地位，我的心裡會好受一些。

康熙本來正被儲位的事情弄得焦頭爛額，差點氣死，後來大病一場，看到這些不孝的兒子們仍然明爭暗搶，沒有一點團結精神，心裡正不是滋味。而允禵這番話，正符合康熙的心意。所以康熙不但沒降他的爵位，還表揚了他一番。

胤禵的這種策略，不但麻痹了康熙，同時還避免了其他皇子的攻擊詆毀。由此看來，韜光養晦之術有時比鋒芒畢露更高一籌。正如古人所講，剛則易摺，柔則長存。

在韜光養晦的日子裡，雍正一方面寫著像《國居》、《山居偶成》、《一世歌》和《題布袋和尚》之類或陶情沉性、或憤世疾俗、或嬉笑怒罵的文章，一方面卻在悄悄培植著羽翼——這下應了那一句俗話，「絆人的樁，不一定高，咬人的狗，不一定叫」。

我們來看雍正有幾首詩詞中表達的心志。《國居》寫道：

懶問浮沉事，閒娛花柳朝。
吳兒掉風曲，越女按鸞簫。
道許山僧訪，棋將野叟招。
漆園非所慕，適志即逍遙。

好個「懶問浮沉事」、「適志即逍遙」！從這首詩裡，誰又能發現雍正的雄心大志呢？倒像是一個沒有志向、貪圖享樂的人。隱藏了他的目的，眾人就不會把他當競爭對手來打擊和落井下石了。

《山居偶成》則頗有陶潛詩風格：

山居且喜遠紛華，俯仰乾坤野興賒。
千載勳名身外影，百年榮辱鏡中花。
金樽潦倒春將暮，蕙徑葳蕤日又斜。
聞道五湖煙景好，何緣蓑笠釣汀沙。

世事證明，人情練達，既然千秋功名都如身外影，百年榮辱都像鏡中花，那世間還有什麼更值得追求的呢？恬淡自然，與世無爭的心境也在裡面表達得十分明白。誰也不會猜想到他也是在深思熟慮謀取皇位卻更是技高一籌的人。

在《題布袋和尚》詩裡面，他更是表達了這種與世無爭、笑看紅塵的樂觀胸襟：

笑呵呵，呵呵笑，笑世人，笑不了。笑他田地置方圓，笑他房屋嫌低小。笑他飲食羨膏粱，笑他衣服求精好。笑他妻妾戀如花，笑他性命輕如草。笑他名利認真求，笑他貪得生煩惱。

不如看破笑呵呵，肚皮藏世界，布袋括山河。日月輪迴眼，乾坤自在窩。開口笑時空色相，安心坐下念彌陀。世間真實見，此袋盡包羅。緊捏著，不為過。若還寬放些兒也，貧者無人富者多。呵呵復笑笑，笑笑復呵呵。

把雄心壯志隱藏在胸中，外表一派平和安詳、看破紅塵的樣子，這就是韜光養晦的智慧。雍正胸中甲兵百萬、引而不發，比之其他兄弟的心氣浮燥、蠢蠢欲動，實在堪稱高絕。

不同人有不同人的養晦之法，但其本質是一樣的，表面上不動，而心下卻在容忍盤算，想方設法，一旦迷住了對方，就算這套養晦之法成功了一半。正應了這樣一句話：最危險的地方也就是最安全的地方，而最安全的人也許就是最危險的人。雍正在其中所扮演的角色，正說明了這點。黑馬出線看似偶然，實是必然，因為他更擅長於智謀，以屈取勝。

保持中立把穩舵——以逸待勞

在鬥爭中什麼人受益最多？無疑是立場持中、隔岸觀火者。趁雙方或多方鬥得精疲力盡、無力反擊時，他們再使勁猛「踢」人家一腳，然後坐收漁利，這就是「鷸蚌相爭，漁翁得利」的解釋吧。

其實，立場持中有時不是怕實力不夠，輸不起，而是一種戰略，先讓別人消耗精力，最後自己突然改變立場給對手來個措手不及。一戰中的美國就是如此，它先是持中立立場，後來看到交戰接近尾聲，戰局明朗，加入戰爭自己可以獲大利，於是加入同盟國，宣佈對德、意、奧作戰，在戰爭結束後著實賺了一把，是一戰的最大贏家。

立場持中不管是持什麼目的，至少不會對自己有什麼傷害或損失，說不定還會有意外的收獲。就像「漁翁得利」裡的漁翁。如果把它作為一種謀略，處心積慮，就可能會獲得更大的利益，像一戰中的美國。雍正在與眾皇子的爭奪中，一直都是暗爭而不明奪，也就是採取中立立場，以逸待勞，讓眾皇子爭個你死我活，最後紛紛落馬，而坐收漁人之利者便是高明的雍正了。

那麼，雍正採取的中立立場真的是做老好人，什麼也不動了嗎？非也，他不僅在動，而且八方活動，左右逢源，一方面誰也不介入，一方面誰也不得罪，另一方面又假裝替他們考慮，處處關心他們，使得他們覺得這位四阿哥既不是對手，又對自己非常有利，所以誰都沒在乎他。這樣就為他的爭儲鬥爭創造了有利的條件。那麼，他又是如何處理這一系列關係的呢？

首先，對家人至親至孝。康熙是自己的父皇，對他的親孝能贏得康熙對自己的好感。康熙在親征噶爾丹取勝之後，因為疲勞過度而傷風感冒，到五臺山去療養。胤禛正好跟在身邊，對康熙照顧有加，讓康熙非常感動。

在允礽被廢後，諸王的爭鬥非常激烈，以致於發展到手足相殘的程度。當時，康熙面對這種情形，急痛攻心，一病不起。據史料記載：「康熙病倒後，拒不服藥，惟求速死。」由此可以想像康熙當時的鬱悶情狀。

這時，允禛和三阿哥允祉再次表現出他們的過人之處。兩人來到康熙的病榻前，苦苦相勸：「父皇聖容如此清減，不令醫人診視，進用藥餌，徒自勉強耽延，萬國何所依賴。」他們的意思是說：父皇你這麼消瘦，又不看醫生吃藥，只這樣耽擱下去，一國臣民百姓往後可依賴誰呢？

康熙被他們的話打動了。之後兩人又進一步說：「臣等雖不知醫理，願冒死擇醫，令其日加調治。」這句話就帶有強制性的意思了，意思是說我們雖然不通醫術，卻願意冒著被殺頭的危險要請求您看病，這病你看也得看，不看也得看！

當然，這種強制是康熙最樂於接受的，因為他從中看到了允禛、允祉的一番孝心。恰恰就是這一份孝心，使允禛和允祉受到康熙的賞識。康熙病好後，立即為允禛和允祉加官進爵，並當著滿朝文武表揚了他們。允禛不僅對康熙親孝，對尊長和兄弟也是如此。他對皇太后和母親懿皇后也特別好，也就博得太后和皇后的喜歡，也等於給自己撐了腰。對兄弟，他明處不落井下石，還極力打抱不平，為兄弟求情，贏得了康熙的中肯，認為他念及手足親情，可褒可嘉。

第二，允禛能不計前嫌，暗中幫助皇太子允礽。允礽第一次被廢時，大阿哥允禔、八阿哥允祀是奪儲實力派人物。在當時的情況下，允禛根本無力與老大、老八抗衡。同時，假如老大、老八中任何一人被立為太子，對允禛都是不利的。因為他們一旦被立為太子後，就再難被扳倒了。因此，允禛暗中採取了支持允礽的立場。

支持允礽有兩方面的好處：一是康熙是在盛怒之下廢除允礽的。因此，廢除允礽不久，康熙就有了反悔之意。允禛摸透了康熙的心思，採取了支持允礽的策略。這樣，他就再次不露痕跡地獲得了康熙的好感。另外，由於當太子成了眾矢之的時，除允禛之外，幾乎所有皇子都對允礽落井下石。而允禛支持允礽，必然會使允礽感激倍至。如果允礽今後再被立為太子的話，對自己就會有絕對的好處。所以事情真相沒出來之前千萬別把事情做得太絕。

事實果然如此，康熙在囚禁允礽之後，開始著手起草「廢太子告天文書」並將告天文書給拘禁的允礽觀看。允礽看後說：「我們的太子位是父皇給的，父皇要廢，何必告天？」

此時，大阿哥允禔、九阿哥允禟以及允禛負責看押允礽，急於奪取儲位的大阿哥當即就把允礽的話回報了康熙。致使康熙大怒，並傳口諭：「做皇帝乃是受天之命，如此大事，豈有不告天之理。允礽悖逆，以後他的話不必奏聞了。」於是，允禛將康熙諭旨傳達給允礽，允礽擔心被諸兄弟陷害，因此再三求告：「父皇若說我別樣不是，事事皆有，惟弒君一事，我實無此心，須代我奏明。」

眾皇子對允礽的求告多半無動於衷，惟獨允禛力排眾議，極力堅持替允礽回奏。而康熙聽了回奏，非但沒怪罪允禛，反而認為他這樣做是顧念父子手足親情，因此對允禛加深了一層好感。

第三，不得罪眾兄弟，立場持中。這樣，他既不攻擊對方，也不會遭到對方的攻擊，還有，眾兄弟都想拉攏他，因而對他都有好感，想方設法讓允禛對自己有所幫助。這就是允禛採取此措施的目的所在，他巴不得有這樣的結果。而且，允禛明中持中立立場，暗地裡說不定也在打擊暗算對方，這都是陰謀者的通略。

允禛的過人之處，就在於他既不像大阿哥允禔、八阿哥允祀那樣公然地謀取儲位，同時也不像三阿哥允祉那樣釜底抽薪拆老大、老八的台。相反，他表面上曾一度向大阿哥、八阿哥集團靠攏，另外，他也知道八阿哥允祀等人企圖行刺太子的事，但他並沒向康熙揭發這個陰謀。

允禛不揭露老八允祀的陰謀，就被允祀等人看做了友人。而老三允祉雖然因揭發自己的兄弟而取得了康熙的信任，同時卻在兄弟中間樹立了強敵。

由此看來，允禛這種不慍不火的持中立場，遠勝於老大、老八的急於求成，更為老謀深算。正所謂螳螂捕蟬，黃雀在後。允禛的這種持中立場，使他能夠居高臨下，坐山觀虎鬥，達到了不戰而屈人之兵、坐收漁翁之利的目的。允禛非但不揭露老大、老八的陰謀，相反，在老大、老八事發後，他還極力在康熙面前替他們求情。在當時諸子爭位互不相讓的氣氛中，允禛的這種大度作風，再次讓康熙感覺到允禛是個深明大義、性量過人、注重手足親情的皇子。

正是允禛採取的這種中立立場，使得他面面俱到，八面玲瓏。眾兄弟一個一個成為眾矢之的被打倒後，惟有他坐在「高處」，心裡暗笑著這幫傻蛋，你們去鬥吧，最好是來個勢不兩立，兩敗俱傷，到時就等著我來替你們收屍吧。

事實果真如允禛所想的那樣，眾兄弟像允礽、允禔、允祉、允祀一個個倒臺，剩下就是他和十四阿哥允禵了。這不能不說是因為他採取中立的正確立場，既保證了自己不受打擊，又擴大增強了實力。在這場鬥爭中，允禛穩穩地把住了自己的舵，既看清了前進的目標，又把住了方向，不偏向，還以逸待勞，非常輕鬆地就使對方自行削弱，他就等著坐收漁利了。

胸懷寬廣意志堅——小不忍則亂大謀

心胸寬廣、意志堅定、充滿樂觀，是事業成功的心理素質。不能因一件小事的打擊而一蹶不振，更不能放鬆對目標的追求。所以，成大事者往往心胸闊達高遠，意志堅韌不拔。他們看得高，見得遠，充滿著樂觀主義精神，隨時準備應付一切挑戰。

我們知道在特定的歷史條件下，能夠戒急用忍，不妄逞匹夫之勇，從某種意義上講，也是一種奇高的智慧。這方面最顯著的例子就是春秋戰國時期的越王勾踐，含辛茹苦，臥薪嚐膽，甚至不惜以為吳王嘗糞的方式取悅夫差，堪稱是戒急用忍的典範。也正因為如此，越王勾踐才憑著這個「忍」字擊敗了夫差，而成為春秋五霸之一。

其實，這種「忍」，就是考驗意志，誰能忍到最後，誰就是最後的勝者。所以，康熙也經常告誡雍正：「天下未有過不去之事。忍耐一時，便覺無事。即如鄉黨鄰里間，每以雞犬等類些微之事，致起訟端，經官告理。或因一語戲謔，以致口角爭鬥。此皆由不能忍一時之小忿，而成爭訟之大端也。孔子曰：『小不忍則亂大謀。』聖人之言，至理存焉！」

康熙提出了「小不忍則亂大謀」這個道理，「忍耐一時，便覺無事。」這是多麼寬廣的胸襟啊。而雍正就從父皇康熙那裡學到了這一點，成就了做大事者的風度和人格魅力，從而能夠經受各種考驗，戰勝各種困難。

雍正在眾阿哥紛紛倒臺之後，才算遭遇到十四弟允禵這個真正的強手。允禵排行十四，比雍正小十歲。他與雍正是一母所生。兩人雖是同胞兄弟，但允禵卻與允禔、允祀和允禟保持著非常密切的交往。特別是在允祀刺殺允礽案發後，允禵曾極力保奏允祀，結果遭到康熙的怒斥。

康熙雖然怒斥過這個兒子，但對允禵卻並無惡感。相反，他倒很欣賞允禵那種直率的性格，兼至允禵天生神勇，尤其喜歡研究兵法。因此，西北戰事一起，他就把注意力集中到這個兒子身上。

但是允禵能不能爭取到掛帥出征這個任務呢？前面已經提到，當時爭取這個任務的主要還有雍正和允礽兩個勁敵。因此，允禵要獲得這個位置的關鍵就在於，如何擊敗允礽，戰勝雍正。

允禵採取了聯合允祀、允禵合擊雍正和允礽的策略。首先，他利用允祀的勢力，以向康熙告密的形式揭穿了允礽的陰謀，致使允礽因礬書案發而一敗塗地。隨後，允禵開始擴大戰果。他在允祀、允禔等人的幫助下，積極聯絡朝中大臣，以擴大他們的影響和聲勢；並藉此與雍正抗衡。

允禵來勢兇猛，當然不能硬碰，而且康熙對允禵非常鍾愛，有意藉此發揮他的軍事才能，為他將來坐江山打好基礎。雍正雖然也積極向康熙獻計獻策，謀取大將軍這一職，因為在這最後的節骨眼上奪到大將軍之位也就意味著離儲位不遠了。但行軍打仗畢竟不是兒戲，需要真正能夠通曉兵法而又極富韜略的將才。雖然康熙對雍正的見解表示贊同，但仍然對他的軍事才能表示懷疑。在這一點上，允禵恰恰高出雍正一籌。因此，康熙五十七年十月，允禵被正式任命為撫遠大將軍。

當年十二月，康熙授允禵為大將軍王，命他率師西征。雍正這次的失敗，可以說是輸在技不如人上。

後來，康熙又降下一道聖旨，稱：「大將軍王乃朕皇子，確係良將，朕深知其能，故命其掌生殺重任，爾等或軍務、或正細事項，均應謹遵大將軍王指示……」

允禵到達前線後，果然沒辜負康熙的重託。他一方面開始整頓軍務，加強戰備，另一方面則積極策劃對敵方針。此後，在允禵的率領下，清軍分兩路出兵西藏，重新奪回了拉薩。接著又揮師北上，採取步步為營的打法，逐漸控制了新疆的局勢。

允禵的節節勝利，對雍正無疑是個巨大的打擊。

至此，奪儲戰線成了雙雄對峙之勢。

允禵的異軍突起，使雍正奪儲的希望變得愈來愈渺茫了。此後的幾年間，雍正一直沒有改變被動的局面。允禵的崛起曾使雍正一度心灰意冷，甚至產生了消極退避的情緒。

當時，允禵在出任大將軍一職之後，在戰場上取得了節節勝利。但允禵並未因此而自滿。相反，他明白自己勢單力薄，比不上其他幾個兄長多年來結黨眾多。所以，他一方面要借助允祀、允禔等人的勢力，另一方面則加緊培植自己的黨羽，積極招攬人才，大力收買人心，並派人到京城去拉攏黨羽。

同時，他還知道自己以武見長，因此非常注意結交文士，以取長補短。在這段時期裡，允禵一度嘗試拉攏康熙手下的寵臣、理學名家李光地，結果遭到拒絕。此後，他又想方設法結交李光地的門人，並將其門人陳萬策拉到自己門下。他對陳畢恭畢敬，見面總要稱先生。

允禵的大肆活動，取得了不小的收穫，他一時間聲名鵲起。加上他在西北戰場上取得的一連串勝利，康熙對十四皇子更加刮目相看了。

允禵後來者居上，又是封王又是領兵，以至於當時朝野內外一致盛傳允禵將被立為皇太子。在這樣的情況下，雍正的沮喪和焦慮的心情就可想而知了。

可以想見，當時的雍正已陷入進退維谷的境地。進，有崛起的允禵擋道；退，此前所有的努力必將灰飛煙滅！這種兩難的選擇才是最艱難的。而最艱難的時刻也往往最能考驗一個人的信心和毅力。此時此境，又應了那句老話：兩強相逼，勇者勝。

有時，勇敢就是最高的智慧。有時，知難而進才會開拓出一片燦爛的天空。就像古詩裡所言：「山重水復疑無路，柳暗花明又一村。」後來的事實當然已經證明雍正無疑是個英明的勇者，無疑是那個迎難而上尋求柳暗花明的智者。

雍正沒退，雍正迎難而上了。

首先，在雍正的操縱下，隆科多在康熙病重後，統帥八騎營約兩萬名官兵，順利地控制了京城的治安和局勢，使其他阿哥不能發動政變。

此外，為了防止允禵回歸、興兵作亂，晉川陝總督年羹堯控制住了重鎮西安、扼斷了允禵與內地的聯繫，使允禵的部隊難於進入關中，更不要說興兵侵犯北京了。

而雍正的另一個心腹戴鐸，則立即向巡撫蔡挺表示，如果允禵鬧事，四川應該出兵丁錢糧支持雍正。蔡挺在聽到這個建議後，立即向雍正上書，表示絕對忠於雍正的新政權。

這樣一來，京中諸皇子被束縛住了手腳，手握重兵的允禵又被扼斷了歸路，致使他不敢妄自興兵。因此，雍正才藉由或合法或不合法的手段順順當當地坐上了皇位。

俗話說，打蛇打七寸。七寸，指要害。而雍正就是在最危險的時刻，憑著他過人的膽識和智慧，抓住了對手的要害，從而化被動為主動，一舉擊潰貌似強大的允禵。

時代呼喚強者，呼喚百折不回錚錚鐵骨的漢子。無論是臥薪嚐膽也好，苦肉計也罷，都只是蒙混敵人，痲痹其意，然後勇闖過關，最後克敵制勝。雍正的奪儲成功似乎也能給後人啟示，這就是：勇者腳下無絕路，懦夫眼前盡陰影。

運籌帷幄定心計——蓄勢待發

何謂「陰謀」？「陰」就是暗，也就是在暗處活動，在背後策劃，表面上光明正大，溫和尊善，背後卻陰險毒辣，暗藏殺機，正是外示柔和，內裡卻暗中動作。既然皇位是志在必得，那麼雍正就不會坐失良機。所謂不動則已，一動驚天；不鳴則已，一鳴驚人；不飛則已，一飛沖天。這正是雍正乃至古往今來一切梟雄的特色。

出其不意，攻其不備，這既是兵法中的原則，也是政治鬥爭的原則。允礽被廢後，雍正在韜光養晦的同時，已經悄悄開始動作了。只不過他並不像其他皇子那樣大張旗鼓，恰恰相反，他只是積極而秘密地為自己作著種種準備。因為只有這樣才不會被康熙察覺，只有這樣才能夠保全自己，不為兄弟們攻擊。

皇太子允礽被廢，大阿哥允禔因為密謀殺害皇太子也同樣倒臺，八阿哥允祀本來非常看好，但因為搞朋黨和耍陰謀正犯了康熙的大忌，最後也落得個不好的下場。

允祀接二連三地倒楣，表面上看是因為運氣不好，但實質上他一次再次的落敗，卻主要緣於他個性中的柔弱無能。正因為懦弱，所以才密行奸險企圖謀害二阿哥，因為對自己的不自信，所以他才拉幫結派試圖借助眾人的勢力謀取皇位。

而雍正就不同，雍正雖然也暗中拉幫結派，但他手下的人卻必須服從他的命令。雍正雖然也向人施恩，但同時他還懂得如何對手下人施威。這樣，在雍正身邊，才聚集起一個以他為核心的小集團，而這樣的小集團才是最有凝聚力的。

雍正的手下戴鐸曾拿雍正與允祀做了個比較，稱：「允祀柔弱無為，不及允禎聰明天縱，才德兼全，恩威並進，大有作為。」

從事實上看，戴鐸這番話還是客觀的。隨著時間的流逝，允禔、允礽、允祀在激烈的奪儲鬥爭中相繼落敗，三阿哥允祉成為雍正的又一個強勁對手。

允祉不僅有年長的優勢，而且為人頗為老成持重，因此頗受康熙喜愛。

而且允祉喜歡讀書和鑽研學問，學識非常淵博。同時，在儲位鬥爭中，他又表現得相對中立，因此被封為誠親王。康熙自然知道允祉學識淵博，所以特意培養他這方面的能力。

眾所周知，康熙是個非常有作為的皇帝，學識也非常廣博，又極力主張仁政愛民，因此，他與三阿哥允祉在許多方面見解相似，這就使父子之間關係較為融洽。特別是到了康熙晚年，眾阿哥爭取儲位的鬥爭把康熙搞得焦頭爛額，他與眾阿哥之間的關係自然非常緊繃。在這樣的情況下，漸至老境的康熙便自然而然地把目光投向允祉了。

而允祉恰恰能投其所好。他多次請康熙到誠親王府作客，使老年的康熙有幸享受到父慈子孝的天倫之樂。時間一久，允祉與康熙的關係就更加親密無間了。至此，康熙開始委允祉以重任，每次巡遊，都將允祉帶在身邊。於是，允祉的大紅大紫成了雍正的又一威脅。那麼，雍正又是怎樣擊敗允祉的呢？

雍正並不是坐在府中不動，而是在積極謀劃，運籌帷幄。他的心腹戴鐸就給他寫密信，既分析了當前的形勢，又提出了具體的策略和辦法。大致可以概括為四條：

第一，爭取康熙的寵愛。這就要既不能過於露骨，也不能顯得笨拙，適當的現自己的德與才，取得康熙的信任。

第二，要妥善處理好兄弟之間的關係，不要像廢太子允礽那樣驕橫霸道，引起公憤。

第三，聯絡百官，不分滿漢，爭取輿論支持。

第四，大力培植府邸中的人才，把他們分派到各個重要職務上，為將來做準備。

胤禛基本認同戴鐸所說，但他站在了一個更高的角度來看待這個問題。他認為所有的策略應該是不留痕跡，彷彿是出於無心的。

與允禔、允礽、允祀相比，三阿哥允祉無疑是一個更強勁的對手。首先，允祉自始至終沒被康熙抓住過把柄。在儲位爭奪中，他幾乎表現了完全中立的立場，因此，康熙非常相信他。其次，允禔、允礽、允祀都曾觸怒過康熙，被康熙拿到過把柄，而允祉在康熙心目中卻接近完人。再就是，允祉善於使用懷柔政策，不時利用和睦的家庭氣氛來軟化康熙，給了康熙一個善解人意和與世無爭的良好形象。

然而話又說回來，允祉畢竟不是完人，他也有他不可避免的性格缺陷。那就是，允祉雖以和善博學著稱，但他卻缺乏馭下的能力。因此，儘管允祉本人不會犯錯誤，但卻不能保證他手下的心腹不犯錯誤。

而雍正則不同，他不但可以嚴格要求自己，而且也能從嚴約束自己的部下。因此，雖然當時雍正身邊已形成了一個以年羹堯、隆科多為首的小集團，但這個小集團的活動卻非常縝密，而且已暗中控制住了京城內外的兵權。

見解有深有淺，但都是思考的結果。雍正認為，「若非深知灼見，不可草率行事」，則是要求凡是做事都應深思熟慮，而不應草率行之。雍正的確做到了深思熟慮，運籌帷幄，他能表面上容忍允礽、允祉、允祀，內中卻在密謀行事，暗藏殺機。特別是與十四弟允禵爭搶大將軍一職失挫之後，他就一直在處心積慮，想其他辦法。透過與智囊團的密謀，他決定控制京城，萬一發生不測，馬上發動政變，搶奪帝位。定好了這些策略之後，雍正便著手準備秘密行動，別看他表面溫和仁孝，一旦誰要做「出頭鳥」，就等著挨雍正的「刀」了。雍正極具隱蔽性和欺騙性，一旦被其蒙了，必沒有什麼好下場。

關鍵時刻出王牌——拋玉引玉愛屋及烏

常聽人說，做事要留一手，關鍵時候用得上。傳記武俠小說中也常說武林高手授徒不會傳授所有技藝，至少會給自己留一絕招，以備不測之用。這就像打牌的道理一樣，不管是否處於弱勢，只要手中有王牌，就要沉得住氣，抓住機會，關鍵時刻打出王牌，往往會反敗為勝，取得令人意想不到的結果。這又是三十六計裡的拋磚引玉一招。「磚」與「玉」都是固體物質，形似而質異，然而「拋磚」卻可以「引玉」。

釣魚要用誘餌，「引玉」必須「拋磚」，先讓敵人嘗到點甜頭，才能引其吃更大的苦頭。「拋磚」的目的在於欺騙敵人，常用的方法有小部隊佯攻或次要方向上的佯動等。欲真要引出「玉」來，關鍵在於摸清和利用敵人的心理狀態，致敵作出錯誤判斷，就我計謀。

雍正自己抓了一張好王牌，在遭遇強手的時候，他沒忘打出這張王牌。這張王牌就是雍正之子——弘曆，也就是後來的乾隆皇帝。在與允禩鬥法的這段時期裡，雍正一方面勤於政務，將康熙分派給他的任務處理得頭頭是道。另一方面，他也開始注意學習允禩的懷柔政策，不斷請康熙去王府裡坐客，以使康熙盡享天倫之樂。

為了取悅康熙，雍正還拋出了一張王牌——愛子弘曆。

弘曆生於康熙五十年，自幼聰穎過人，而且頗有勇謀，人又俊逸。

老人總是喜歡小孩子的，康熙也不例外。當他第一次見到弘歷時，就喜歡上了這個英俊少年。祖孫二人頗為投緣。同時，弘曆的聰明靈敏也使康熙感到後繼有人，於是大悅，隨即帶弘曆入宮，隨侍左右，以享天倫之樂。

一次，康熙和眾皇子大臣在圓明園遊覽觀景，即興賦詩，康熙隨身把弘曆也帶上了。一路祖孫兩人志趣相投，談興很濃，康熙龍顏大悅，對弘曆的才智非常讚賞。當來到後湖時，只見一片正在盛開的牡丹花，各種顏色都有，紅的似火、白的如雪、紫的賽血、黑的像墨，此外，還有粉紅的，杏黃的，絳紫的，吒紫嫣紅，令人賞心悅目。萬花叢中有一高臺，登上高臺，這千頃牡丹可盡收眼底。弘曆即興就吟出了一首牡丹詩：

牡丹花開勝春潮，群芳鬥豔自嬌嬈。
蜂舞蝶飛樂盛世，叩拜台前乾坤笑。

康熙聽了很滿意，欣慰地撫摸著弘曆的頭慈祥地問道：「剛才那首詩是你從哪裡學來的？」

弘曆響亮地答道：「回皇祖父話，剛才那首《詠牡丹》是皇孫弘曆自己剛才即興所作，請皇祖父指正！」

康熙一聽說那首《詠牡丹》是弘曆自己剛才即興作的，有些不相信，有意想考考他，見臺上有一蝴蝶飛過，便問道：「你能就那隻飛來的蝴蝶詠詩一首嗎？」

弘曆略一凝眉，稍待片刻即朗聲誦道：

牡丹台下花爛漫，香芬隨風沿春衫。
彩蝶覓春戲遊人。捉取春歸伴我眠。

康熙萬萬沒想到這麼一個孩子如此才思敏捷，十分高興，又見牡丹台周圍裝滿明淨透亮的西洋玻璃鏡，便說道：「這玻璃鏡為西洋之物，裝在窗上光亮照人，十分好看，你能否以此為題口作詩一首？」

前籠皇帝，弘曆

玻璃鏡是從洋人那裡購得的，平時很少見，也從來沒人詠讚過，寫一首描寫玻璃鏡的詩，別說對一個孩子，就是一個成年人也十分困難。眾人都在凝神思考，就聽弘曆脆生生地吟了出來：

西洋奇貨無不有，玻璃皎潔修且厚。
亭台軒窗面面開，細細風櫺突紗牖。
內外洞達稱心意，虛明映物隨所受。

風霾日射渾不覺，几筵朗徹無塵垢。

不但康熙驚訝得目瞪口呆，連雍正本人也是驚喜不定，他雖然對幾位世子嚴加要求，但整日在外奔波，回到家中也被諸事纏身，哪有心思關心兒子讀書，想不到弘曆小小年紀有如此才氣，心裡十分欣慰。

康熙俯下身，笑容可掬地拉著弘曆的手說：「我愛新覺羅氏能有此後人真是上天福佑。朕今日遊幸圓明園不枉此行，發現一個好皇孫，可喜可賀。」眾人也紛紛道喜。

康熙站在臺上憑欄遠眺，沉思片刻說：「這牡丹台名太俗，朕與弘曆在此相識相見是上天所賜，就把這牡丹台的名字改為『鏤月開雲』吧。弘曆正是躍出雲層的月亮，皎潔之光可照大地，他日富貴必在朕之上！」一片贊同聲。

下了牡丹台，康熙領著弘曆又遊了幾個景點。康熙為了悉心培養弘曆，總是先讓弘曆題名，康熙稍加評述，再把一些歷史掌故告訴弘曆。眾人見康熙對弘曆寵愛有加，每到一景點，也都故意逗著弘曆先題名，弘曆也確實說出幾個令康熙連連稱頌的名字，如「月地雲居」「匯芳書院」。

此後，有一次康熙帶弘曆去打獵，祖孫二人當場射殺了一頭熊。當時，康熙要弘曆再補一槍，槍響之後，倒地的黑熊突然躍起，向弘曆撲來，在這種危險的場面下，少年弘曆卻不慌不懼，靈活的躲開了黑熊的致命一擊。隨後，由做爺爺的康熙補了一槍，弘曆才得以脫險。

這件事發生後，康熙更加喜歡這個孫子了。並在公開場合講，弘曆比他福氣大。後來弘曆果然做了皇帝，也就是乾隆皇帝。

雍正這張皇孫牌，打得非常高妙，不但藉此拉近了與康熙的關係，同時還等於向康熙暗示了大清王朝後繼有人。也就是說，只要雍正能繼承皇位，那麼，弘曆有一天也會坐上大寶。

至於後來雍正果然當上了皇帝，有人說是康熙看中了弘曆才這麼決定的，不過，這只是一種臆測，真實情況我們不得而知。但我們可以從中看到雍正的絕妙心機，讓康熙看好弘曆，也必然會看好自己。這又超越了「拋磚引玉」，而成為「拋玉引玉」了。因而可以說，雍正這張「王牌」打得極其到位正確，是一智招。

八方活動廣羽翼——金蟬脫殼

有人八面玲瓏，四處流竄，到處顯山露水，活得瀟灑自在，無憂無慮，卻並不長久，很快會被別人擠兌下去。因為他拿不出實在的東西，也就是沒有真本事，沒有幹實事的能力。而有人卻深藏不露，表面無動於衷，而私下卻四處活動，左右逢源，有所收獲，這才是最重要的。所以，做事要講個方式和效果，先別張狂，為了目標，步步為營，穩打穩紮，真正做點有實效的事。

雍正在這一系列的鬥爭中，做的最重要、最關鍵的一件事便是培養心腹，控制人才。在雍正身邊有個小集團，這幫人不僅幫他出謀劃策，還四處為他賣命。控制這麼一個小集團，不僅表現出雍正善於識人用人，更重要的是這些人控制了從中央到地方的政權和兵權，為他的奪儲奠定了堅實的實力基礎，而這是其他皇子所不具備的。

雍正知道，要鬥爭必須得用人，而且是要用信人和堅人。在跟允祀鬥法的過程中，他就親眼目睹允祀聚集了眾多黨羽，非常難鬥，而且勢力遍佈各處。但允祀太明目張膽，他廣交朋友，籠絡人心，四處賄賂，正好犯了康熙的大忌。且允祀的目標也過於明確，其最後的結果是欲速而不達也。

在與眾阿哥鬥法的過程中，雍正的心腹戴鐸就給他寫過一封信，給雍正開出一副處世靈丹，也即行動綱領。他建議雍正無論對父皇還是對兄弟，都要以誠孝相待，千萬不能像太子允礽那樣狂悖放誕。否則不但會觸怒眾兄弟，還會因一時之忿而誤了自己一生的前程。

同時，戴鐸在這封信中還向雍正建議：要優待皇帝身邊的人，因為他們的話會很快傳就到皇帝耳中。假如將他們得罪了，就可能招致某些小人的陷害，給自己種下禍根。此外還要刻意留心對待朝中一切官員，不論是皇上寵信的還是不寵信的，都要盡力拉攏。只要對人體貼周到，出言溫和平易，就讓人感激涕零了。這樣持之以恆地做下去，日子久了，自然就會贏得賢德的名聲。

最厲害的是，戴鐸在這封信裡提出了暗中培植黨羽的策略。雍正按照這個策略，為自己的親信出錢捐官，使他們竊居國家要職。更重要的是，這些人是由雍正一手栽培出來的，因此他們多對雍正忠心耿耿。

而雍正無疑基本認同戴鐸所說，但他站得更高，在施行這些手腕時，表面上絲毫不露聲色。

在雍正多年經營下，到康熙末年，已經形成了一個自己的小集團。其主要成員有：

年羹堯，漢軍旗人，康熙十八年生，三十九年進士，康熙四十八年出任四川巡撫，年僅三十歲，五十七年升任四川總督，康熙末年又升任川陜總督，深受康熙信任，更是雍正的心腹，而且年羹堯的妹妹嫁給了雍正，是雍正的側福晉，所以雍正和年羹堯既是郎舅關係，也有主僕之情。

隆科多，雍正養母的兄弟，所以也算是雍正的舅舅。太子允礽第二次被廢的時候，接替托合齊擔任步軍統領，後來又兼任理藩院尚書、步軍統領一職，掌管北京城內外九門的鑰匙，統帥八旗步兵。雖然官品不是很高，但是職位重要，在雍正看來，自然大有利用的價值。

本來隆科多是允禔的黨羽，允禔瓦解後，他一度失意，轉而投靠允祀。到了康熙末年，看到允祀前途渺茫，又轉而投奔雍正。兩人一拍即合，暗中勾結，雍正看中了隆科多的職權，隆科多也把未來賭注押在了雍正的身上。

允祥，康熙第十三子。在第一次廢太子的事件中遭到打擊，但和雍正關係密切。後來雍正上臺登基以後，允祥成為兄弟中他最親信的一個。

再比如寫這封信的戴鐸，原是雍正的一個奴才，後來從福建知府一直升到四川布政使。

雍正的親信還有如下幾位：魏經國，康熙末年出任湖廣總督；常賚，任官副都統；博爾多，舉人出身，後任職內閣中書；傅鼐，藩邸親信。

事實證明，這些親信後來在關鍵時刻都發揮了巨大的作用。

應當說，雍正這步棋走對了。他廣結羽翼，又不像允祀那樣明目張膽，也不像允祉那樣約束不言。他能知遇善任，發揮每個人的特長，不時還恩寵有加，關心備至，許諾厚祿讓他們為他死心踏地地賣命；同時又用國家大法和嚴肅的家法來統馭他們，使他們完全聽命於雍正的指揮。

康熙駕崩隻手遮天——偷樑換柱坐穩皇位

機會來了，怎麼去把握？

允禵的異軍突起，使雍正受到很大打擊，奪儲希望變得愈來愈渺茫。此後幾年間，雍正一直沒有改變被動局面。直到雍正聽到鄔思道分析形勢、指出未來前途後，他才重新燃起心中那一點希望。於是，雍正決定找舅舅隆科多幫忙。

於是雍正乘一普通小轎來到提督九門步軍統領兼理藩院尚書隆科多府上，隆科多聽說雍正深夜來訪必有重要事情相商，急忙把他請到密室來。二人坐定，隆科多這才詢問雍正來意。雍正躊躇片刻，繼而說出了要隆科多幫忙的意圖，又不無傷感地說：「舅舅一定獲悉皇上下令允禵停止進軍伊犁之事！」

隆科多點點頭，心中已猜到八九分，又聽雍正委屈地說道：「皇上很快就會讓允禵回京，他一旦回來，必然被冊封為皇太子，這是十分明白之事。我費盡心機苦苦等待多年的願望又要成為泡影，這也是我皇額娘生前遺願，望舅舅能看在皇額娘的情份上助我登上皇位。舅舅再造之功我終生不忘，將來一定與舅舅共享天下，封舅舅為異姓王爵。」

隆科多一聽雍正提到孝懿仁皇后，心中也一陣心酸，姊姊的慘死也都是為了雍正能登上清宮之位。正是姊姊的駕薨，他們佟佳氏滿門才受到皇上排擠，父親被解職，幾位兄長也都受到不同程度打擊。這幾年，他雖然受到皇上重用，但那是他死心塌地幹出來的，對於整個大家族的命運並無多大好轉。一旦主位異人，自己能否獲得重用實在難料。若能推舉雍正登上皇位，自己將有擁戴之功，雍正封爵行賞自然不在話下。但這事能夠做成還好，倘若不成功，其後果不堪設想。

這時，佟國維也來到密室，對隆科多說：「你應該輔佐四阿哥登上皇位！皇上早有將大位傳十四皇子之意。十四阿哥明春凱旋歸來一定被冊立為皇太子，因此，必須在年前把四阿哥推上皇位。這是完成孝懿仁皇后的一樁遺願，對於振興我佟佳氏家族也不無裨益。」

隆科多十分為難地說：「皇上已經留有詔書傳位給十四皇子。」

佟國維與雍正都大吃一驚，他們從來也沒聽說過這件事。雍正疑惑地問：「真有這等事？」

隆科多點點頭：「在十四皇子西征之後不久，皇上為防止不測，就立好傳位詔書，至於藏在何處無從知曉。」

「有幾人知道皇上已經立過傳位詔書？」雍正問道。

「只有馬文與我知道這事，至於所寫的內容卻不知道。」

佟國維插話說道：「如果是這樣，四阿哥只有一條路可走，強行奪宮！」

雍正點點頭：「只要舅舅協助奪宮，派年羹堯控制胤禵帶兵回京。年羹堯已經答應負責監控胤禵，只要他稍有行動，立即切斷糧草供應，阻止他帶兵回京。只要舅舅助我控制住京城局面，成功的可能性極大。」

機會終於來了。那晚，反清復明義士又來刺殺康熙。康熙迷迷糊糊睡到半夜，忽然聽到澹寧居外傳來兩聲沉悶的倒地聲。他正在疑惑間，猛然聽到有人大喊：「抓刺客！抓刺客！」

康熙還沒有來得及弄清是怎麼回事，一個黑影破門而入，直向他撲來，康熙本能地滾到床下，那人一劍刺在床頭的被褥上。一劍不中，他就再也沒有機會了，被兩名親身侍衛擊斃。

這時，其他人也聞訊趕來，把康熙從床下扶到床上。康熙這一嚇一凍，渾身如篩糠一樣直發抖。也許由於從床上滾下去得太猛，康熙的臉磕青了，胳膊也受了傷。

貼身太監匆忙命人去傳御醫。這時，九門提督步軍統領隆科多也聞訊趕來，他見康熙只受了點輕傷，稍稍放下心來；但見康熙渾身上下哆嗦，也明白了什麼，陡然心生一計，一邊著人給皇上餵食薑湯，一面讓其侄子大內侍衛鄂倫岱嚴守宮門，禁止皇上遇刺的消息外洩。一切安排妥當，隆科多立刻派貼身人員去請雍正。

雍正正在熟睡，忽然接到密報說隆科多有急事相請，他的心驀地一驚，估計出了大事，急忙趕到約定地點暢春園。這時隆科多已經等待多時了。雍正從隆科多冷峻的臉猜到幾分，不等他開口相問，隆科多就把皇上夜晚遇刺的情況簡單講了一下，最後補充道：「皇上這一驚嚇，加上一摔一凍可能要大病一場，可謂是天賜四阿哥良機。如果你真有奪宮之心，此時是最好的機會。機不可失，時不再來，我已派鄂倫岱封鎖了宮門，至於如何做就看你自己了。」

雍正心領神會，躬身拜倒：「我意已決，請舅舅幫我！」

隆科多扶起雍正，「宮內的事暫且交給我，對外只說皇上昨夜受了點風寒，需要靜養齋戒，謝絕一切外廷官員探視。」

「如果馬文、張廷玉及諸皇子要求探視呢？」雍正提出疑問。

「在沒有獲得詔書前，任何人不得入內，否則，事情必然洩露。」隆科多斷然說，「這幾日你也要像其他阿哥一樣不能入園。你要在三日內盡一切所能控制住豐台大營兵馬，並做好登基準備。至於城內兵馬你不必擔心，全在我掌握之下，沒有我的命令誰也別想帶進一兵一卒。」

事情在沒有任何心理準備的情況下突然降臨，雍正起初還有點害怕，經隆科多這麼一提示，心裡大致有了底，辭別隆科多又連夜趕回王府。

鹿死誰手，在此一舉。經過一個晚上，事情已經在悄悄發生變化。

第二天一大早，張廷玉就匆忙趕到暢春園門前候旨，等了好久，仍不見內廷有旨，連馬文也不見影兒，其他官員已經陸續來了許多。張廷玉心裡正在猜測馬文怎麼還不到，忽然，後來的官員傳來消息，馬文昨日回府後就覺得身體不適，隨便吃了點飯就入睡，天明時家人才發現他不知何時已經死去了。

張廷玉聽到馬文無疾而終的消息，差點栽倒，幸虧旁邊兩人將他扶住。這時園內傳來旨意，令上書房大臣張廷玉覲見。

張廷玉正了正衣冠，走到門前躊躇一下，正想退出來，一位內侍上前施禮說道：「張大人請吧，皇上現在正等著你呢。」

張廷玉只好走進園內，不多久就出來向等候在外的官員宣讀諭旨：「文淵閣大學士馬文年事已高，偶遇風寒，不幸病逝。追封輔國公、加封一等阿思哈尼哈番世職，配享太廟，按一等公葬禮喪葬，一切費用由內務府承辦。欽此。」

眾人見張廷玉面色沉重，都一齊圍上來詢問龍體健康，張廷玉只淡淡地吐了四個字「仍在靜養」。眾人如墜雲霧，猜不出個所以然，但從張廷玉的神色中，人們也約略估計個八九不離十。

暢春園分手後，隆科多決意為雍正逼宮。

此時康熙已經氣息微弱，他做夢也沒想到自己一世美名竟會落到如此下場，也許是報應吧，康熙想起了五臺山的那一幕：

隆科多手捏著一份摺子說：「主子，你的老大臣王掞與陶彝又遞上摺子請求皇上立嗣了。不過，保奏的可不是四阿哥，而是胤祀，我會讓這樣不識時務的人沒有好下場。」隆科多轉向張廷玉，「張大人草擬諭旨，將王掞與陶彝二人革職充軍。」

張廷玉轉向康熙，在隆科多的威逼利誘下他不得已提筆寫道：

王掞、陶彝二人不識時務，妄言立嗣之事，愧對朕一片厚愛之心。著開去一切職務，命赴與里雅蘇台效力，念王掞年事已高，降恩留京效命，令其長子庶起士王奕清代父充軍效力。

欽此。

康熙聽完隆科多念完張廷玉擬定的諭旨，怒不可遏，卻也無可奈何，猛地咳嗽兩聲。

隆科多卻道：「我也不願這樣做，說實在的，我這樣做完全是為了忠於皇上。皇上聖明，應該知道齊桓公的典故吧，他一世英雄死後卻落個停屍不葬而腐的下場，還不因為眾王子爭儲所引起的嗎？皇上有心將大位傳於十四阿哥，又為何令他遠征西域？這眾多皇子一個個如狼似虎，一旦皇上殯天，別說一個皇位，就是十個皇位也不會落到允禵頭上。如今皇上唯一的選擇就是將皇位傳給四皇子，否則將引起一場宮廷血災。允禛如今不僅控制了皇宮大內、暢春園，連整個京城已經在他掌握之中，豐台大營與西山鍵銳的兵馬也聽從了他的指揮。別說十四阿哥得不到皇上大限將至的消息，就是得到了也無濟於事。允禛已令年羹堯切斷西征大軍東進之路，如果允禵敢輕舉妄動，馬上停止軍餉供應，四十萬大軍在冰天雪地之中沒有供應將怎樣，皇上比奴才更明白。」

隆科多見康熙沒有應聲，知道他已經有所心動，又進一步勸導說：

「皇上向來以慈為懷，恩澤天下，如果不想看著皇室內訌，百姓遭殃，就早定大計吧。大清江山在皇上手裡能夠發揚光大至今實在不容易，不能眼睜睜毀在皇上一人手裡吧。如果皇室內部爭鬥起來，剛剛平定的西疆會重新燃起戰火，中原內地潛伏下來的反清復明勢力也會趁機揭竿而起。皇上將有何面顏去見列祖列宗？」

康熙真的被隆科多的話觸動了心事，竟有所動。隆科多見時機快要成熟了，也跪下哭訴道：

「事情鬧到今日也是皇上的責任。二次廢黜太子之時為何不早定儲君之位？更何況皇上做事也存有私心，在眾皇子面前沒有一碗水端平。憑良心而論，論智謀、才幹、政績，四皇子都不弱於任何其他皇子，皇上為何視而不見？這才引起他的不滿，萌生奪位之心。既然皇上已經猜中胤礽之瘋與雍正有關，皇上為何不將其治罪？種種跡象表明，四阿哥得天時，他龍驤虎步確有君王之相，君王之才，皇上將大位傳於他並不是流於外人。他也會盡力把大清江山發揚光大的。且不說這些，皇上不欣賞允禎，但應該憐惜他還有一個好兒子，皇上有一個好皇孫吧。皇上將大位傳給允禎實際是傳給弘曆，憑弘曆之才皇上也不枉此選擇。前明成祖朱棣立朱高熾為太子時，猶豫不決，解縉提示他有一個好兒子朱瞻基，從而打動朱棣，才使仁宗得位，後來不傳給了宣宗朱瞻基嗎？皇上何不效此而行？」

康熙思前想後覺得隆科多說得雖然冠冕堂皇是為雍正開脫責任，但也不是沒有道理。從治理山河這一點而論，允禛確實有其他皇子所不具備的才幹，唯一的缺憾就是他不懂軍事，但他善於用人。劉玄德（邦）不是也不會打仗嗎，正是因為善於用人，他才得到三分天下。康熙痛恨的是允禛太陰冷，心狠手毒，不合他寬厚仁慈這一點。正如隆科多所說，允禛有一個好兒子，自己有一個好孫子。正是為弘曆，康熙曾一度動搖過立嗣計畫。如今看來，也許真是上天所定。

痛定思痛，康熙也定了心吃力地說道：「隆科多，無論你出於何心，事至今日朕答應你，將大位傳給允禛。不過朕早已立下傳位詔書，必須毀去重新立詔。你入宮到正大光明殿後將遺詔取來毀掉，朕再親自擬定傳位詔書。」

隆科多腦子一轉，忙跪下說道：「請皇上相信，奴才絕不會抗旨不遵的，為防止意外，請皇上先立下傳位詔書吧。」

康熙無奈，讓張廷玉傳上紙筆，他這才抬起顫抖的胳膊草草擬定一份遺詔，並鈐上御璽。

隆科多接過墨蹟未乾的詔書，仔細閱讀一遍：

「太祖太宗世祖，開創基業，所關至重，元良儲嗣，不可久虛。朕之子甚眾，立儲一事勞神費心，幾經廢立，胤礽因染有狂

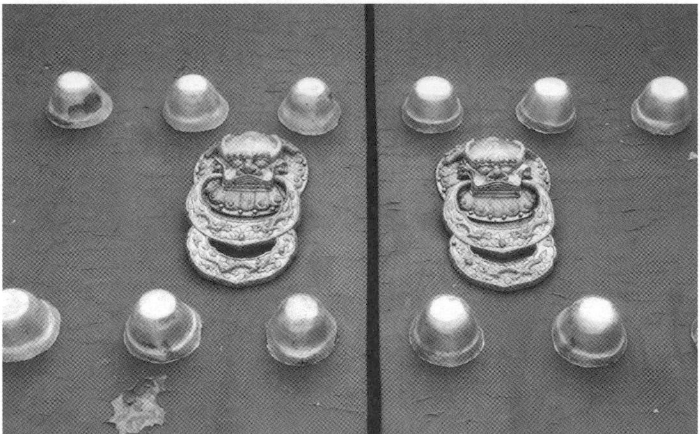

疾，難承大寶，早經廢黜。朕唯儲君之事有負祖宗，晝夜惶恐，恐不慎而釀千古遺恨。遍觀諸子，思慮再三，朕晏駕後，傳位於四皇子，望其克承宗祧，經綸帝業，以臻上理，不辜負朕淒苦之心，可告慰九泉也。其餘諸皇子，勉矢忠藎，保翊嗣君，佐理政務，光大祖業，共用太平，慎之切切。欽此。」

至此，康熙也閉上了眼睛。他統治大清三十一年，開創了大清的太平盛世，但還是帶著一份遺憾而去了。而隆科多也完成了偷樑換柱的使命，雍正就等著做皇帝了。

允禵遠征，康熙駕崩，其他皇子被幽禁，給了雍正一個絕好的機會，加上眾多心腹和隆科多之助，他已大權在握。

假借神話成就事實——登基前的造勢

正是「好風憑藉力，送我上青雲」，雍正在最後的奪儲之機，順利地控制了京內外的局勢，而且還得到了遺詔傳位給他的詔書。結果已定，就再也無法改變了。

而在此之前，卻出現了一次「天賜雍皇帝」的奇妙景觀，這似乎就是預示著允禛要成為雍正皇帝了。當時允禛和允祥在探討治理國家江山的問題，忽然有兩個軍校匆匆進來報告說，工地出現了怪事。允禛不動聲色地問：「出了什麼事快說？」

「這——」那人瞥一眼允禛，「二位爺去河灘看一看就知道了，奇怪得很。」

允禛與允祥匆匆來到工地附近的河灘，那裡已經聚集了好多人，正嘰嘰喳喳地議論著：「這真是怪事。秋冬之季竟然從河裡爬出那麼多活物，實在反常，不知預示著什麼大災大難呢？」

「嘿，也說不準是好事呢。」

允禛、允祥走到跟前，眾人立即讓出一條路來。只見眾多的蛤蟆在地上蠕動著，有秩序地排列著；那邊，仍有蛤蟆從水裡向上爬，加入有序排列的隊伍。突然，有人驚叫一聲：

「這些活物排列的多像一個字！」

「對，像字，就是字！」

「什麼字？讓我進去看看！」

「雍字，巨大的雍字，就是雍親王的雍字。」

「對了，昨天晚上我起來去茅坑，還聽到河裡發出鬼嘷聲，叫什麼雍皇帝，雍皇帝，一聲連一聲，時大時小，挺嚇人的，我沒敢多聽就跑回去了。」

「雍皇帝？莫非咱們的雍親王要當皇帝了？」

「不可能，皇上剛剛復立了太子之位，怎會把皇位傳給雍親王呢？一定是你聽錯了。」

「沒錯，絕對沒有錯，就是嘷叫雍皇帝。」

「這真是怪了，也許真是上天顯靈讓雍親王做皇帝呢，本來雍親王就有帝王之相，他又是皇室帝胄，當皇上也是理所當然的。」

眾人你一言我一語的議論，允祥全聽在耳中，他完全被眼前的情景震住了。這些水中爬上來的活物的確組成一個巨大的「雍」字，如果是允禎從中搗鬼那是萬萬不可能的，他可以使人夜間裝出鬼嚎的聲音，卻不能讓早已入蟄的哈蟆、青蛙、王八之類的東西爬上來，太不可思議了。也許真是應允禎的那句話，他不得人和而得天時。上天是在昭示眾人允禎必然承襲皇位，還是對皇阿瑪復立太子的一種反對呢？

允祥側目看看允禎，只見他一動不動地站在那裡，似有所思，又似有所悟。其實，這一招也是人為的，只是當時允祥沒有覺察而已，允禎這樣做是為了拉攏允祥的，讓他死心塌地地跟著自己。而在最後的爭奪儲位中，允祥也發揮了重要作用，穩住了豐台和西山兵馬。

那天傍晚時分，隆科多十分疲倦地來到眾阿哥面前。眾人都以為他是來傳旨的，全都屏住呼吸。隆科多冷漠的目光從每一位阿哥臉上掠過，最後落在允禎那裡，允禎會意地點點頭。隆科多這才從懷裡取出聖旨。

隆科多宣讀完遺詔聖旨後，允祀一改往日的謙恭忍讓姿態，突然躍起身來質問道：「隆科多，這遺詔分明是你偽造的，皇上從來沒有傳位於四皇子之意，為何突然冒出一份傳位允禎的詔書？」

隆科多反問道：「難道皇上有傳位於你的意思嗎？剛才皇上當眾說出遺詔在正大光明殿上，我才率眾人去取，你何敢說我偽造？」

允祀也不示弱，「皇上雖然沒有傳位於我之意，但皇上準備傳位於十四皇子，允禵西征前曾親口對我講，等他凱旋歸來皇上就冊封他為皇太子。」

裕親王福全從隆科多手中接過遺詔仔細辨認後說：「此遺詔確係出自大行皇帝之手，絕非偽造。」此言一出，靜觀事態發展的眾王公大臣一齊高呼萬歲，俯身跪倒在地。

允禛雙手接過福全遞來的遺詔，張廷玉把允禛扶到龍椅上坐下。隆科多對眾人說道：「國不可一日無主，大行皇帝遺命授大位於四阿哥，君臣名份已定，我等當行大禮。」

隆科多說完，率先跪下行三跪九拜大禮。眾臣也都跟著行大禮，隆科多回頭見允祀等人不拜，立即喝問道：「爾等為何不拜，想謀反不成？」

允祀冷笑道：「不是我等謀反，是你串通允禛篡改詔書，偷樑換柱圖謀不軌。」眾大臣又是一驚，都把目光集中在允禛身上，允禛冷冷地說道：「既然有人懷疑大行皇帝遺詔有假，我這皇帝還是暫不忙著做，先驗明詔書真偽再作處理。」

允禛把遺詔交給允祉，「三哥，你對書法最有研究，也最瞭解阿瑪字跡，還是你來驗證一下吧？」

允祉接過詔書仔細辯認一番，跪奏道：「正是皇阿瑪手跡，絕無一個更改之字，認為此詔書是偽作都是妄說。」

允禛讓允祉把詔書給允祀看一看，允祀也傻眼了，確實沒有任何改動之處，他一時愣住了。這時，允禛緩和一下口氣說：「皇阿瑪將大位託付於我，我一定竭盡全力效阿瑪之行，上對起天，下對起地，光大祖宗之基業，和眾兄弟有福同享，有難同當，爭取做皇阿瑪那樣的一代明君，也不負皇阿瑪一片苦心。」

允禛掃視一下幾位兄弟，難過地說：「我初登大寶主持事務，一時間理不出頭緒，更何況諸多事宜急需料理，望眾兄弟及內外臣子辛勞一些，朕不勝感激。待朕正式頒詔天下總理山河之時，一定論功行賞，各有加封，現在朕先佈置一下當務之急要處理的幾件大事。十三弟，你和隆科多負責京師防務事宜，每日加緊巡邏，嚴防不測之事，對京畿各大要塞嚴密防守，不得有誤！上書房大臣張廷玉，你會同禮部及內務府官員擬定大行皇帝廟號謚號及朕的帝號，廟號要雅，體現大行皇帝轟轟烈烈業績及朕的孝誠之心；帝號要吉，體現大清江山萬世永昌，繁榮強大之意，不得有誤。三哥允祉，你暫不要去翰林院編纂圖書，到上書房任職，協助張廷玉草擬詔告天下文書。」

之後允禛又給隆科多佈置任務：「你除了負責京師防務之外，還要負責大行皇帝喪事。大行皇帝一世英明，儘管因為病急未能移入宮內，但棺木萬萬不可停在僻遠之處，應該移到乾清宮辦理喪葬。這事可讓允祺、允禑協助你辦理。」隆科多領命而去。

允禛又對一直守衛在旁邊的鄂倫岱說：「從今日起你升為大內侍衛總領。」

鄂倫岱想不到允禛還沒有正式登基就提升了自己，受寵若驚，急忙施禮謝恩。

允禛吩咐完這幾件事，看著允禔一直默默地陪跪旁邊，嘆息一聲：「大哥，這多天來你受苦了。先休息幾日，朕再對你另作安排。」

允禔淒然說：「承蒙皇阿瑪厚愛，在殯天之際將我赦免，我已經感恩戴德了，怎敢別有所企求呢？何況這多年的禁閉生活，早已忘卻塵世。如果皇上應允，就讓我負責宗廟祭祀之事吧，也算我為新皇登基盡一些微薄之力。」允禛點頭答應，允禔也辭了出去。

除了幾位較年輕的阿哥，就剩下允祀了，他的兩位幫手早被押走，允禛特意不處置他，以免讓眾朝臣認為新皇上刻薄記仇。允禛仔細欣賞一下允祀的寒酸勁，帶著幾分勝利者的口吻說：

「八弟，朕知道你內心不服。但上蒼垂青於朕，阿瑪厚愛朕，你也就認命了吧。你不是為允禵抱不平嗎？朕這就分配給你一個任務，你負責發旨給允禵，令他把兵權移交給岳鍾琪，火速來京奔喪，不得有誤！倘若再有非分之心，就不能怪朕不講手足之情了。」吩咐妥當，眾人各自散去。一場爭儲的鬥爭到此結束，而最後的勝利者是允禛，就等著順利登基。

康熙六十一年十一月十三日（西元一七二二年十二月二十日），康熙病逝，終年六十九歲，廟號聖祖，謚號合天弘運文武睿哲恭儉寬裕孝敬誠信功德大成仁皇帝，簡稱仁皇帝。

康熙六十一年十一月二十日（西元一七二二年十二月二十七日），四十五歲的允禛正式登基。御太和殿，年號雍正。允禛其餘兄弟為了避諱，將「胤」改為「允」，取其諧音。

新皇登基，為了穩固江山愚民賂臣，大赦天下。雍正也明白皇位是如何得來，為了拉攏人心，賄賂親臣，加封行賞。第一功臣便是隆科多，雍正封他為總理事務大臣，襲一等公，授吏部尚書銜，又加封太子太保，賞三眼花翎和黃馬褂，並尊稱其為「舅舅」。於是，「舅舅隆科多」這個稱號響遍朝野。佟氏家族也稱得上一人得道雞犬升天吧，隆科多的兒子玉柱加封刑部侍郎，侄子鄂倫岱早在雍正繼位當天被封為大內侍衛總領，另一個侄子順安顏也被封為鑾儀使。其次當數張廷玉，授禮部尚書兼南書房總理事務大臣，權傾於朝。其弟張廷玖也授江南學政一職，另一弟弟張廷璐授戶部主事。

鄂爾泰也因為認準了對象、站在雍正一邊，被破格提升為大內侍衛都統。

對於眾兄弟，雍正採用兩手策略，打擊一批，拉攏一批。允禔復其一度被剝奪的王爵，仍授直郡王封號。允祉與允祺已經是親正封爵，則賞賜封地。允祐因為腿殘不能外出做事，但他對雍正一直友好，也授其淳親王封號。對於允禩，雍正本來準備奪其王爵，又怕眾臣不服，更主要的是因為他一直負責管理旗務，雍正擔心引起旗主不服，才決定採用欲擒故縱的策略麻痹允祀及眾人，不但不追究責任，反而晉封為和碩廉親正。允祥自不必說，雍正破例直接封他為和碩怡親王，並且加封世襲罔替，允祥成為大清開國以來第八位鐵帽子王。除此之外，又令允祥執掌軍務與戶部事務。除了允禟與允䄉外，其他兄弟也各加封一等。

允禛順利地登上了皇位，成為大清國的第五位皇帝，這是他應時而變、伺機而動、反客為主的結果，也證明他是最有智謀、最有能力做這個皇帝的。他在弱勢中一直積極進取，努力把握機會，從而化被動為主動，最後實現了自己的目標。這是弱勢權謀出贏家的結果。

第二章 鞏固強權，軟硬兼施

得權不易，固權更難。雍正採取「穩、狠、毒」的策略。先哼哼哈哈，懷柔有加，一旦穩定，拉打結合，嚴懲不貸。太子黨勢力龐大，對之採取分化瓦解；允祀交際廣泛，支持甚眾，宜拉；允禵威脅最大，當嚴打；至於允禟等跳樑小丑，則殺雞儆猴，年隆不敬，勢危皇權，則先給甜頭，後給磚頭，最後重拳擊之，並一網打盡，餘黨不留。

緩和滿漢衝突——能哄也能治

一個人做事要成功，必須要振奮精神，不能毫無生氣。雍正希望他的臣屬能夠團結起來，振興大清，可謂精神振作，氣宇軒昂。

雍正心裡自然明白，祥瑞有實也有虛，但他還是把這些東西作為人們精神上的興奮劑，來麻醉群臣。在極度困難的年月裡發明了這一招，真夠絕的，把古人今人都一股腦兒蒙到鼓裡。由此看雍正，果然不失為具有非凡心智之君。

古代的聖人就不信神，也不信祥瑞，寫寓言的目的是來破除迷信，雍正卻好祥瑞，莫非不知迷信是自欺欺人的名堂，連古人也不如嗎？

問題恰恰在於另有一面：他之所以讓人上上下下地找祥瑞、報祥瑞，為的就是時時讓祥瑞的東西來激勵滿朝文武，讓朝臣上下時時沉浸在吉祥氣氛之中，以此證明自己是天經地義的人主，是能給臣民帶來幸福的明君。

為臣服文武，穩定社會而搞迷信，報祥瑞的事，雍正自己對此也定然不會相信。但他卻告諭天下，製造騙局，其用意很明顯，是為了替自己抹粉，安天下人心罷了。

雍正王朝自始至終，所謂祥瑞層出不窮。凡是歷史上有過的，這時也差不多出現了。諸如：雍正元年八月，大學士等奏稱：江南、山東出產的麥、穀，大多雙歧、雙穗，蜀黍有四穗的，這都是「皇上聖德之所感召」，請宣付史館。雍正同意了，這是報瑞穀的開始。不過這時只報一莖兩穗、四穗，以後則愈報愈多，愈離奇了。

二年，順天府尹張令璜進呈藉田瑞穀，一莖四穗。同時，大學士等報雍正親自耕種的豐澤園稻田，大量出現多穗稻，且「穗長盈尺，珠粒圓堅」。五年，田文鏡奏報河南所產穀子，有一莖十五穗的，雍正很高興，說這是田文鏡忠誠任事感召天和的表現。其他官僚不甘落後，大幅度多報。七年，黔撫張廣泗報告，新近改土歸流的地區，稻穀粟米一莖數穗，多的達十五、六穗，稻穀每穗四、五百粒，七百粒，粟米每穗長至二尺多。雍正命把他呈進的瑞穀及圖重新繪畫刊刻，頒發各省督撫觀覽。雍正還把地方官奏報的瑞穀，製成《嘉禾圖》、《瑞穀圖》，親自作跋。

「覽各種瑞穀，碩大堅實，迥異尋常，不但目所未見，實亦耳所未聞，若但見圖畫而未見穀本，則人且疑而不信矣」。他自己相信那是真的，也要求臣民和他共同相信實有其事。七年，順天府尹進呈的藉田嘉禾二十四穗，雍正說這種穀子本來是多穗品種，叫「龍爪穀」，播種時不應將它摻入，因此告誡該尹：「嗣後不可被小人愚詐」。他以此表明他懂得那些是真的嘉禾、瑞穀，不會被人欺騙。其實他是在自欺欺人。

有道德愛民的君王，以星象有變為憂，思民之有難。作為即位不久的君王，雍正以星象有變而為瑞，思天下太平也是可以理解的。

雍正認為做事要振作精神，並不是一句空話，而是他多年深入體察官吏行事的弊端而得出來的，可以講，是一句至理名言。作為普通人，我們遇到難事也常常會打不起精神，甚至覺得悲觀失望。其實，每個人的每一次成功都不是那麼輕而易舉的，都要付出一定的智慧和辛勞，因此「振作精神」應當是每個人取得成功的自我激勵的因素。離開這一點，你可能在有可能獲得成功的時候，而成為失敗者。這是我們對雍正所謂做事要振作精神的體會。

雍正在位祈盼祥瑞出現，雖然不外是一種迷信，但是能產生安定天下，安穩民心的作用；同時也能粉飾太平，為自己的當政塗脂擦粉，從而樹立了一個較好的形象，以此來證明他的這個皇帝當得還算順天意，得民心。

不過想使天下安寧，還得拿出一些具體的辦法去處理民族間的關係。自清朝入關後，反滿復明思想就在一部分漢人中流行著，不少人積極實踐，故而類似「朱三太子事件」的事不斷出現。

崇禎有七個兒子，第二、五、六、七子都殤逝，長子朱慈烺被立為皇太子；三子朱慈炯為周皇后所生，封為定王；四子慈炤生母為田貴妃，受封永王。

李自成進北京，獲朱慈烺，封之為宋王，得朱慈炯，封為宅安公，朱慈炤下落不明。李自成退出北京後，朱慈烺和朱慈炯兄弟也不知存亡去向。可是不久有人自稱是故太子朱慈烺投奔南京福王政權，因真偽莫辨，被朱由崧囚禁。崇禎的長子已不為人所注意，最尊貴的就是第三子朱慈炯了。因為此人不知所終，漢人正好利用他的名號反清。

康熙十二年，京城有人稱朱三太子，記載說此人名楊起隆。他草創政權，建年號廣德，封了大學士、軍師、總督、提督、齊肩王、護駕指揮、黃門官等官，聯繫鄭成功部下降清將領，準備在首都起兵。後來卻被人告發。「朱三太子」逃亡，其妻馬氏及齊肩王等被捕。此後，有人詐稱楊起隆，也即詐稱朱三太子，在陝西造反，被撫遠大將軍圖海拿獲。與楊起隆活動的同時，察寅在福建稱「朱三太子」，組織數萬人，與在臺灣的鄭經聯合，攻打清朝的漳州，被清朝海澄公黃芳世打敗。

雍正深知「朱三太子」的能量，特別是大嵐山及念一和尚的案子，他是很清楚的。他也參加了查

看明十三陵的活動。也就是說對反清復明他不僅知道，而且決定採取對策。

在繼位之初，雍正皇帝就立明太祖的後裔為一等侯，准其世襲，承擔明朝諸陵的祭祀，這自然是籠絡漢人，駕馭漢人的一個手段。但無論如何，這不失為一種治國安內的智謀。不患步人後塵，就怕想不到，而且想到了又做不到。雍正皇帝想到且能做到，此即明智之君。

雍正元年九月，雍正皇帝說他發現了康熙帝未發的諭旨：稱讚朱元璋統一華夏，經文緯武，為漢唐宋諸君所未及。因此，雍正遂命人訪求明太祖後裔，以奉明朝禋祀。次年，找出了正白旗籍的朱元璋後裔正定知府朱之璉，雍正封他為一等侯，准其後人世襲，承擔明朝諸陵的祭祀。確切地說，朱之璉的先人朱文元，是明宗室代簡王的後人，在松上戰役中被俘，入了八旗，是早已滿化了的漢人。誠然雍正這樣做，目的在於利用這類的旗人來障人耳目，籠絡人心，迷惑漢人，即以朱之璉為招牌，宣傳清廷不仇視明朝、不歧視漢人之意。

但是雍正為明朝立嗣的做法，招來了許多麻煩事。這是因為在雍正時期，漢人假借朱姓之名反清的很多。雍正七年時，山東人張玉偽稱朱姓，冒充前明帝裔，宣稱星士為他算命，當有帝王之分。康熙末年在臺灣造反的朱一貴的兒子稱朱三太子，原在交趾小西天，現已出發到達巫山，擁眾幾十萬，不久就要領大兵來了。

在這種情況下，雍正皇帝為明立嗣，本意是要緩和滿漢關係，以維護滿族的統治。做為一個封建君主，自然有他英明的一面。

在康熙時期，朱慈煥的反清復明活動雖然已被鎮壓，但其餘眾在雍正時期仍在繼續進行反清的秘密活動。朱慈煥餘眾甘鳳池就是雍正時秘密組織反清復明的領袖人物。雍正深知反清復明活動對清朝統治不利，於是對甘鳳池等人的活動也自然十分警惕注意。對此，雍正說：「此種匪類，行藏詭秘，習尚乖張，暗懷幸災樂禍之心，取作逆理亂常之事，關係國家隱憂。」又說：「斯種匪類，為生民害，甚於盜賊。孟子所謂惡莠恐其亂苗也。」

雍正認為，盜竊犯只是單個人的行動，政治犯則可以影響到一群人。當浙江總督李衛用打入內部的方法捕獲甘鳳池等人後，雍正特別關注，特派工部尚書李永升到浙江會審。這足見反清復明活動在雍正心目中是一個極大的隱患，他對此是高度重視的。

雍正在對外，也就是對滿洲之外的事務的處理上，總是顯得才能十分，智謀廣大，但對滿洲之內的事務上，卻往往沒有更好的新鮮的方法去治理。滿洲的文化中既有遠遠落後的一面，又有純真儉樸的一面；而在另一方面，漢族文化既有優秀的因素，又有著強大的頑固的甚至是可怕的消彌人鬥志的惰性，尤其其中的享樂和腐化是令滿族統治者望而生畏的，它盡可以使靠槍矛奪取政權的滿人繳械，產生戰場所不能發揮的作用。雍正的思想又很頑固，總想著把滿族一些傳統保留下來，用心計鞏固滿洲的地位，就做了一些發自情感但像元朝皇帝那樣於世無補的事來。

雍正即位不久，就召見八旗大臣，宣稱：「八旗滿洲為我朝根本。」既然是根本，那就一定要牢固。為此，雍正將滿洲現存的一些問題逐一解決，限諸臣於三年之內「將一切廢馳陋習悉行整飭，其各實心任事，訓練騎射，整齊器械，教以生理，有頑劣者，即懲之以法。」也就是說，雍正皇帝想把滿清人入關逐漸退化廢弛的民族尚武的精神重新振作起來。做到招之即來，來之能戰，戰則能勝，不事豪奢、崇尚儉樸。

真正鞏固滿洲根本的事，是雍正致力於防止滿人的漢化，這可以說是最能體現他基本思想的較為明確的基點。漢人、漢文、漢語是世界上最具同化力的三大同化劑。任何一個民族只要一和漢民族在一起，那就會出現不同程度的漢化。有人認為，在一個國家假若漢人人數在部人數中佔到十分之一時，這個國家將會漢化。雍正要防止滿人漢化，其實並非是杞人憂天。語言是民族精神中最重要的因素。不要小看民族語言乃至方言的作用，它正體現著個人和群體的精神特徵。方言是人與人之間產生認同感的最有力的依據，民族語言更是如此。滿族和漢族的相貌特徵並不明顯，語言的統一意味著民族的基本同化，所以雍正皇帝才特別地強調自己民族語言的保留和使用問題。

作為一名封建君主，雍正不理解這一點，也不能從理性上去思考問題，他僅僅是憑直覺，想方設法自覺地去保護自身民族的語言，並把它同民族精神相聯繫。

為了防止滿人漢化，雍正還禁止與漢通婚。自滿人入關以來，滿人散居全國各地，儘管駐防的旗人有固定的居住地區（即俗謂滿城），但旗人總是和漢人雜處，往來一多，就不可避免地發生滿漢通婚的事。

雍正曾對將赴福州的將軍蔡良說：「駐防兵丁均係旗人，竟有與漢人聯姻者。」要蔡良到任後嚴行禁絕。蔡良到福州後，查明旗人娶漢人為妻的二百一十四人，嫁給漢人的兩人。對這一數字雍正表示不信，說一定不止這些人，不過木已成舟，只好對此既往不咎，「將來者當加嚴禁」。

雍正叫八旗人學清文、說清話、禁止滿漢通婚的這些事，反映出他思想頑固的一面。與博大精深的漢文化相比，滿文和滿話是落後的，必然會有所嬗變、有所淘汰。從另一方面來說，清朝統治中國，其國民的百分之九十以上都是漢民，作為一個皇帝，本來就已經漢化，而且漢化是必然趨向，也必然要用漢人的方式來統治這個國家。

漢族雖然在當時是受滿族的統治，但漢族的文明卻不受統治，任何一個統治者統治漢族，都只能是形式上的。真正統治漢族的是漢文、漢語及漢族的道德觀念。雍正皇帝是很瞭解這些的。但他之所以極力保持滿族的語言文字、風俗習慣，禁止滿漢通婚，防止滿人的漢化，目的正如我們前面所說的，是害怕失去民族的精神和靈魂。

智謀體現了一個人的基本素養。有人智謀於權，有人智謀於錢，有人智謀於「人」，可謂挖空心思，貪得無厭。雍正的智謀堪稱一等，他不以力取勝，而以智取勝。雍正正是靠他的智謀奪得了天下，又靠他的智慧穩定了天下。

懷柔政策——先鞏固了皇權再說

任何一個政治集團上臺，如果想取得長期穩固的發展，必須要先求穩定，安民心，待自己的政局鞏固之後再施行改革措施。那麼，在穩定之初，他首先得有開明的政策，寬鬆的環境，可靠的信譽度。百姓心裡踏實，有利可圖，當然會支持和擁護這樣的政治集團的。

雍正即位後，一方面要澄清吏治推行新政，另一方面還要防止允祀、允禵集團的瘋狂反撲。由於雍正剛剛即位，根基還不甚鞏固，若立即就對政敵進行全面打擊，不但政治地位得不到鞏固，而且會適得其反，極有可能發生意想不到的惡果，甚至有可能危及雍正的統治地位。因此，雍正在即位之初，採取的是徐圖緩進、拉打結合軟硬兼施的策略。

他在正式登位之前，就宣佈任命允祀、馬齊、允祥和隆科多四人為總理事務府大臣，並稱自己在居喪期間，心緒不寧，所有啟奏諸事，俱交送四大臣處理。

總理事務府大臣位高權重，是新朝的核心人物。但雍正在任命自家兄弟和親信的同時卻破天荒地也任命了允祀和允祀的死黨馬齊居此重位。這無疑是個驚人之舉，會讓滿朝文武認為雍正乃是一個大度寬容、有容人之量的君主。因此，雍正此舉收到了穩定人心的效果。同時，由於隆科多和允祥是雍正的心腹嫡系，所以允祀和馬齊即便手握重權，也做不了手腳，而且還會受到允祥和隆科多的監督制約。這一絕招，也只有雍正能使出來，堪稱是馭下用人的大手筆。

但對於允禵這個失敗的阿哥來說，擁兵在外，手握重權，就要想辦法把他調回來，剝奪其兵權。因此，雍正在處理允禵和其他人，如允祀、允禟、允禵、允祉等人的問題上，的確有假公濟私的傾向。即巧借公正的名譽，達到剪除異己的目的。

當時，雍正說：皇考的喪事，若允禵不能親臨，恐怕內心一定不安。因此，還是讓他急速回京吧。

從表面上看，雍正是為允禵著想，但實際上卻是為了削奪其兵權。在調回允禵的同時，雍正隨即命輔國公延信趕赴甘州軍營，接管了允禵的帥印，並命川陝總督年羹堯協助延信處理西北軍務。

由此可見，允禵是在迫不得已的情況下回京奔喪的。當時，他沒有發動兵變揮師南下的原因很多。首先是受到年羹堯川陝軍隊的牽制，他不敢貿然行動；其次是因為雍正已任命允祀為總理事務府大臣，這必然會使允禵覺得雍正沒有加害他們黨派的居心，因而失於防範。另外，雍正當時採取的是懷柔政策，也使允禵覺得自己師出無名，如果貿然採取了行動，反會招致朝野大多數人的聲討。由此，我們更可以看出雍正當時所採取的穩的策略是相當高明的。他利用允祀這枚具有號召力的香餌，釣回了允禵這條手握重兵的大魚，為最終除掉心腹大患先邁出第一步。

果然，允禵這條大魚很不情願地上鉤了。他在萬不得已的情況下交出兵權，匆忙趕回京都奔喪。在尚未到達的時候，他先用公文向雍正請示，是先去景山壽皇殿拜謁康熙靈柩，還是先去慶賀新皇帝的登基？允禵這是存心給雍正出難題，如果雍正要他先去拜謁康熙靈柩，他就大鬧靈堂，給這個新皇帝一個下馬威，讓其難堪；如果雍正要他先去慶賀新登基，無論是以什麼藉口，他都可以抓住雍正不孝的把柄，違抗其命令。

雍正沒有上當，他對允禵早有防備。他命允禵先拜謁梓宮，然後他就直接奔赴奉皇殿，在其父靈柩前哭拜。當時雍正也在那裡，允禵雖覺委屈，但君臣之分既然已決定了，他也萬般無奈，只好含憤忍辱，不過胸中卻實在是怨憤難平，所以他無論如何也不向新皇帝表示祝賀和親近。雍正為了表示自己氣量寬宏，大度能容，於是便向前去將就他，但他還是不動彈。

當時在場侍衛的蒙古人拉錫看見出現這樣的僵局，趕忙拉著允禵走向前去。等到一離開皇帝，允禵就責罵拉錫。他還到雍正面前去告狀，控訴拉錫無禮，他說：「我是皇上的親弟弟，拉錫只是一個擄獲來的下賤人。如果我有什麼不是之處，求皇上處分，我如果沒有不是之處，求皇上將拉錫正法，以正國體。」允禵這樣做表面上是在攻擊拉錫，實際上卻是把矛頭指向了雍正，正中雍正下懷。雍正恰好藉此發難，嚴厲地斥責他並削去了他的親王爵位，將其降為貝勒。

雍正元年三、四月之交，雍正送康熙靈柩至遵化縣景陵享殿，並於此時傳旨訓誡允禵，允禵很不服氣。傳旨的允祀怕把事情鬧大了，使允禵處境更加惡化，就命他跑著接受。遵化的事情完畢以後，雍正返駕回京，而留下允禵看守景陵，這實際上就是把允禵囚禁起來了。雍正這樣做的目的就是要把允禩和允祀黨人分開，使其不便互相聯絡，商議對策，事事被動，只能聽任懲治。

為了鞏固統治，拉攏人心，雍正不計前嫌，大膽啟用允祀及其集團成員。在雍正繼位不久，就晉封允祀為親王，賜爵號為廉親王，同時，還提拔了一大批允祀集團的成員，並對允祀的親屬格外優待。例如：

賜允祀的兒子弘旺貝勒銜。這是一個很高的榮譽，在雍正的諸皇侄中，當時只有允礽的兒子弘晳有這種殊榮。允祀的母家地位低賤，其舅噶達渾為辛者庫奴僕，康熙時並未因允祀及其母良妃而將他放出來，給予正常人的地位。雍正為了照顧允祀，削去了噶達渾的賤籍，放為一般旗民，並賞賜世襲佐領世職，足見其優厚待遇。

貝子蘇努因與允祀勾結，二人私交深厚，同聲一氣，曾遭到康熙的嚴厲斥責。而雍正在康熙去世的第三天，就將他晉爵為貝勒。不久，又把他的兒子勒什亨委任為署領侍衛的內大臣。

佟吉圖原是允祀管內務府廣善庫時的司官，

皇帝的龍椅寶座

也與允祀交情甚厚，後來他退職閒居，聲稱自己是「藏器待時」，意在為允祀異日效力。雍正即位後，說佟吉圖「是個有才能的人，大可信用」，一下子把他提為山東按察使，後又很快提升到布政使職務。另外，原來與允祀關係密切的佛格、阿靈阿的兒子阿爾松阿、貝勒滿都護，也都出人意料地得到了雍正的重用。

允祀見自己的一批追隨者在政敵當權的情況下，反倒加官晉爵，似乎比在先朝還要得意，不免喜上眉梢，彈冠相慶。然而他卻有所不知，在此情況下他們當中的有些人必然會審時度勢，逐漸脫離允祀集團，向雍正靠攏。

允祀當時有所蒙蔽，而允祀妻子烏雅氏的親戚卻看到問題的實質。他們前來向允祀祝賀時，就對他說：「有什麼可喜的？不知道哪一天掉腦袋哩！」

允祀本人也對朝中大臣說：「皇上今日加恩，焉知未伏明日誅戮之意？」還說：眼下皇上給我的恩惠，都是不可相信的。因此，明白了這個道理，允祀非但不感激雍正對他的恩典，反而對新君心懷敵意。

當時，允祀的死黨阿靈阿的兒子阿爾松阿被雍正任命為刑部尚書。諭旨傳達給阿爾松阿時，阿爾松阿卻堅決推辭不敢接受，因為他懷疑雍正是想利用這個職務加害於他。

允祀夫婦、阿爾松阿這些參與過儲位鬥爭的人的擔心並不是多餘的。他們心裡都很明白，雍正是不會輕易饒過自己的，現在所給與的「榮寵」，將來都可能變為獲罪的根由。

允祀及其死黨雖然明白這些利害關係，但是由於當時雍正所採取的懷柔政策非常得力，這些人都無法對雍正採取強有力的手段。更確切地說，雍正對允祀所用的就是一種以柔克剛的手段。雍正愈柔，允祀等人就愈拿他沒辦法。

雍正知道，要鞏固他的統治，必須先穩定這幫兄弟。內無憂、才能外無患也。他採取的是拉攏懷柔政策，使之先歸附自己，並且可以利用他們手中勢力，去穩定下邊，然後一步步分化、瓦解、利誘，最後為自己所用。

總之，雍正通過自己的強權政治，既化解了敵我矛盾，又籠絡了人心。因而他一上臺就穩定了政治局面，為他實施政治和經濟改革奠定了穩定的基礎，又是進一步打擊對手的可靠保證。只要穩定，就是他一個人的天下，接下來就是逐個消滅對手了。

威猛治世，仁德治民——整飭社會問題製造者

社會風氣的好壞決定和影響著一個國家的前途和命運。社會風氣的好壞是政治家們政治主張成功的標誌。當時，由於吏治改革與現有官僚階層及眾多既得利益階層直接產生尖銳的衝突，一方不願放棄，頑抗到底，一方雄心勃勃，箭在弦上又不得不發。並且，改革不會因為調整之中沒有武力破壞性因素，其激烈程度就會降低。相反，一場成功的改革往往就是和平狀態下的一場革命。

因此，雍正告誡臣下，「應教者教，應戒者戒，應罪者罪，則孰敢為非也。但楊文乾自以為非關國計民生，巧取為名實兼收，孰不知如何能欺人耳目，所謂弄巧成拙。若再不改悔則終至名實俱敗也。所以天下事無巧法，惟一誠格天耳，餘無良策也。」

意思非常明白，雍正要求大臣一定要有改悔的意識，否則就會身敗名裂。有些人不管做錯了多麼大的事，都認為是合情合理的，這些人就是缺乏改悔意識。

清朝入關之初，依照官員品級優免該戶一定量的丁役，免除士人本身的差役和一切雜辦。地方官在收稅時，就把官員和士人稱為「官戶」、「儒戶」、「宦戶」，各地叫法不一，而且不斷變化，所

謂「紳臨衿吏戶名，朝改暮遷」。

大概講來，秀才稱為「儒戶」，監生稱作「宦戶」。這些紳衿戶都享受法定的免役權。紳衿還自行搶奪權利，雍正說「蕩檢逾閑不顧名節」的士人，「或出入官署，包攬詞訟；或武斷鄉曲，欺壓平民；或抗違錢糧，藐視國法；或代民納課，私潤身家。種種卑污下賤之事，難以悉數」。

紳衿的不法行為，同封建政府的職能和權力發生了衝突，他們佔奪一部分行政權力，腐蝕官僚隊伍，是造成吏治敗壞的一個重要因素。封建國家要保持它的機器正常運轉，就必須與不法紳衿作鬥爭。這是一種社會衝突。同時，紳衿應有的徭役負擔落在小民肩上，這就在賦役問題上造成貧民與紳衿的衝突，貧民與維護紳衿特權的封建政府的對立。這又是一種社會衝突。

雍正認為政府、紳衿、平民三者的衝突，肇端在不法紳衿，就把矛頭指向他們，希圖剝奪和限制他們的非法特權，使他們同平民一體當差。

皇帝與臣工們的議事大廳

雍正二年二月，下令革除儒戶、宦戶名目，不許生監包攬同姓錢糧，不准他們本身拖欠錢糧，如敢抗頑，即行重處。雍正深知地方官易同紳衿勾結，特地告誡他們認真落實這項政策：「倘有瞻顧，不力革此弊者，或科道官參劾，或被旁人告發，查出必治以重罪。」過了兩年，雍正再次嚴禁紳衿規避丁糧差役，重申紳衿只免本身一丁差徭，「其子孫族戶濫冒及私立儒戶、宦戶，包攬詭寄者，查出治罪」。與這項方針相對應，雍正政府施行了一些具體政策。

士民一體當差制度，是雍正採取的另一項重大的改革措施。這一措施是在耗羨歸公的基礎上實現的。康熙年間各州縣的耗羨是由地方官吏私征的，因此，地方鄉紳往往和當地政府相勾結，少出或完全不出賦稅和徭役，而地方官吏則把這種不合理的負擔轉嫁到老百姓頭上。

這些不法行為，勢必造成種種不良的社會後果。最主要的弊端是他們的種種特權同政府的權力發生了一定的衝突，長此以往，必將腐蝕官僚隊伍，影響到國家機器的正常運轉。因此，雍正為了維護國家的政權穩固，就必須與不法紳衿展開鬥爭，約束他們的行為，卻除他們的某些不合理的特權，以解決當時社會矛盾。

雍正皇帝對社會不良現象的指責往往語出尖刻，一針見血。他已發現了當時不法紳衿所造成的社會危害，並為他們把準了脈。因此，主張大力革除弊政的雍正，就必然要向不法紳衿開刀了。

雍正深知僅靠這道苛言厲詞的命令很難收到實效，因此他告誡地方官說：「倘有瞻顧，不力革此弊者，或科道官參劾，或被旁人告發，查出必治以重罪。」意即：假如有人仍瞻前顧後不認真革除這個弊端，被諫官參奏或被別人告發後，我一定重重懲罰。

此後，雍正又重申，除紳衿本人外，其子孫族戶以及私立的儒戶、宦戶如有包攬「詭寄」者，必治以重罪。這就是說，朝廷只允許免除紳衿本人的差徭，此外一切人等並沒有私享某種特權的權利。士民一體當差政策一推出，就招致了眾生監的不滿。於是眾監生在縣學教官楊卓生的煽動下出來鬧事，並藉此反對士民一體當差的政策。於是，鞏縣境內出現社會騷亂。雍正得知此事後，將鬧事的生監統統索拿歸案，予以教訓打擊。這才穩定了鞏縣的社會秩序。

一波未平一波又起。不久，河南學政張廷璐到開封監考，眾監生暗中串聯，開始實施罷考計畫。與此同時，武生范瑚還把少數應試者的試卷搶去，當眾撕毀，以此表示對士民一體當差制度的抗議。

這一事件發生後，總督田文鏡、巡撫石文焯迅速向雍正作了彙報。雍正認為地方上出了這樣的事情，應該「整飭一番，申明國憲」，「懲辦一二人，以儆其餘」。這也就是說，雍正打算再次殺雞儆猴，通過對個別典型人物的打擊，達到使其他人懾服的目的。

為此，雍正特派吏部侍郎沈近思、刑部侍郎阿爾松阿趕赴河南，處理此事。在審理的過程中，科甲出身的張廷璐、開歸道陳時夏，以及欽差大臣沈近思沽名釣譽，有意瞻循，尤其是陳時夏在審理此案時竟不坐堂，反而與諸監生座談，稱他們是年兄，求他們赴考。雍正在得知這一情況後，非常憤怒，稱他們是：「儒生輩慣作如是愚呆舉動，將此以妄博虛名，足見襟懷狹隘。」表示絕不容忍儒生這種誤國行徑。

因此，張廷璐被革職查辦，陳時夏被革職留任。與此相反，在處理這件事的過程中，田文鏡和阿爾松阿卻堅決貫徹執行雍正的方針，對那些鬧事監生予以嚴厲的懲處。

殺雞儆猴的手段立即收到了立竿見影的效果，眾監生看到王遜、范瑚等人的下場後，再沒人敢鬧事罷考了。

從雍正處理這件事來看，他抓住了眾監生的弱點，即那些人雖飽讀詩書，空有滿腹經綸，但卻膽小怕事。正因為他抓住了幾千年來大多數中國文人的弱點，採取了威猛嚴懲的政策，因而雖只處罰了個別人，卻產生了震懾眾人的作用。有猛有嚴，還得有仁治，因為威猛有時不足以成事，還得剛柔相濟，講究德性，以德治民。

古人說：「求忠臣必於孝子之門。」雍正身為皇帝，治理一個泱泱大國需要的正是忠臣。他之所以教人民孝順，自然是為了社會風氣好轉，國家多出功臣。

說到忠臣，《戰國策．齊策》有個齊威王派章子作為將軍去和秦國打仗的故事。當時有人報告齊威王說：「章子領兵投降秦國了。」齊威王聽了不予理睬。後來又有人來報告：「章子領著齊國軍隊投降秦國了。」齊威王仍然不理。接著又有來不斷報告說章子投降秦國的人，齊王都不理。大臣們見齊王如此無動於衷，就一起對齊威王說：「說章子投降秦國的，不是一個人卻是一樣的話，國王您怎麼不發兵去打他呢？」齊威王說：「章子不叛寡人，我最明白，為什麼要去打擊他？」齊威王知道章子忠於他所以不去打他；雍正也是，對忠臣都大膽任用，像鄂爾泰，田文鏡等。

唯忠還得唯孝。孝道實行於家庭，而家庭又是宗族的成員，崇孝道，就必然要重宗族，由宗族而昇華為重民族、重國家。正緣於此，雍正在《聖諭廣訓》上第二條寫道：「篤宗族以昭雍睦。」又進一步解釋：「大抵宗族所以不篤者，或富者多吝而無解推之德，或貪者多求而生觖望（不滿意而怨恨）之思，或以貴凌賤而勢利汩（亂）其天親，或以賤驕人而忿傲施於骨肉，或貨財相競不念袒免（五世之祖，不在九族之內，但同姓為喪禮而不帶孝）之情，或意見偶乖（不合）頓失宗親之義，或偏聽妻孥（兒女）之淺識，或誤中讒慝之虛詞，因而之後誶傾排，無所不至，非惟不知雍睦，抑且忘之為宗族矣。」

雍正皇帝要求族人要相親相愛，為此他號召宗族：「立家廟以薦嘗」。於是興建祠堂，添置族產成了維持宗族制度的要務。

雍正四年，皇帝下令在宗族設立族正，其職責是「察族之賢不肖」。族長的選擇，是宗族內自主的事情，族長主持族政。而族正由政府指定，代表官方，兩權分立，各司其職，共同致力把宗族事務治理好。

雍正五年，雍正更改了與祠堂有關係的法律條例，對經過宗族懲治而不悔改的人，准許祠堂告官，可以將此人流徙遠方，為宗族除害。雍正治國，繁而細，容易為後世人所指責，但萬事古難全，凡事不能苛求，惟盡心力而已。

子曰：「今之孝者，是謂能養。至於犬馬，皆能有養。不敬，何以別乎？」孔子是說：「現在的所謂教孝，只要能養活父母就行了。其實，連狗和馬都能得到飼養，如果不是盡心恭敬地孝順父母，那養活父母和飼養狗馬有什麼區別呢？」

《詩》曰：「兄弟鬥於牆，外禦其侮。」意思是說兄弟們在家裡再爭鬥再吵鬧，可是遇有外人的欺凌，就會共同起而抵抗。《論語》、《詩經》上所說的「篤宗親」確是至理之言。

所以，雍正心裡也時常在思考：朕生年不怨天尤人，惟有自省自問而已。為普及仁德教化，雍正的確操過不少心，因為父皇康熙開創了太平盛世的穩定繁榮景象，他是一個希望有作為的君主，當然希望把這一成果保持並發揚光大，並有所超越，以此來實現他雍正的治世才能。所以，他用威猛的手段來治世是希望產生警示作用，而仁德治民才能保持國家社稷萬世不衰，雍正深諳其中道理。

分化政敵——先周邊後中間

雍正拿允禟、允䄉等人開刀，將其置之死地而後快，這是當時雍正的心志和行動的真實寫照。

雍正即位後，並沒像歷代帝王那樣急於將政敵置於死地，而是採取了分化瓦解、各個擊破的策略，這是經過認真的分析、判斷和策劃，由當時的歷史條件決定的。在當時的情況下，假如雍正急頭急腦地實行屠戮政策，不僅會引起政局動盪，而且還有可能激發他的政敵發動政變。

雍正恰恰看清了這一點，他知道在政局還不穩定的時候，貿然採取狠辣手段是相當危險的——狗急跳牆，兔急咬人，窮寇莫追，這正是所有幹大事業的人都明白的道理。

雍正自然不會犯這種淺薄的錯誤。就像他自己所說的那樣：「朕經歷世故多年，所以動心忍性處，實不尋常。」從雍正處理允祀、允禵等人的情況看，他的確做到了這一點，所作所為皆經過了深思熟慮，周密策劃和精心安排的。

首先，他考慮到允祀是這個集團的首領，必須先給予寵信，籠絡和控制他，以防發生變亂；允禩在朝野上下支持的人較多，性情又強悍，不因禁不足以制裁；對允禟、允禩等人的打擊，實是殺雞儆猴，令其黨人產生恐懼心理而有所收斂。對於即位之初的雍正來說，他需要的是時間，把必然會來的動盪盡可能地後推，等坐穩了江山再說。因此，政敵晚一些生事比早一些要好，愈晚他就愈有力量，愈有主動權。

其次，他對政敵只是拘禁，而不妄加殺戮，是因為他不敢殺。雍正意識到，對手之所以敢於或明目張膽地同他對抗，或背地裡給他出難題，就是為了觸怒他，使他對他們中的一些人做出過分的處置，這樣不僅會使他得到一個「凌逼弟輩」的惡名，還可能激起事端，使他們有機可乘。

然而僅拘禁又不足以解雍正心頭之恨，雍正對允祀、允禟等人採取了大加侮辱的手段。

當年三月初四，正藍旗都統音德上奏說，允禩、允禟等既被削去宗籍，編入該旗，應該更改舊名。雍正命允禩之名和他子孫之名讓其自身書寫；允禟及其子之名亦讓其自己書寫。允禩知道自己躲不過去，既已削職為民，就將自身的名字改成了「阿其那」，將其子弘旺之名改為「菩薩保」。

「阿其那」為滿語，其確切的含義今日已不很清楚，有解釋說其意思為狗，是雍正故意侮辱他的這個弟弟，將其看作畜類；有的則說其引申意思是「畜生」；有的則說其引申意思是把某人像狗一樣趕走，表示討厭。「菩薩保」也是滿語，確切的意思也不太清楚，未必就是菩薩保佑，但絕不會有高貴的意思。

五月十四日，允禟自西大通返回後，將其名改為「塞思黑」。「塞思黑」也是滿語，其含義有人說其意為豬，有人說意為「迂俗可厭之人」，又有的人說是討厭之意；有的還說其引申意思是像刺傷人的野豬一樣令人可恨。

雍正還經常在朝臣面前揭露他們，說他們「任意妄行，惟欲朕將他們治罪，以受不美之名」。還說：「廉親王之意，不過欲觸朕之怒，必至殺人，殺戮顯著，則眾心離失，伊便可以希圖僥倖成事。」而說他自己將「斷不使伊志得遂」，因而對他們曲加優容。譬如允禩一開始就不買雍正的帳，當面加以頂撞；允祀也在他面前傲慢無禮，雍正都能忍則忍，並沒有立即治罪。上面說的那些顧慮，使他對政敵的處置不得不慎重，不敢恣意而行。

更有甚者，就連允禟因「圖謀不軌」獲罪後，雍正在處理允禟的女兒和外孫時，也是思之再三，決定不下。他原想拆散那母子二人，又恐孩子小，容易夭折，怕自己因此「招許多閒議論」，而此費盡思量。由此可見，雖貴為一國之君，有時也是戰戰兢兢，如履薄冰的。他處置允禩等人，人們私下議論他是「凌逼弟輩」；他懲治一些不法之徒，人們說他是「報復私怨」。甚至就連當時的朝廷重臣，也有許多人對雍正的作為表示不滿。例如翰林院檢討孫嘉淦就曾公開上書，要求雍正「親骨肉」。

對此，雍正簡直百口莫辯。辯也沒用，因為在當時的情況下，就算雍正說得天花亂墜，也少有人信他。既然欲辯不能，那就沉默最好。

但雍正沒有沉默，他的舉措比沉默更高明，即提升上書要求他「親骨肉」的孫嘉淦為國子監司正，以示鼓勵。雍正這一招之所以出得高明，就在於他要透過此舉，向滿朝文武表明，他也是贊成孫嘉淦的意見的，他也想去「親骨肉」，顧念兄弟親情。說白了，雍正提升孫嘉淦，就等於是在用自己的行動說：我原本就是顧念兄弟親情的，以後能不能親，讓不讓親，親不親得成，那可不由我說了算，就看這批人的作為了！

綜上所述，雍正當時採取的是老虎掛念珠的策略。而老虎掛念珠，外示慈悲、內藏機鋒，又何嘗不是一種忍者的智慧呢！

一言以蔽之，這時雍正對允禩、允禟採取的是攻心戰——即用侮辱的手段來摧毀他們的意志，迫使他們的精神完全崩潰，並因此產生生不如死的念頭！這就是說，雍正想用摧毀敵人意志的手段，達到摧毀敵人生命的目的——雍正這麼做，主要是礙於不想落個誅戮兄弟的罪名。

為了避免落個誅戮兄弟們的罪名，雍正還對自己的同胞兄弟來了個「法外施恩」。當年五月，諸王大臣給雍正出了個難題，奏請將允禵「即正典刑，一彰國法！」——至此，所有王公大臣目光都投注到雍正身上，眾朝臣對雍正拭目以待，看他如何對待自己的同胞兄弟。

在這樣的情況下，雍正採取了將允禵與允祀、允禵區別對待的作法，稱允禵與允禟、允祀雖同是罪人，但允禵只是秉性糊塗，行事狂妄，而遠不如允祀、允禵等人那樣狡詐陰險。雍正又因允禵在馬蘭峪居住時，發生了蔡懷璽投書一事，認為他已不宜在那裡居住，下令將其移居景山壽皇殿禁錮，因壽皇殿是供奉父皇和母后聖容之處。雍正令允禵在那裡「追思教育之恩，寬以歲月，待其改誨」。

於是眾朝臣秉承雍正的意思，共同議奏了「阿其那」的罪狀四十款，「塞思黑」的罪狀二十八款，允禩罪狀十四款，並請將此數人「即正典刑，以為萬世臣子之炯戒」。

雍正在得到群臣共擬的這幾份罪狀後，內心大為欣喜，但他卻沒把這份驚喜表達出來，而是仍拉長臉說：「諸王大臣數次力請朕大義滅親，朕百計保全而不得，實痛於衷，不忍於情！但姑息以養奸，則朕又為列祖列宗之罪臣矣。允禵、允䄉、允禩尚非首惡，已皆拘禁，至『阿其那』、『塞思黑』治罪之處，俟朕再加詳細熟思爾爾！」

那麼，究竟如何嚴懲允祀、允禩呢？雍正並沒有明說，這主要是因為他怕公然誅戮兄弟，會招來輿論的譴責，於是便只好動用瞞天過海的策略來擾亂人們的視聽了。所謂瞞天過海，就是指背地裡悄悄行事。允禟從西大通被押往保定後，直隸總督李紱奉雍正之命將其「圈禁」在高牆之內，每日派人把守，並封閉門窗。當時正值盛夏，酷暑難當，在那樣的情況下，一名皇室貴冑，又如何經得起這番折磨呢？！

於是不久之後，李紱就向雍正奏稱允禟病死了。

雍正在得知這一奏聞後，只稱允禟是：「惡貫滿盈，已伏冥誅！」第二日，雍正又說：「今塞思黑（允禟）已伏冥誅，昨聞奏報，朕心惻然，今欲將阿其那（允禩）從寬曲宥，諸王大臣以為如何？著各秉忠誠具實陳奏。」

整體來說，在對待允祀等人的問題上，雍正起初採取的是一種忍狠並重、軟硬兼施的手段，並因此控制了局勢，逐漸佔據了主動地位。當然，他是皇帝，他處在最高統治者的主動地位，但我們不要忘了，這種位置也有不利的方面：皇帝在明處，要防止臣下的暗算，形式上的主動和內在的被動弄不好就弄巧成拙，特別是雍正繼位的特殊情況更易出事。雍正清楚地認識到，儲位之爭已達多年，人們鬥紅了眼，為達到目的，不惜採取一切手段。他說：以乃父之「聖神，猶防允祀等之奸惡，不能一日寧處」，而諸兄弟與父皇是父子關係，同我只是兄弟關係，兄弟視父子相去遠甚；昔年父子至情，兄弟們還恣意妄行，今處兄弟關係，他們更是活動不止，當引起深慮。

儘管雍正慎之又慎，但在他即位初期仍發生過兩次險情：一次是他出宮祭祀，隆科多說有刺客，遂在祭案下搜查。又一次他到東陵謁陵，隆科多說諸王變心，要加強防備。

作為一名君主，在政局可能發生意外的情況下，固然可以考慮對政敵採取屠戮行政策，以削弱對方力量，但這要有把握，不能因此而激成事端；也可以採取稍微緩和的政策，使對方因被逐漸吞噬而消亡，這也要以有把握能爭取時間，妥善運籌，絕對控制對方作為前提。在兩種抉擇中，雍正採取後者，並且獲得了成功。這是因為他在鬥爭中採取了謹慎態度，正確地握形勢，正確地運用忍字謀略，並適當地在穩、狠二字上下了功夫。

無毒不丈夫——霹靂手段成大業

作為極有權力慾的一代霸主，雍正在處理一些問題上的確很毒。比如，他在處理十四弟允禵的問題上，便是柔中見剛，剛中見狠。因為允禵是康熙晚年奪儲呼聲最高的一位，勢力很大，是一個很強的對手，是重點打擊的對象。如今雍正做了皇帝，君臣名分已定，一個在天上，一個在地下，當然形成了對峙局面，而形勢無疑是對雍正有利的。

眾所周知，允禵與雍正原是同胞兄弟。因此雍正的作為肯定會觸怒他的生母烏雅氏。烏雅氏總共生有三個兒子，即皇四子雍正、皇六子允祚、皇十四子允禵，其中皇六子允祚在六歲時即短命夭折。她生的老四和十四子都為康熙帝所重視，兩人都有坐上龍庭的可能。對於她來說這自然是天大的喜事，然而這兩個兒子又是勢不兩立的冤家，互相忌妒和仇視。作為他們的生母，遇到這種無法改變的情況，她的內心自然痛苦不堪，身體也就容易出毛病。

據《清世宗實錄》記載，她於元年五月二十二日得病，第二天就去世了。她從生病到去世，前後才不過十幾個小時，這實在是暴卒。皇太后逝世後，雍正頒發了一道諭旨，其中說：貝子允禵「無知狂悖，氣傲心高，但朕為了安慰皇妣皇太后在天之靈，著晉封允禵為郡王。如果他從此能改過自新，朕自然會不斷地對他施加恩澤；如果他繼續作惡，不知改悔，那麼為了維護國法，朕也不得不將他治罪。」

在雍正打擊允禵的過程中，先是靠提升允禵來掩蓋他打擊同胞兄弟的事實，並藉此使滿朝文武覺得，他是在迫不得已的情況下為維護國家法度才對允　進行打擊的——這就是說，雍正試圖表明自己對某些兄弟的打擊確實是出於公心，而非出於一己私念。

然而，事實恰好相反，允禵雖被封為郡王，但仍被囚禁在遵化的景陵。由此看來，雍正就算想表明自己全無私心，也是很難被世人相信的。

但是在當時的情況下，雍正不得不這樣做。因為允禵在康熙晚年嗣位呼聲最高，而在雍正即位之初，允禵由於戰功卓著，勞苦功高，影響力又比允祀還要大，號召力極強。所以雍正才認為對允禵不能施予禮遇，否則人們可能會乘機向他靠攏，這樣整個局面就不好收拾了。

雖然雍正打擊政敵的確夠狠，夠毒。但是對一些持不同政策見解而不是勢不兩立的人，有時不但不迫害，反而相當容忍甚至重用。

朱軾，康熙末年為左都御史，雍正繼位後，封太子太傅，雍正二年命兼吏部尚書，賜詩云「忠豈惟供職，清能不近名。眷言思共理，為國福蒼生」。希望能在他輔佐下治好國家。但是朱軾違反雍正意願，反對耗羨歸公。三年，雍正用他為大學士，還要他教育皇子弘曆等人。後來他又反對西北用兵，據傳說，他曾不安於位，以病乞休，雍正挽留他，說「爾病如不可醫，朕何忍留，如尚可醫，爾亦何忍言去。」他同雍正的一些主張唱反調，雍正知道他的思想，但仍然重用他。

太原知府金鉷也反對耗羨歸公，雍正卻很快提升他為廣西按察使，尋即擢為巡撫。他既得到雍正的信任，也極力為主子效勞。

侍郎沈近思反對火耗提解，雍正仍重其為人，賜詩讚許他：「操比寒潭潔，心同秋月明」。沈近思反對雍正崇佛，雍正也並不在意。他死後，雍正對他加以禮部尚書、太子少傅等職，遣官往祭，又以其子幼，令吏部派司官經理喪事。

另一反對耗羨歸公的御史劉燦，雍正始初認為他有私心，改授刑部郎中。後見他「居心尚屬純謹」，遂升之為福建汀漳道。五年他因漳州政府及屬縣倉米短少，揭報督撫，文書被府縣截回，他氣得以頭撞壁。福建陸路提督丁士傑密參他浮躁，有失體統。雍正保護他，說他是感恩圖報心切而忘掉了禮體，沒有過錯。

七年，李元直為監察御史，上任八個月，疏奏數十。他對滿漢大學士等均有指責，說「朝廷都俞多，吁拂少，有堯舜，無臯夔。」意即朝中只有贊同，沒有爭論。名雖譴詰廷臣，實亦涉及皇帝。不過雍正認為他沒有惡意，告訴他：「汝敢言自好，嗣後仍盡言毋懼。」恰好廣東上貢的荔枝送到，雍正即賜數枚，以表彰他的正直；不久即用他為巡視臺灣監察御史，雍正親自取時憲書，為之選擇上路的日子。李陛辭時，雍正說他肯定不會貪贓，只怕「任事過急」。

雍正在任用孫嘉淦等人身上更加表現得容忍大度。在雍正剛剛即位不久，翰林院的一個叫孫嘉淦的小官就開始給皇上提意見，希望雍正「親骨肉」，「停捐納」，「罷西兵」。

雍正看了奏摺，當時大怒，責問這個小官的上司、翰林院掌院學士朱軾，此人為什麼如此狂妄。朱軾小心翼翼地提醒雍正說，孫嘉淦這個人是狂放了一些，但是我很佩服他的膽量。

雍正沉思一會兒後大笑說，你說得有道理，朕現在也很佩服他的膽量，就提拔他當國子監的司業吧！然後，雍正又專門就這件事下詔對文武百官說：朕即位以來，孫嘉淦總是直言進諫，朕並不覺得生氣，反而很欣賞他這種作風。以後你們要以他為榜樣，向他學習。

雍正這樣做，也並非全然言不同衷，後來孫嘉淦不但沒有遭到打擊報復，反而步步高升，一直當上了侍郎。

雍正還敢於重用表面上被人認為是「乖張狂妄」的官員。他指出：「朕意，位居下僚敢與人不知者，非徹底糊塗人，必有自信處。須防人撥弄之言，全在爾等大吏為主持也。譬如爾等封疆大吏，朕若惟人言是聽，則爾等不得不與眾取和為要著，孰肯孤立自介耶？」

雍正的這番話，講出了三個意思：

一、敢頂撞上司的人不可能是徹頭徹尾的糊塗蟲。他既敢頂撞上司，就說明他肯定有過人之處；

二、告誡那些做封疆大吏的官員，千萬不要因屬下搬弄是非，而誤把有才幹的人給打擊了；

三、進一步指出：假如別人說什麼你們就信什麼，那你們這些封疆大吏就不敢堅持自己的意見而認真辦事了，相反，你們會把大量的時間花在與人拉攏關係的事情上。

這前後的對比，恰恰說明了一個問題；無論親疏，反對自己的就鎮壓，用狠招，毒招，哪怕落得一世罵名。用有為耿直之人，能給自己指出缺陷，並切切實實去做好下面的工作，正是他求之不得的。因而雍正重獎提升他們，是可想而知的。

總結歷史教訓——防微杜漸

無論是對人對事，雍正皇帝都是非常小心謹慎的。他對一切事實看得非常清楚明白，心裡似明鏡般的，所以他能把事情考慮得非常周到，做到防微杜漸，不留後患。

雍正皇帝有一句名言：「猝然臨之不驚，無故加之不怒。」他在處理國家事務上非常認真細緻。下臣的疏忽大意和草率，或者掩飾過失偶露形跡，往往難逃他的「法眼」。

雍正元年七月，雍正偶然間發現一本文書中丟落了一個字，於是把大臣們都找到書房，大發一通議論：「你們不要以為小事就可以疏忽。抄寫漏字雖然是中書（文書官員）的事情，但如果你們用心細問的話，也不會出現這樣的錯誤。而如果大學士把責任推給學士，學士推給侍讀，侍讀再推給中書，那麼朕也可以把過錯都推給大學士。類似這樣的小錯不斷，就會讓天下的人都懷疑朕和大學士平時連奏摺都不看，這還了得？」

同年九月初五，雍正參加一次祭祀活動，因為發現更衣房內有異味就罰主管工部的廉親王允祀以及工部侍郎、郎中等人在太廟前跪了整整一夜。

雍正二年四月的一天，雍正升殿，見到刑部官員李建勳、羅檀在群臣還沒有落座的時候，也不行禮就坐下了，於是立即下令，將李、羅兩人拿交刑部問罪。並告誡百官說：

「朕見這幾年上朝的禮節執行得很鬆弛，我父親康熙並不是不知道，但都很包容，因此監察官員也就睜一隻眼閉一隻眼，把這些當作常事，不認真去管。我即位以來，看到這些現象很多，這是個不好的苗頭，必須嚴加整飭。今後如果再有類似的失禮事情發生，我就要殺了這兩個人了，到時候可別說是我要殺人，而是你們殺了他倆。」威嚇之下，必能執法。

從權謀的角度看，雍正這一著叫做「借題發揮」。就是抓住下屬的一個小錯、一件小事大作文章，以達到更大的陰謀和目的，或者僅僅是為了震懾下屬，使其心懷畏懼，不敢輕舉妄動，從而樹立起帝王的權威。從領導學的角度看，從嚴治下有時也要從小事做起，從一些不起眼的小事上喚起下屬的紀律意識、責任意識，增強組織的凝聚力。

而且，雍正非常注意防止大權旁落。直接體現在他對官吏的馭下能力和自身素質的涵養上，那就是排斥寵臣和太監。

對於寵臣，像年羹堯、隆科多等人，雍正的確是寵過他們，但那只是利用他們。如果威脅到他的皇權，他就會毫不手軟地將他們除掉。不過，他採取的是欲擒故縱的方法，先寵後開刀，以示警戒作用。他對後來的臣子，鄂爾泰、李衛、岳鍾琪雖然也寵，但由於統馭有方，把他們牢牢掌握在手中，才不至於像年、隆那樣威脅自己。

在雍正的帝王生活中，最不寵愛的是太監，他按照忠誠與不干預外廷事務兩條原則，要求和制馭身邊的太監們。在繼位初年，雍正就嫌太監們多半不懂規矩，從一些小事上找太監們的毛病，要求太監經過御座時要表現出敬畏的樣子，對諸王大臣也要恭敬，見諸王大臣必須起身站立，行走時要給諸王大臣讓路，不許光頭脫帽，也不許斜倚踞坐。其實，雍正對待太監的態度很正確，絕非小題大作。

翻開中國的歷史，太監把持朝政的現象令人觸目驚心。

唐朝肅宗、代宗時，有個太監叫魚朝恩，干預政事，貪污驕橫，置獄北軍，人稱地牢。太監程元振，因擁立代宗而得寵信，專政自恣，冤殺大將來瑱，斥逐宰相裴冕，詆毀大將李光弼。滿朝為之生懼。

唐文宗時有名太監叫仇士良，連文宗也受到他的控制，該太監橫行貪殘，不可一世。在甘露之變事敗後，仇士良大肆屠殺朝官，在朝二十餘年，先後殺二王，一妃，四宰相。

明朝武宗正德年間，太監劉瑾，在已有的兩個特務機關東廠、西廠外，又加設內行廠，派遣緝事人四出活動，鎮壓異己，斥逐大臣，引進私黨，並誘武宗遊宴，侵奪民間土地。

明朝熹宗時有個著名的太監魏忠賢，也是個禍國的奸佞小人。魏忠賢勾結熹宗的乳母客氏，專斷國政，使明朝政治日益腐敗；又興大獄，殺東林黨人，自稱九千歲。

雍正深知歷史上這些教訓，所以不敢寵信太監。

康熙時總管太監魏珠與允禟結交，洩漏禁中秘密。雍正即位後，就罰這名叫魏珠的太監往景陵去守陵。雍正三年，掃院太監傅國相向奏事太監劉裕打聽有一廢官，欲求復職，不知是否能夠保奏的事情。太監打聽朝政是違法的，劉裕應當上奏，但劉裕卻沒有這樣做，只是告訴了總管太監。總管太監也沒有奏聞。雍正皇帝得知此事，責令總管太監和劉裕說明原委，其他關涉這件事的人都鎖拿問罪。雍正皇帝這樣嚴肅對待這一並不十分嚴重的事情，目的也在以小觀大，防微杜漸，令太監畏法，只得規規矩矩，不敢生事惹非。

種種歷史經驗和教訓的感染訓誨，使得雍正皇帝懂得制馭太監，這是十分明智的。他既不寵後妃，又不使用太監，後宮因而有序，不亂朝政，對國家的安定有著一定的幫助。

雍正帝能夠高瞻遠矚，辨明時事，把身邊的事處理得井井有條，把身邊的人管制得規規矩矩，做到了嚴加防範，防微杜漸，從而建立起了一個人人叫絕的雍正王朝。

絕不姑息養奸——「刀」比「忍」好

忍比刀好？刀比忍好？用刀用忍，以不亂謀為上。雍正深知其中道理，所以在政權不夠穩定時，他用「忍」，政權一旦穩定並抓到他手裡時，雍正就要向政敵開刀了。

當時，由於雍正正確地運用了打拉結合、戒急用忍的政策，妥當處置了允祀、允禵等皇子，因而即位後政局日趨穩定。同時，雍正在即位後的第二年已經成功地平定了青海羅卜丹津的叛亂，這就使得他的帝位進一步得到了鞏固。在這樣的情況下，雍正帝認為對自己的政治對手轉守為攻的時機已經到來，便對允祀等人的態度發生了一百八十度的急轉彎。他甚至公開地說：此時誰不誦朕之福，畏朕之威也！

這就似乎意味著：雍正這就要著手向政敵發起進攻了。但是，允祀、允禵由於多年經營，已在朝中網羅了大批人才為其效力，以致形成了樹大根深之勢。因此，雍正仍不敢貿然行事。另外，在平定羅卜丹津叛亂後，年羹堯因為戰功顯赫，行為越發放縱，以致做出了許多非分之舉；而雍正的另一位寵臣隆科多當時也是專權枉法——因此，年、隆二人當時也成了雍正必須剪除的對象。

是先打擊允祀、允禩集團呢，還是先打擊年、隆二人？局勢的複雜化必然會使雍正對此做一番認真的思量。

最終，雍正選擇了虛張聲勢的策略。即一方面在公開場合指責允祀、允禩等人悖亂無禮，以對他們產生震懾恐嚇的作用，使他們知道收斂，不致做出犯上作亂的行為。另一方面則開始著手處理年羹堯與隆科多。

首先說虛張聲勢、聲東擊西一招。雍正的本意原是要首先剪除年、隆，但也為了使此二人疏於防範，因此採用了虛張聲勢大肆攻擊允祀、允禩等人的策略，以使年隆因此而掉以輕心。

為此雍正於二年四月當著滿朝文武，指斥允祀說：自康熙四十七年以來，我的無知兄弟允祀等人結成朋黨，胡行妄為，以致父皇晚年無比憂憤、肌體消瘦，氣血衰耗。朕即位後，不論允祀從前諸罪，惟念骨肉兄弟之情，將其優封為親王，委任以要職。但他仍不知痛改前非，不以事君事兄為重，仍驅使允　、允　等為其效力，懷抱私心。

但是，雍正當時只是虛張聲勢，指責的多而處理的少，並未對允祀本人發起實質性的進攻。這主要是因為雍正認為時機還不夠成熟。但虛張聲勢，總要做得像一點兒，於是允祀的羽翼可就做了聲東擊西的犧牲品。

當年五月十四日，雍正以蘇努、勒什亨父子顧念舊日同黨，袒護允　等人，「擾亂國家之心毫無悛改」為由，革去蘇努的貝勒爵位，撤回公中佐領，發遣他與其諸子同往左衛居住。沒隔幾天，又下旨斥責允祀及其黨羽，指出七十（人名）、馬爾齊哈、常明等，都是廉親王允祀「至今與朕結怨；亦即此故，今廉親王之意，不過欲觸朕之怒，多行殺戮，使眾心離散，希圖擾亂國家耳」。又說：「古人云：亂臣賊子，人人得而誅之，皇考每引述此語，特指廉親王言之」。這又為進一步打擊允祀及其朋黨製造了輿論。接著他動了真格，當日，即革掉七十職務，查抄其家產。六月二十七日，又將七十及其妻子發配到黑龍江依蘭去了。

從雍正指責允祀及其黨羽的種種罪狀來看，他數次提到了「朋黨」一詞，並聲稱自己即位前就十分厭惡朋黨之爭——這才是問題的關鍵所在。即利用朋黨之罪，打擊允祀、允禟等人，並由此將矛頭指向隆科多和年羹堯。為此他親自書就了《御制朋黨論》一文，明確宣佈他要進一步對朋黨予以打擊。而允祀的小集團構成了朋黨，當在打擊之列。

在《御制朋黨論》中，雍正逐條指斥朋黨之爭造成的危害性，並歷數了由此而滋生的諸種弊端。在文中，他這樣寫道：「朕惟天尊地卑，而君臣之分定。為人臣者，義當惟知有君。惟知有君，則其情固結不可解，而能與君同好惡，夫是之謂一德一心而上下交。乃有心懷二三，不能與君同好惡，以至於上下之情睽，而尊卑之分逆，則皆朋黨之習為害之也」。

「夫人君之好惡，惟求其至公而已矣……人臣乃敢溺私心，樹朋黨，各循其好惡認為是非，至使人君懲偏聽之生奸，謂反不如獨見之公也。朋黨之罪，可勝誅乎？」

他還以歐陽修的《朋黨論》為靶子，火力甚猛地駁斥了結黨營私為小人行為：「宋歐陽修朋黨論專為邪說，曰君子以同道為朋。夫罔上行私，安得謂道？修之所謂道，亦小人之道爾。自有此論，而小人之為朋者，皆得假同道之名，以濟其同利之實！朕以為，君子無朋，惟小人則有之。且如修之論，將使終其黨者，則為君子，解散而不終於黨者，反為小人乎？朋黨之風至於流極而不可挽，實修之罪也！設修在今日而為此論，朕必誅之以正其惑世之罪！」

「朕願滿漢文武大小諸臣，合為一心，共竭忠悃。與君同其好惡之公，恪尊大易論語之明訓，而盡去其朋比黨援之積習。庶肅然有以凜尊卑之分，歡然有以洽上下之情。虞廷賡歌揚拜，明良喜起之休風，豈不再見於今日哉！」

雍正的這番話，引經據典地從理論上宣揚了皇帝絕對專權的必要性和合理性，並指出了朋黨的危害性和不法性質。從本質上看，他以君主的身分講述這些問題，多切中時弊，直指朋黨的危害，但也不乏強詞奪理之言，也就是說雍正想借著這篇《御制朋黨論》給年羹堯、隆科多及允祀等人扣上一頂帽子，以此達到孤立他們、瓦解他們並最終擊倒他們的目的！

為了達到這一目的，雍正深怕滿朝文武不明白他的真實用

皇帝寶璽

意，因此又在下發《御制朋黨論》的同時，再三告誡諸臣要「洗心滌慮，詳玩熟體」——這就是要人們來深刻地領會他的精神。但為了穩妥起見，他又特諭眾朝臣，喋喋不休地講了許多。如：

「朕即位後，於初循門聽政日，即面諭諸王文武大臣，諄諄以朋黨之戒，今一年以來，此風猶未盡除。聖祖仁皇帝亦時以朋黨訓誡廷臣，俱不能仰體聖心，分門別戶，彼此傾陷，分為兩三黨，各有私人。一時無知之流，不入於此，即入於彼。朕在藩邸時，黽勉獨立，深以朋沉為誡，不入其內，從不示恩，亦無結怨。設若朕當年在朋黨之內，今日何顏對諸臣降此諭旨乎……」

「夫朋友亦五倫之一，往來交際，原所不廢。但投分相好，止可失於平日。至於朝廷公事，則宜秉公持正，不可稍涉黨援之私。朕今《御制朋黨論》一篇頒示，爾等須洗心滌慮，詳玩熟體。如自信素不預朋黨者，則當益加勉勵。或如不能自保，則當痛改前非。務期君臣一德一心，同好惡，公是非，斷不可存門戶之見……

「朕之用人加恩，容有未當之處，或不能保其將來。至於治人以罪，無不詳慎。……夫朕用一人，而非其黨者嫉之，罰一人，是其黨者庇之，使榮辱不關於賞罰，則國法安在乎？嗣後朋黨之習，務期盡除。爾等捫心自問，不可陽奉陰違，以致欺君罔上，悖理違天。毋謂朕恩寬大，罪不加眾，倘自干國法，朕雖未必盡行誅戮，或千人之中百人，百人之中十人，爾等能自保不在百人十人之列乎？」

並屢屢強調：「凡屬匪黨，若恃強必不肯解散者，朕立志不肯寬宥，必加誅戮，整理此國家之大害，皆其自取。爾等若肯實心知過解散，朕即開恩。」

從這些言詞來看，雍正既對群臣曉之以理動之以情，又用誅戮之類的言詞來進行恐嚇，其目的無外乎暗示某些人應該及時趁早離開允祀、年羹堯及隆科多幾派，盡早加入到支持皇帝的這一邊來。同時，雍正的上述言詞，也表明了他打擊朋黨的決心和立場。《御制朋黨論》的出頒佈，必然會產生一石三鳥的作用。由此更可以看出雍正在處理年、隆、允祀諸事上的足智多謀。當然，主要還是因為朋黨實力太雄厚的緣故，所以雍正才在事前極力醞釀氣氛，製造緊張空氣——這正是兵家常用的手段，即先虛造聲勢，然後再發起突然進攻。

真是老虎掛佛珠，外示慈悲，內藏機鋒，處處掩藏殺機，這是陰忍者慣用的一種手法，而雍正無疑屬於這種人。當初允祀的外戚烏雅氏就看出了這個結局，真是一針見血，而允祀的不明智也就在這裡，這足以證明他當初爭儲的懦弱無能。雍正是勝者，更是強者，他之所以要把對手一網打住，是因為他眼睛裡容不下沙子，先忍一忍，當不能姑息養奸時，也是他揮動「大刀」的時候。

殺雞也用宰牛刀——除惡務盡

雍正剛繼位不久，為了穩定，他不能立刻做就大開殺戒，把對手和勁敵殺得一乾二淨。因為那是不明智的做法，如果不成功的話，反會被眾敵圍攻，把他拉下馬，那其後果可想而知了。

雍正不會那麼傻，他對政敵不僅沒有打擊，而且給予重用。比如令大阿哥允禔管理宗廟祭祀，三阿哥允祉管理文物，修書立典，尤其是八阿哥允祀和其死黨馬齊被任命為總理事務大臣，這真是破天荒的一舉；而且還給允祀加官進爵，以示榮寵。俗話說，重賞之下，必有勇夫，那麼利誘恩寵之下，下面的人必是向著自己的了，所以，雍正開局這一著走得非常正確，既有利於穩定政局，又拉攏了人，雍正更是穩穩地坐在皇帝之位上了。

這之後，一大幫小兄弟還是大吵大鬧，與他作對，明擺著與他做對，這些人主要有允祀、允禵、允禟和允䄉。以前剛即位時怕他們鬧事，現在雍正既已大權在握，而且有這麼多得力寵臣幹將，他決定要剷除這幫跳樑小丑了，但為了穩重起見，還有一個原因就是都是兄弟，雍正不願落個誅殺兄弟的罵名，因此他還是採取了穩中求進的分化策略，即分而化之，各個擊破，拉打結合。

允祀是這個集團的領袖，最具有才能和號召力，不容易扳倒，所以首先要把他周圍的人打倒，以此來孤立之。這第一個要開刀的人便是九阿哥允禟。雍正認為他「文才武略，一無可取」，是父皇的「不足取計之子」。雍正根本就沒把允禟放在眼裡。但做為跳樑小丑的允禟，卻是允祀的忠實追隨者。

為了打擊允禟，雍正下令將為允禟料理家務的禮科給事中郎秦道然逮捕。雍正說他仗恃允禟的勢力為非作惡，家中積累了許多非分之財，要他拿出十萬兩銀子到甘肅去充當軍餉。秦道然是江蘇無錫人，兩江總督查弼納奉命到他家去查抄家產，結果他們全部財產加起來也不值一萬兩銀子。由此可見，雍正對這些人的打擊，多是欲加之罪，故意找碴。他這樣做的目的，只是為了做給允禟看。

不久之後，雍正開始向允禟本人開刀了。他以允禵從西北用兵前線調回來後，軍中需人作為理由，命允禟立即前往西寧。又不給允禟治軍權力，實際上就是充軍發配。雍正採取這一措施的目的，是要切斷他與允祀、允禵

紫禁城三大殿全景

間的聯繫，把他們分別孤立起來。允禟也很明白雍正的用意，於是推託說等過了父皇的百日忌辰後前往，後來又說等送了陵寢後再啟程。雍正卻不許他再有任何延宕，毫不客氣地迫令他火速前往。允禟無可奈何，到了西大通。年羹堯秉承雍正的旨意，將西大通城內居民遷出，並加派兵丁監視允禟，實際上是將他囚禁起來了。

允禟到了西大通不久，就上表奏請回朝。雍正見到奏章後，只批了「知道了」三字，根本不予理睬，並暗中指示年羹堯不放他回京。允禟因在青海遭到囚禁，又不准回京，就採取秘密方式與允祀、允禵通信聯絡，並相約閱後即行銷毀。

他在給允禵的信中說：「事機已失，追悔莫及」，表現出既不甘心失敗，又無力抗爭的無可奈何的心情。他還將家財帶到西寧，購買對象時聽人索價，還把一些類似西文字母的符號編為密碼，並將信紙縫於騾夫衣襪之內，暗中傳遞資訊。他還把資財藏於外國傳教士穆經遠處，讓他找妥當的人開設店鋪，以便把京中的消息從鋪中秘密傳出。由此可見，允禟等人當時對雍正是持極端敵視的態度，而且尋機謀變的，這也就難怪雍正要對他們採取周密的防範措施了。允禟自以為聰明，然而他的行動幾乎完全被雍正的耳目發覺了。結果，允禟的行動非但沒有達到預期的目的，反面成了雍正狠治他的把柄。

允禟的作為在雍正面前其實也不過是些小把戲，不足以為敵的，這也恰好印證了雍正對他的蔑視。即：「文才武略，一無可取。」而允禟的一無可取，恰恰從反面印證了雍正的足智多謀、防患於未然的警覺。

第二個開刀的便是允䄉，他是允祀集團週邊一個比較重要的人物。掌管正黃旗滿州、蒙古、漢軍三旗事務。

康熙帝派皇子管理旗務，兼任都統，意在削弱王公大權，使八旗軍權進一步直屬皇帝統轄。

然而雍正即位後，卻不允許這種局面繼續存在。雍正即位十天後，開始著手全面撤換正黃旗滿州、蒙古、漢軍三旗都統，並命自己的親信馬爾薩、伊都善等人分別接管了正黃旗事務。這樣，允䄉就被孤立起來了。此後，喀爾喀蒙古首領哲布尊丹巴呼土克圖進京拜謁康熙靈柩，一病不起，死在北京。雍正於是藉此時機命允䄉護送哲布尊丹巴呼圖克圖的靈龕回喀爾喀今外，以將他與其他皇子分開。

當時允䄉不願意離京，先是以沒有力量準備馬匹行李為藉口來進行推託；等到出發以後，走到張家口就不肯再走，就在那裡住了下來。得知此訊，雍正向當地的總兵官許國柱下了一道密旨，要許國柱不要給他一點體面，若他下邊人稍有不妥，即可一面將其鎖拿，一面上表奏聞。並反覆交代務必給允䄉找出幾件過錯來，不可以徇一點兒情面。

在雍正的授意下，張家口總兵官許國柱不久奏報：允䄉屬下旗人莊兒、王國賓「騷擾地方，攔看婦女，辱官打兵」，已經鎖拿看守。並奏報說：允䄉奉旨派往蒙古，不肯前往，竟在張家口居住。

雍正藉此機會給允祀出難題，命令他議奏處理。允祀提出，立即給允䄉下令催促繼續前進，並責罰與允䄉同行而對逗留張家口不加勸阻的長史額爾金。雍正對允祀處分允䄉的建議非常不滿。

雍正讓允祀拿主意，其實也別有目的。如果處理得輕，雍正將說他偏袒允䄉，也就找到了懲治允祀的藉口；如果處理得重，當然是雍正希望看到的，而他又可推託罵名，說是允祀的處理意見。這就等於是借刀殺人，一舉兩得。因此，在萬不得已的情況下，允祀只好奏請革去允䄉的郡王爵位，抄沒其家產，並交由宗人府永遠監禁。

至此，雍正總算把允禟、允䄉兩個跳樑小丑給除掉了。而他們卻是允祀集團的得力幹將、主力，消滅了他們，加上雍正又採取拉打結合的辦法把允祀周圍的人幾乎全部清理掉了。這樣，允祀即使再有本事，也是孤掌難鳴了，成為雍正下一個重點打擊的對象。

總之，雍正在打擊允禟、允䄉過程中，儘管兩人都是跳樑小丑的小人物，但雍正還是對他們非常重視，通俗一點說，就是殺雞也用宰牛刀，而且處處體現了雍正的智慧，處理過程十分高妙，令人叫絕。

蠶食侵吞不留情——逐步翦除政敵

雍正帝以刻薄寡恩，冷面肅殺著稱，他做事非常講究策略，衡重權謀，先思之而後行，是一位非常有心機的皇帝。只要他想做的事，他就會不達目的誓不甘休，但往往是採取先寬後猛，先縱後擒的手段，一個個剪除對手。

當政之初，他本來有心效法父皇實施仁政，對幾位兄弟寬厚處理，和平共事，一起把康熙創下的大清江山繁榮鋪展下去。無奈兄弟們不合作，屢屢冒犯他的君顏，還有意謀反奪他的君位，所以他忍無可忍。至於如何懲處這幫兄弟，雍正並不想做得太絕，「本是同根生，相煎何太急？」大行皇帝對於有謀逆之舉的允禔也只是圈禁，在殯天之際已原諒了他。大行皇帝的寬仁之心觸動了雍正，他要用勝利者的博大胸懷寬容幾位兄弟，讓他們感恩戴德，圈禁其身不如感動其心。所以雍正把眾兄弟召來緩解之間的衝突與矛盾。

允禩見雍正高高在上，認為雍正這樣做是羞辱他們，於是不但不坐反而冷哼一聲站在旁邊：「俗話說勝者為王，敗者為寇，要殺要剮隨你的便，別假惺惺拿出寬仁的姿態，我寧死也不領你的情！」

雍正被允禩的話嗆得半晌說不出話來。自從允禩回京後，他沒有喊自己一句皇上，更不用說下跪了，雍正都以兄長的心寬容了他。今天，雍正是誠心誠意勸慰幾人，以此感化他們，如果他們能回心轉意願意為朝廷效勞，就免除治罪或輕微地懲處，誰知雍正的一片好心被允禩的幾句話掃個沒趣。

雍正狠狠地瞪了允禩一眼，什麼也沒有說，他覺得很傷心，兄弟反目比仇人還仇。

允祀見允禩不坐，他也不坐，給剛剛坐下的允禟與允䄉每人一腳，罵道：「到了這地步還領他什麼情，士可殺不可辱，十八年後又是一條漢子，我仍要來爭這皇位。」

雍正沒惱，坐在旁邊的允祥火了，霍地站起來，指著允祀罵道：「你也配稱『士』，瞧你那份德行！」

雍正喝止了允祥，打定主意說：「皇阿瑪把大清這份產業交給了朕，但朕並不想獨佔，所以想和眾兄弟一起有福同享，有難同當，把皇阿瑪留下的家業看好、守好，一代代傳下去。自阿瑪晏駕至今，朕也做了些許日子的皇上，得出的一句話就是：為君難！當皇帝太辛苦了。」雍正還沒有說完，後面的話就被允祀的狂笑聲淹沒了。是可忍，孰不可忍！雍正耐著性子說了這番話，不但沒有打動他們的心，反而招來一陣嘲笑。

雍正怒不可遏，一拍桌子，指著允祀用滿語罵道：「阿其那，阿其那！」

允祀見雍正用最卑劣的話辱罵他，氣得臉色蒼白，也不顧一切地辱罵雍正。

恰在這時，張廷玉到養心殿送摺子，正趕上允祀辱罵雍正。雍正無法忍受這種恥辱，隨手抄起御案上的硯臺向允祀砸去。允祀轉身躲了過去，卻打在允禟的身上，允禟跳起來拾起滾落地上的硯要打向雍正。允祥大驚，飛身撲上去把允禟揪住，奪下他手中的硯臺。

雍正這才明白這些弟兄根本不會信任他，勸說、寬容只能是一廂情願，換來的只是屈辱，是對皇權的踐踏。一般人的忍耐都是有限度的，更何況是九五之尊的皇帝呢？雍正向大內侍衛喝道：「把這些喪盡天良，不知好歹的畜牲帶回宗人府看管好，朕一定要嚴懲，嚴懲！」

稍停，雍正氣消了些，要允禵留下，說有事問他。允禵轉回身，瞪著雍正問道：「皇上還要說什麼？難道『阿其那』與『塞思黑』還不解心頭之恨

紫禁城全景

嗎？乾脆把這些稱呼都寫進《玉牒》，都貼在宗廟上。」

雍正自覺罵得有點過分，改用平和的語氣說：「你就那麼仇恨朕嗎？你不把朕當作皇上，把朕當作親兄弟行嗎？難道兄弟之間就不能坐下來心平氣和地談談？」

允禵用嘲弄的口氣說：「你是皇上，大清國的第五代真龍天子，我等都是『阿其那』與『塞思黑』，不屬於同一類，有什麼好談的。」

雍正剛剛平靜的心又激蕩起來，渾身的血彷彿沸騰一般直向上湧，他漲紅了臉，喘著粗氣說：「允禵你不要逼我，你不要逼我！」隨即讓張廷玉把《玉牒》拿來，把允祀和允禟的名字改了。

允禵見雍正氣急敗壞的樣子，彷彿覺得這是一種酣暢淋漓的報復，輕蔑地笑道：「不愧是皇上所為，真是皇阿瑪的誠孝之子！你有種把我等的名字全部從《玉牒》上抹去，僅留下你一人的名字那才顯示出做皇上的至高無上權力呢！承襲大位更問心無愧了，皇阿瑪就你一個孝順兒子，不把皇位傳給你傳給誰呢？也不必費盡心機尋找另一份遺詔了。」

此話一出，雍正的臉色慘白，他動了殺人滅口之心，怔了半晌，陰冷地喊道：「來人，把這個毫無人倫之德的亂臣賊子給朕推出去亂棍擊死！」

幾名侍衛正要上前去推允禵，仁壽皇太后搶上殿來，阻止住眾侍衛，撲倒御案前向雍正哭喊道：「皇上——，手心手背都是肉，你兩人都是額娘身上掉下的肉，看在額娘的情面上，饒過禵兒吧！他畢竟是你的親兄弟，千錯萬錯都是他的錯，你饒他一命不死吧！」

雍正餘怒未消，冷冷地站在御案後一聲不響，也不理不睬，任憑皇太后倒在地上苦苦哀求。仁壽皇太后見雍正不發話，估計雍正在找臺階下，只要允禵認個錯皇上會放過他的。仁壽皇太后轉過身向允禵哀求說：「禵兒，你看在額娘這一把老骨頭的情份上別這麼強，低個頭認個錯吧，他是皇上是你兄長，名分已定，君臣之禮已分，你就認命吧！胳膊擰不過大腿。」

仁壽皇太后邊哭邊說，但誰也不聽她的。允禵硬了心腸，把脖子一擰，說道：「額娘，你不必浪費眼淚和口舌了。我與他勢不兩立，只要他不殺我，我就永遠反對他。他能把皇阿瑪逼死，我為何不能謀他的反奪他的位！」

雍正剛才雖然動了殺人之心，但並沒有真的要殺允禵，經皇太后一哀求心也就軟了下來。但現在一聽這話，他軟下的心突然硬了起來，暴喝道：「給朕推下去亂棍打死，狠狠地打！」

幾名侍衛拉著允禵就向外走，允禵連眉也不皺一下，哈哈一笑，朗聲說道：「弒父害兄屠弟，千古君王第一人！」

任憑皇太后怎麼哭喊求救，兩個人都是硬性，誰也不先輸給誰。允禵還是被拖住走了，侍衛也不敢真打，知道皇帝一時在氣頭上，所以也沒敢動真格。而

仁壽皇太后

仁壽皇太后這一氣後，突生病痾，一病不起，很快就暴卒了。相信仁壽皇太后在九泉之下看到兄弟這樣爭鬥也不會瞑目的。

安葬完皇太后，雍正決定不給允祀、允禟、允䄉等人好臉色看，決計逐一除之。

在多種場合，雍正開始譴責允禟、允䄉、允祀等「俱不知本量，結為朋黨，欲成大事」——也就是公開說，他們結黨是為了爭奪皇位。

此後雍正又說允祀自受命總理事務以來：「所辦之事，皆要結人心，欲以惡名加之朕躬」即說，允祀的所作所為都是為了籠絡人心，並給皇帝製造惡名的。

既然允祀這樣「不懷好意」，那雍正自然也就不必對他客氣了。於是他最終發出上諭，稱：「自親王以下，閒散人以上，若有歸附允祀結為朋黨者，即為叛國之人，必加以重罪，絕不姑貸，亦斷不姑容也。」意即：所有上下人等，若再有與允祀靠近的，就按叛國罪論處！

這樣一來，除了允祀的幾個死黨之外，就少有人敢跟允祀來往了。因此雍正又把矛頭指問鄂倫岱，說他與阿靈阿二人是允祀黨的首領，罪大惡極。並說：朕即位後，命他為領侍衛內大臣、都統，他也毫無感激報效的念頭。朕有朱批諭旨與阿爾松阿，讓他轉交，他竟在乾清門當著眾人把諭旨擲在地上。每當朕召諸王大臣頒發諭旨時，他沒有一次點首心服，有時還低著頭來冷笑。就此，雍正將此二人革去了職務，允祀也就失去了左臂右膀。

雍正三年，服喪期已滿，允祀與允祥、馬齊、隆科多四個總理事務大臣上表辭職。雍正在諭旨中，極力表揚怡親王允祥誠心效力，並賞給他一郡王爵銜，讓他在其諸子中任擇一人擔任，並讓諸王大臣對他「從優議敘」；對隆科多、馬齊二人「亦著議敘」，並有賞賜；惟獨對廉親王允祀則大加痛斥，說他是有罪無功，「自委任以來，諸事推諉，無一實心出力之處，無一有裨政治之言。並故意讓諸王大臣討論應否給他議敘，也即獎賞。諸王大臣自然見風使舵，秉承雍正帝的意思行事，最後不予議敘。」

當年四月十六日，因工部所製阿勒泰軍用的兵器精劣問題，雍正帝再次譴責管工的廉親王允祀。他借題發揮，說：朕與允祀有君臣之分，兄弟之誼，但今天允祀對於朕「則情如水火，勢如敵國」。這就是說雍正也公開表明了自己與允祀勢不兩立、水火不能相容了。而且其他案件基本處理完畢，雍正騰出手來，決定正式向允祀開刀。當時宗人府參奏稱：廉親王允祀因其護軍將士鳩石陸不聽從他指使，命令三個太監將其打死於杖下。於是雍正藉此事傳旨，命令允祀從杖殺鳩石陸的三個太監中選出一個抵命；並命上三旗侍衛每日派出四人「跟隨在允祀左右」。

至此，實質上，允祀就等於被監禁了。

允禟呢，前面說過雍正把他發往西域去了。在年、隆案未結之前，雍正曾命大臣楚宗前往西大通約束允禟，但允禟卻不按規矩出門迎接聖旨。楚宗傳旨時，允禟竟公然宣稱：聖旨說得都對，我還有什麼可說的，反正我已想出家當和尚了，還能有什麼亂行之處？——就此，雍正痛斥允　不遵守君臣大義，又說他與允䄉實屬大不敬。

此後，山西巡撫伊都立參劾諾岷包庇允禟，稱允禟的護衛烏雅圖路過山西平定州時，毆打地方生員，諾岷卻對此隱瞞不報。這時，年、隆案已基本完結，於是雍正當機立斷，借這一事件將諾岷革職查辦，同時革去了允禟僅存的貝子一職。並行文陝西地方政府，稱：「允禟不知收斂，猶以九王爺自居，朕已革其貝子職，爾後若有再稱其為九王爺者，定從重治罪。」這樣一來，允禟就等於被廢於平民了。

允䄉則因允祀之事的牽連，不僅革去職務，連家也抄了，成為一介平民，一無所有。

至於允禵，雍正也不給什麼情面，跟其他兄弟一樣處理，在皇太后逝世後，雍正頒發了一道諭旨，其中說：貝子允禵「無知狂悖，氣傲心高，但朕為了安慰皇妣皇太后在天之靈，著晉封允禵為郡王。如果他從此能改過自新，朕自然會不斷地對他施加恩澤；如果他繼續作惡，不知改悔，那麼為了維護國法，朕也不得不將他治罪。」

整體來說，雍正對允祀等人所採取的多是言語上的威嚇和攻擊，並未對他們進行實質上的制裁——這時的雍正依然貫徹著戒急的策略；但有所不同的是，此時在用「忍」的同時，他亦兼顧到了「狠」的一面，即靠對允祀等人的不斷指責，一點一滴地蠶食掉允祀等人的實力，最終將他們孤立起來，逐個予以重擊。

雍正藉由逐步蠶食侵吞，達到了削落兄弟，剷除政敵的目的，這樣，再沒有人與他對抗了。他為改革新政做好了鋪墊。不過在打擊兄弟的一系列事件中確實體現了他狠毒的一面。

煮豆燃萁相煎急——門戶清理完畢

三國時曹丕逼曹植七步為詩，否則生命難保。於是，曹植果真在七步之內吟出了那首著名的「煮豆燃豆萁，豆在釜中泣。本是同根生，相煎何太急。」的《七步詩》。而歷史上兄弟相爭，刀鋒相向實在不可勝數。雍正皇帝跟兄弟們演繹了同樣的一幕。作為一國之君，一代新主，雍正採取嚴厲手段，大力懲治允祀、允禵黨人，打擊反對勢力，這一舉動異常堅決而堅定，這就難免在宗室、王公、滿漢文武大臣中引起震盪，有不少人設身處地對他們的處境表示同情，對雍正的刻薄寡恩心懷不滿。而且這種情緒難免會波及社會。

當時有位自稱為正黃旗的灤洲人蔡懷璽，前往景陵，求見被囚禁於該處的允禵。允禵害怕招來雍正的進一步迫害，不接見他。蔡懷璽就寫了「二七便為主，貴人守宗山」，以「九王之母為太后」的字條扔於允禵的院內，還說什麼「十四爺的命大，將來要當皇帝」。蔡懷璽的意思十分清楚，就是要推翻雍正的統治把允禵推上皇帝的寶座。蔡懷璽的活動被監視允禵的馬蘭峪總兵范時繹發現。范時繹一面報告雍正，一面將蔡懷璽逮捕，投入監獄。

幾乎與此同時，天津人郭允進自稱遇到了洪覺禪師，得其傳授韜略。為此他書寫了一份「十月作亂，八佛被囚，軍民怨新主」的傳單，由浙江歐秀臣刊刻出來，到處張貼，廣為散布。在傳單中，允祀被視為佛，「八佛被囚，」是指責雍正監管允祀。「十月作亂」，大概是號召群眾於本年十月起來造反。傳單內還說：自雍正即位以來，旱澇饑荒等連續不斷，上天就要降下災禍等等。這些事件的發生，表明當時社會上的確有一股反對雍正繼位的勢力，根源也許就在允祀或允禵。

鑑於上述原因，雍正決心趁勢整治允祀、允禵黨人，使其不再妨礙他的統治。至此，他開始把矛頭集中指向允祀本人，並發表上諭歷數允祀的種種罪狀，如：「廉親王允祀狂道已極，朕若再為隱忍，有實不可以仰對聖祖仁皇帝在天之靈者」，意思是說允祀對不起康熙的在天之靈。又如「當日允祀，希冀非分，欲沽忠孝之名，欺人耳目，而其奸險不法，事事傷聖祖仁皇帝慈懷，以致仇怨鬱積，無時舒暢。」

這是說，從前允祀沽名釣譽，外表忠厚內藏奸險，事事與先帝康熙作對，以致於使先帝仇怨鬱積，沒有開心的時刻。再如「是年二阿哥有事時，聖祖仁皇帝命朕同允祀在京辦理事務，凡有啟奏，皆蒙御批，奏摺交與允祀收藏。後向允祀問及，允祀云：前在要亭時，皇考怒我，恐有不測，比時寄信回家，將一應筆劄燒毀。此御批奏摺藏在佛櫃內，遂一併焚之矣」。這就是說，允祀犯了焚毀先帝御批奏摺的大罪，從而被雍正抓住了把柄，以大不敬罪論處。

從雍正對允祀的上述指責來看，他翻的多是陳年舊帳，而且多是顧左右而言他之詞。既明明攻擊允祀，卻一再表明允祀是對不起祖宗和先帝的。雍正這樣做，主要原因就是想使眾朝臣明白，他打擊允祀，是出於公心的，是在替先帝清算老帳、為先帝懲處不肖子孫、甚至是在替天行道。有了這套說詞，雍正在打擊允祀時，用的就是借刀殺人的策略。即借先帝康熙這把刀，除掉允祀。但這樣做畢竟難以服眾，於是雍正又進一步指出，朕自即位以來「允祀總以未遂大志，時懷怨恨，詭詐百出，欲以搖惑眾心，擾亂國政。……三年以來，朕百凡容忍寬免，諄諄訓誡，猶冀其悛改前愆。宗人府及諸大臣交劾，議罪之章，什百累積，朕一一寬貸，乃允祀詭譎陰邪，日益加甚！」

很明顯，這是雍正在講自己雖對允祀寬大為懷，既往不咎，但允祀卻變本加厲，弄權使詐。至此得出結論，即：「允祀心中已無祖宗君上矣。允祀既自絕於祖宗，自絕於朕，宗姓內豈容有此不忠不孝大奸大惡之人乎？」罪名既已確定，就此，雍正宣佈，像允祀這樣的不肖子孫是應當被開除出宗籍的！

於是雍正遵照前朝削籍離宗的舊例，撰文祭告奉先殿，將允祀革去黃帶子，削除宗籍。允祀的同黨允禟、蘇努等，也以「結黨勾逆，靡惡不為」的罪名，受到了與允祀同樣的處

養心殿西暖閣：皇帝的小書房

分。

雖然在處理允禩集團之前雍正已經做了大量準備工作，但當正式處理允禩等人時，仍激起了社會以及眾朝臣的不滿。正如前面所述，蔡懷璽要求得見允禵，天津郭允進也企圖陰謀作亂。此外，當時眾朝臣也對皇上的做法表示不滿，但又懼於威勢而敢怒不敢言。

為此，雍正指責眾大臣說：「在廷諸臣為廉親王所愚，反以朕為過於苛刻，為伊抱屈。即朕屢降諭旨之時，審察眾人神色，未嘗盡以廉親王為非。」此後，他又說道：「朕於諸王大臣前降旨訓誨允禩，視諸王大臣之意，頗有以允禩為屈抑者。」

而且，雍正認為允禩始終懷異心，並不悔改，正是烏雅氏唆使的結果，於是將烏雅氏休回母家，由母家另給房屋數間居住。並令人將其嚴加看守，不許她與允禩往來。四月十八日，又命將允禟、都統楚宗、侍衛胡什里、馳驛帶來京師；允禟的妻子則由該地總督、巡撫等派兵看守。

由此可見，當時雍正處理允禩等人時阻力是頗大的。但雍正並未知難而退，他在眾人的反對下，毅然決然地宣佈：「爾諸大臣內，但有一人，或明奏，或密奏，謂允禩賢於朕躬，為人足重，能有益於社稷國家，朕即讓以此位，不少遲疑。」意即：在你們這些大臣當中，只要有一個人敢站出來說一聲允禩比我賢德，受人尊重，有益於國家和社會。我就把這個皇位讓給允禩，絕不遲疑。

雍正的這番話，既表達了他的自信，也表現了他的大度。同時，他的這番言詞也有孤注一擲的味道，即以此向眾朝臣施加壓力，表明自己與允禩非此即彼是勢不兩立的。此外，雍正這番話還暗含了另一層意思，即：只要沒人奏稱允祀賢於雍正，那我就要徹底地討伐允祀，絕不寬容他。威嚴之下，當然沒人敢做聲。

由此，我們可以看到雍正在加強中央集權剷除政敵鬥爭中的硬的一面。正所謂對敵人的姑息，就是對自己同時也是對國家政治的犯罪。在這一方面，雍正站在一個統治者的地位上，的確做出了剛毅英明同時也有些殘忍的選擇！

諸王大臣至此就必須做出選擇了，即要麼甘冒殺頭之罪同情允祀，站到允祀這邊來，要麼支持雍正，共伐允祀之罪——在這種非此即彼的高壓政策下，滿朝文武也只能選擇雍正。因此他們只好聯名上書，稱允祀是不忠不效，大逆不道，要求將其立即正法。

於是眾朝臣只好秉承雍正的意思，共同議奏了「阿其那」的罪狀四十款，「塞思黑」的罪狀二十八款，允禵罪狀十四款，並請將此數人「即正典刑，以為萬世臣子之炯戒」。

「阿其那」的罪狀主要有：欲謀殺允礽，希圖儲位；與允禵暗蓄刺客，謀為不軌；用允禟之財收買人心；擅自銷毀聖祖朱批摺子，悖逆不敬；晉封親王，出言怨誹；蒙恩委任，挾私懷詐，遇事播弄；……

「塞思黑」的主要罪狀有：行止惡亂，謀望非常，暗以資財結買人心，使門下之人廣為廷譽；收西洋人穆經遠為心腹，誇稱其善，希圖儲位；結交內臣，密行伺察探聽朝廷動向；令秦道然各處稱其寬宏大度，慈祥愷悌，圖買人心，以謀大位；將其子認內侍魏珠等為外伯叔，窺探宮禁消息；別造字樣，陰謀詭計，儼同敵國……

允禵的主要罪狀有：觸怒聖祖康熙皇帝；與允祀、允禟密相往來；在任大將軍時，縱酒淫亂；晉封郡王，並不感恩；蔡懷璽造言，不即奏聞……

在接到滿朝文武的聯名上書後，雍正立即於勤政殿召見了滿朝文武和允祀，並假作寬厚地說：允祀，乃父皇之子，太祖太宗之裔孫，朕之兄弟。正因為於此，今日這一舉動，朕的祖宗和父皇都在天上密切注視著。如果允祀不應該正法，而你們隨便陳奏，以殘害我祖宗和父皇的子孫，將朕陷於不義，你們的罪過還可挽回嗎？朕想你們在聯合參奏時，或許有人是隨著眾人列名而不是出於誠意者，所以特意將你們召入，當面加以詢問。如果有人認為允祀不應正法，可以出列站於右邊。朕今天如此當面詢問，倘若眾人中還是有心口不一，不肯據實陳奏的人，我祖宗、父皇在天之靈，必然要將其誅戮。

雍正正顏厲色地說這番話，主要是因為他知道像誅戮這樣慘無人道的行為，必然引起社會上對他的非議，所以他要故意做出一副寬厚仁慈的面孔，使人認為誅戮允祀實在是諸王大臣請求的結果，而他則是萬不得已而為之的。

此外，雍正此舉達到另一個目的，即看看諸王公大臣中，還有沒有未曾察覺的死硬派，願意帶花崗岩頭腦公然站到允祀一邊的人。

結果滿朝文武一致回奏，允祀的確惡貫滿盈，應按國法，明正典刑。

雍正將允禟從西大通押至保定後，直隸總督李紱奉命將其「圈禁」在高牆之內，每日派人把守，並堵嚴封閉門窗——當時正值盛夏，酷暑難當，在那樣的情況下，一名皇室貴胄，又如何經得起這番摺磨呢？

於是不久之後，李紱就向雍正奏稱允禟病死了。

雍正在得知這一奏聞後，暗自額手相慶，口頭上卻只稱是：「惡貫滿盈，已伏冥誅！」

一再絞盡腦汁策劃的結局至此本是該出來了，從雍正苦心孤詣追求的效果看，他是應該對允祀處以極刑了。但他仍外示厚道，只下令將允祀降為民王，交宗人府囚禁，並在囚室外築了高牆，以防止他與外界接觸。

但還沒等到朝臣站出來說幾句公道話，又有人奏稱，允祀亦病死於禁所了！

三希堂：
三希堂是乾隆皇帝的書房和賞玩書畫的私人空間，也是故宮最小的房間。

這無疑是個令人不寒而慄的結局，同時這也是瞞天過海毒計的妙用！

從上述情況看，雍正在處理允祀時採取的仍是比較慎重的態度。即按原意是想將對方置於死地，但大庭廣眾之下又改變了初衷，換成一副寬厚的面孔以掩蓋自己的真實意圖——這正是雍正外寬內嚴胸藏利刃的處世作風。他的這種作風，無疑是心絕手辣的體現。正因於此，他才得以嫻熟的手腕操縱著政權，將其玩於股掌之中！由此也使我們看到了他的令人嘆服但卻難以被人苟同的智慧！

縱觀雍正此舉，我們不得不客觀公正地說：作為一代帝王，雍正在這件事上的狠辣和智計是有違聖祖仁皇帝康熙平生教誨的；如果是康熙帝在世，他也會心寒齒冷，深感不齒的！

允禟病死，允祀悲死，允禵伏誅，允䄉被廢，藉由一步一步的打擊，雍正步步為營，步步緊逼，最後通過了死胡同。足見雍正趕羊進死胡同的策略巧妙，並通過蠶食侵吞，逐個消滅，最後致政敵於死地，從而達到他的政治企圖。兄弟已除，雍正也消除了多年來的一塊心病。雖然落下了罵名，但鞏固政權總是要付出代價的，雍正深知這個道理，所以他的下一步誅殺大臣的棋也勢在必行了。

功臣得寵，有恃無恐，言行無狀

眾所周知，在雍正登上皇位的過程中，年羹堯和隆科多兩人可謂是出了大力，是為功臣。當時，隆科多是步兵統領，掌管京城九門鑰匙和皇帝的保安任務。相當於京城衛戍司令，整個京城都在他的掌握之中，因而他能很好地控制京城局勢。年羹堯是川陝總督，手握兵權和輜重，而當時允禵正在西北用兵，想帶兵回來奪權必須經過年羹堯的支持。所以雍正把年羹堯拉攏過來，正好牽制了允禵。因此，裡應外合，加上耍點陰謀，雍正便光明正大地坐上了皇帝寶座。

雍正的寶座得來不易，他知道有賴於年隆二人之力，所以把他們視為功臣，恩寵有加。就在雍正登基的當天，為了穩固江山愚民賂臣，而大赦天下。雍正也明白皇位是如何得來的，為了拉攏人心，他賄賂親臣，採取加封行賞的辦法掩人耳目。當然，第一功臣便是隆科多，雍正封他總理事務大臣，襲一等公，授吏部尚書銜，又加封太子太保，賞三眼花翎和黃馬褂，並尊稱其為「舅舅」。

對於年羹堯呢，雍正對他信任有加，給予一等公爵號，加封一等阿思哈尼哈番世職，他的兒子年富也被賜雙眼孔雀翎、四團龍補服，其妹妹側福晉被封為敦肅皇貴妃。

對年羹堯，雍正寵信至極。特別是在平安西北叛亂前後，雍正為了使年為自己忠心效力，一連發出了多道上諭表示自己對年的恩寵和信賴。

如元年五月，雍正諭令：「西北軍務，俱交年羹堯辦理，若有調遣軍兵、動用糧餉之處，著防邊、辦餉各大臣及川陝雲南督府提鎮等，照年羹堯（意見）辦理……」此後雍正帝又稱：「年羹堯近年來於軍旅事務邊地情形甚為熟諳，且其才情實屬出人頭地，兵馬糧餉一切籌備機宜，如（能來得）及與年羹堯商酌者，與之會商而行。」接著雍正又命令四川提督岳鍾琪：「西北邊務，朕之旨意，總交年羹堯料理調度。」由此看來，當時的年羹堯實際上已攬到了西北軍事的全部指揮權，成了沒有封王的北王。

此外，為了拉攏年羹堯，除給他本人封官加爵外，雍正還對他的家屬關懷備至。特別是在年羹堯遠征西北時期，雍正不時將年羹堯的父親、妻子的消息報知年羹堯，以示自己對他家人的關心。此外又因年羹堯的緣故，雍正還對他的兄長年希堯以及妻子兒女大加封賞。更有甚者，雍正為了使年羹堯知恩，一次曾派專人從北京騎快馬飛奔西安，用六天的時間送去御用品鮮荔枝。這種賞賜，除了楊貴妃，可謂是千古少有。

雍正對年羹堯如此恩寵的另外一個原因則是因為隆科多。隆科多當時也是雍正的一個寵臣，並被雍正稱為當代第一超群拔類的稀有大臣。因此，年羹堯與隆科多之間因爭寵必然會發生矛盾。以致年羹堯竟當著雍正的面攻擊隆科多是：「極平常人」。

所以，雍正盡量多地給他們恩寵，以滿足他們的權力慾，比如年羹堯平定青海，打了勝仗之後，雍正興奮異常，竟把年羹堯說成是自己的「恩人。」他曾向年下手諭：「朕實不知如何疼你，方有顏對天地神明也。立功不必言矣，正當西寧危急之時，即一摺一字恐朕心煩驚駭，委曲設法，間以閒字，爾此等用心愛我處，朕皆體到。每向怡（親王）、舅（舅），朕皆落淚告之，種種亦難書述，總之你待朕之意，朕全曉得就是矣。所以你此一番心，感邀上蒼，如是應朕，方知我君臣非泛泛無因而來者也，朕實慶幸之至。」

雍正為了把對年羹堯的評價傳諸久遠，曉諭各大臣：對年羹堯這樣為國出力的人，「不但朕心倚眷嘉獎，朕世世子孫及天下臣民當共傾心感悅，若稍有負心，便非朕之子孫也，稍有異心，便非我朝臣民也」。這是以對年羹堯的態度，來判斷人們的政治立場正確與否。

雍正對年羹堯賞賜極多，查處原蘇州織造李煦家產時，就將李煦在京房屋賞給了年，家奴任他挑選。雍正賜他藥品、食物更是常見之事。

隆科多也是炙手可熱，極受雍正之寵愛。康熙死去的第九天，雍正把公爵頭銜賞給隆科多，過了兩天，下命稱隆科多為「舅舅」，讓他當總理事務大臣。同年十二月，又任命他為吏部尚書，仍兼步軍統領，次年命兼管理藩院事，任《聖祖仁皇帝實錄》和《大清會典》總裁官，《明史》監修總裁。賜太保加銜、雙眼孔雀花翎、四團龍補服、黃帶、鞍馬紫轡。真是官祿不絕，榮華滾滾。

這時的隆科多作為「密勿重臣」，真可謂是集權力與榮寵於一身了。照他自己的話說則是：「皇上如此加恩，使臣深愧無以為報，惟誓死以效龍馬」。由此看來，雍正對隆科多的恩寵確實收到了他想達到的效果。隆科多是雍正在中央的肱股之臣，雍正稱他為「當代第一超群拔萃之稀有大臣」，寵榮備至。

年隆兩人權力炙手可熱，權傾朝野，但又互相排斥和妒嫉，二人之間難免會經常發生衝突，產生矛盾。年羹堯當著雍正的面指責隆科多是「極平常人」，不足以經事；而隆科多攻擊年羹堯是狂傲之徒，見風使舵、不可深信之人。

為了調停年隆二人之間的關係，雍正只好經常向二人施恩，不斷給予各種封賞，並從中進行斡旋，以使「將相」和睦。為了使年羹堯改變對隆科多的態度，雍正甚至自作主張將年羹堯的長子過繼給隆科多作兒子，並對年羹堯編造美言說：「舅舅隆科多對你非常尊重，朝中每有大事，總說該與你商量。」又說：「舅舅隆科多，朕先前不深知他，真正大錯了，此人真先帝之忠臣，朕之功臣，國家良臣，真正當代第一超群拔類之稀有大臣也。」

在雍正的撮合調停下，年、隆二人的關係終於有了改善。隆科多在得知雍正賜給他年羹堯的兒子作繼子後，上書稱：「臣命中該有三子，如今得皇上所賜，即如同上天所給的。」此後，為了表示要跟年羹堯團結共事，隆科多又說：「我二人若少作二人看，即負皇上矣。」經過雍正的一番搓合調停，年隆二人終於能和衷共濟共同為雍正效力了。從雍正調停年隆之間的關係看，他的確是深具長遠眼光而又馭下有術的，因為在當時的情況下，將相不和必然會打亂雍正的全金盤施政計畫，必然會分散己方的力量，甚至給政敵以可乘之機。

年隆兩人功勞蓋世，便驕橫一時，有恃無恐，為所欲為。兩人權力炙手可熱，難免會同其他權臣發生衝突。尤其年羹堯個性飛揚跋扈，對怡親王允祥、四川巡撫蔡某、河南巡撫田文鏡、山西巡撫諾岷、吏部右侍郎李汲等朝廷要員，都曾經或是非議，或是攻擊，或是彈劾，在朝廷上結下了很多冤家。

他身為川陝督臣，作威作福，每遇到文武官員職務空缺，無論大小，都一定要選擇他的私人親信來填補。吏、兵兩部對他的人事安排根本說不上話，形同虛設。尤其可怕的是，連巡撫、布政使、按察使、提督、總兵官等地方大員也出於他的授意安排，這就把皇帝的特權也架空了。

按照清朝法律，奴僕沒有出籍不許做官。而年羹堯的家僕桑成鼎就以軍功先任西安知府，後又升至直隸道員；另一僕人魏之耀也論功當到署理副將，這全是年羹堯私下的專斷安排。

不但如此，年羹堯還狂熱地接受賄賂，「於是鮮廉寡恥行賄鑽營之徒相奔走於其門」。

年羹堯 像

年羹堯的妄自尊大、不守臣道也是令人側目的。

身為大將軍、有公爵之榮的他，按理講，權威是比不上清初統兵的諸王，更不能望十四皇子允禵項背。但他因繼允禵的職務，便在權勢上要同前任相比。他給將軍、督撫的函件竟用令諭的格式，把同官視為理所當然的下屬。

在軍中，蒙古諸王見他時都要跪謁，連額附、郡王也不例外。他進京時，都統范時捷、直隸總督李維鈞都要低聲下氣地跪下迎接。雍正發往陝西的侍衛，是皇帝身邊的人，理應優禮相待，然而年羹堯竟用他們作儀仗隊，前引後隨，當下人廝役來使喚，這簡直是連皇帝都不尊重了。

年羹堯在官員面前的架子更大，凡送禮給年的稱為「恭進」，年給大家東西叫做「賜」，屬員稟謝稱作「謝恩」，接見新屬員叫「引見」，年吃飯稱「用膳」，請客叫「排宴」。這一切都有皇帝的排場，當然為雍正所不容了。

對於臣道，年羹堯則憑恃雍正之寵而大大咧咧，不當回事。他在西寧軍前，兩次皇帝恩詔頒到，他都不按照規定在公所設香案跪聽開讀，宣示於眾。一次陛見時，他在雍正面前「箕坐無人臣禮」。這樣大膽妄為，已觸犯了帝王之尊。捋了龍鬚，當然要自取其禍！

隆科多為了滿足自己的權力和聲譽慾望，自恃在奪儲鬥爭中功不可沒，而且被雍正說成是「第一超群拔萃之稀有大臣」，還手掌雍正登位的許多機密，因而敢當面向雍正索封異姓王。

有天隆科多在養心殿向雍正彙報完正事，又似笑非笑地轉向雍正說：「皇上好健忘啊！」

雍正一怔，想起自己曾在隆府密室許下的諾言，心一寒，故意裝作不知地問：「初登大寶，朕諸事纏身，實在忙得不可開交，對舅舅所奏之事從來沒有怠慢過。不知舅舅說朕健忘，忘的是什麼事？」

「既然皇上真的如此健忘，老臣只有提醒啦。皇上是否記得在臣的府中曾許下的諾言？」

雍正見隆科多果真厚著臉皮提起了封王那事，心中很不高興，但只好強裝笑臉搪塞道：「朕並沒有忘記，只是現在立即封舅舅為異姓王怕引起眾人猜疑。就是現在已有人私下有所非議，認為朕給舅舅的榮譽太高了，幾乎達到親王的地步。舅舅還是耐著性子等上一年半載，過了非常之時，朕再給舅舅封賞也不遲。朕答應的事就一定會做到，請舅舅儘管放心！」

隆科多見雍正故意推脫，也冷冷地說：「我為皇上所出的力用『汗馬功勞』概括並不過分，對有再造之功的人封個異姓王並不過分吧。當年順治爺不也封了三個異姓王嗎？他們都是漢人呢！」

雍正趁機說道：「可那三個異姓王的下場並不太好哇，朕正是考慮到這一點，才不敢輕意封舅舅為異姓王，朕可不想看著舅舅早死，希望舅舅長久地輔佐朕呢。」

雍正故意把話說得輕輕鬆鬆，實際上是威嚇隆科多。隆科多也毫不示弱，正色道：「人們常說做皇上的都是黑心腸，狡兔死走狗烹，飛鳥盡良弓藏，如今看來果然不假。但皇上也不要忘記一句俗語：狡兔有三窟，老臣也防備皇上卸磨殺驢這一

招呢！實不相瞞，允禩已經多次問及老臣關於先帝遺詔的事。當然，我不會輕易告訴他的，我與皇上是一根草上的螞蚱。但皇上也應該知道大行皇帝曾留下一份傳位給允禩的詔書，先皇立遺詔傳位給皇上時，曾命令臣把第一份遺詔毀去，臣當時多了個心眼，在去『正大光明殿』取遺詔時只是換換位，並沒有銷毀那份遺詔。」

雍正一聽這話，驚得目瞪口呆，他想起了鄔思道的猜疑，果真還有一份遺詔被隆科多私藏起來。如果這份詔書傳揚出去，其後果不堪設想，不用說允禩會擁兵謀反，就是東北下五旗的旗主也會打著勤王誅逆的旗號置自己於死地。

這份詔書公開之時，就是他皇位結束之時，怎不叫他心有餘悸呢？沒等雍正定下心來，又聽隆科多道：「請皇上放心，老臣不會向外公開那份詔書之事，公開後對我也沒有什麼好處，老臣還指望把那份詔書作為護身符呢。」

雍正一想也有道理，洩露那份詔書的秘密對他確實沒有什麼益處，怦怦亂跳的心稍稍平靜一些，把臉轉向隆科多。

而隆科多正要起身告辭，臨走時又扔出一句要脅的話：「老臣恭候皇上的冊封大典！」

「舅舅慢走，朕還有話想說。」雍正喊住了正要離去的隆科多，想把事情交待清楚，怕他洩密。隆科多轉回身，望著雍正，「皇上有什麼吩咐，老臣洗耳恭聽。」

雍正訕笑道：「舅舅，朕答應你，封你為異姓王。請舅舅把那份遺詔還給朕。」

隆科多才不傻，「只要皇上封臣為異姓王，臣保證把那個秘密帶進棺材也不向第二個人洩露，至於遺詔還是臣保存為好，給了皇上，臣的護身符就沒了，誰敢說哪天皇上不殺了老臣？」

雍正看著隆科多離去的背影，恨得咬牙切齒。他這才明白隆科多是貪得無厭之人，劃除隆科多之心油然而生，但他也知道隆科多不是一個好對付的角色，更何況他手中握一張王牌。所以雍正不敢亂來，只能走一步算一步，先滿足他的要求，到時再跟他算總帳。

雍正明白，在繼位之初是需要年隆二人的大力支持的，因而，團結穩住他們兩人才是上策。正是這個策略的成功，才使雍正牢牢控制住了政局。同時由於年隆二人鼎力支持雍正反對允祀、允禵集團，才使對方一直處於被動的地位。此外，在平定青海之亂推行耗羨歸公等問題上，年隆二人也給了雍正極大的支持。

不過，雍正給年隆的恩寵只是暫時的，他也明白養虎為患的道理。因此年羹堯隆科多雖權勢顯赫，但雍正對他們卻早有提防。例如隆科多儘管職高位重，但雍正始終沒用他為大學士；而年羹堯雖手握兵權，但雍正卻始終沒讓他在朝中任職，這就產生了制約年隆二人的作用。即隆科多權位再高，也控制不了外省兵權，年羹堯權力再廣，也無法左右朝中大臣。

雍正極力拔高隆科多和年羹堯的地位，必然會招致滿朝文武對他們的忌憚，從而使這二人長期處於被孤立的地位。這才是雍正的高明之處。即將他們捧得愈高，他們日後就摔得愈重。

該出手時就出手——肅殺功臣絕不手軟

兵法上講究先縱後擒的道理。年隆二人是功臣，但他們不自量力，功高蓋主，狂悖無人，甚至欺上犯下，為滿朝文武和雍正皇帝所不容。雍正要殺他們，但時機未到，說不定還會落個誅殺功臣的罵名，以後就很難得到有用之才了。所以雍正沒有馬上行動，而且採取欲擒故縱的策略，讓他們犯下滔天罪行，得罪眾臣，最後使之孤立。那時，離群之鳥再好攻擊不過了。

俗話說，溺愛和驕縱並不是好事。雍正有意識地培養年羹堯飛揚拔扈的作風，而年羹堯憑恃功高，做出了種種越權枉法的事。

例如年羹堯在做川陝總督時一味地任用自己的親信手下，循私枉法，以致被山西按察使蔣炯參奏了許多擅權用人的罪狀。

蔣炯在奏摺中說：年羹堯做為川陝大員，恣憑胸臆，橫作威福。每每遇到文武官職缺位，不論大小都要用自己的親信做為替補……。這就是說年羹堯已犯下了暗中培植黨羽以及假公濟私的大罪，而雍正此前早已設好了埋狀——用《御制朋黨論》禁止朝臣私結朋黨。

又如由於年羹堯權高位尊，雍正又曾對他「大加信賴」，以致於使許多人為了升居高官而競相投到他的門下，並用鉅資買通年羹堯，求他留心照看、多在皇帝面前說好話——因此，年羹堯在犯下私結朋黨罪的同時，又犯下了貪污受賄罪。而雍正從即位開始就已下嚴令要懲治官吏貪污受賄、吏治腐敗的問題了，所以年羹堯此舉無異於自投羅網。

在控制了主動權之後，雍正開始在公開的場合批評年羹堯和隆科多。他曾指出：「凡人臣圖功易，成功難；成功易，守功難；守功易，終功難。為君者施鐵恩易當恩難；當恩易，保恩難；保恩易，全恩難。若以功造過，必至反恩為仇，此從來人情常有者。爾等功臣，一賴人主防微杜漸，不令至於危地；二在爾等相時見機，不肯蹈其險轍；三須大小臣工避嫌遠疑，不送爾等於絕路。三者缺一不可，而其樞要在爾等功臣自招感也。」

意即：大臣想發奮努力比較容易，但成功就難了。成功後，保持成功更難，但最難的則是一生不犯錯誤。而做皇帝的要對大臣施恩適度也比較難，但適度施恩後維持這種恩遇更難，而最難的則是永遠保全這種恩寵。這主要是因為許多人自恃功高而犯錯，因此導致反恩為仇，最終受到懲處，這是自古以來就很常見的情況。你們這些功臣，一要靠我防微杜漸，不使你們踏上危險的道路；二靠你們自己見機行事，不去重蹈險轍；三靠朝廷大小官吏遠避嫌疑，不把你們推向絕路。這三點缺一不可，但其中最重要的還是靠功臣們自己保持清醒的頭腦。

這就是說，雍正已在警告年羹堯、隆科多們要慎重自慮，不要恃功招禍了。

但年羹堯對這些警告充耳不聞。他的極端傲慢狂悖，也得罪了不少朝廷重臣。他非但不把隆科多、馬齊等人放在眼裡，甚至連雍正的至親兄弟怡親王允祥都敢得罪。這就使人人對他產生了極大的反感，同時也為他自己種下了禍根。加上雍正這時還只是嘴上批評年羹堯，實際並未採取任何行動，以至於朝廷上下怨聲載道，暗地裡傳說雍正無能，已被年羹堯玩弄於股掌之中了——恰在此時，雍正下令犒賞西北軍兵，於是人們說這也是皇上接受了年羹堯的請求。此後雍正整治阿靈阿等人，又有人說這原本是年羹堯的主意。這些傳聞似乎是說雍正是個毫無主見、一切聽憑年羹堯左右的無為君主了。

雍正在得知這些傳聞後，大為震怒，於是對諸王公大臣解釋說，「朕豈沖幼之君，必待年羹堯為之指點，又豈年羹堯強為陳奏而有是舉乎？朕自端生平諸事不讓於人，向在藩邸時諸王大臣不能為之事，朕之才力能之；諸王大臣見不到之處，朕之智慮能及之。今居天子之位，盡其心思才力以轉移風欲，豈肯安於不能？年羹堯雖有大將軍總督之才，而不具天子聰明才智。爾等講此類話，無非是忌妒年羹堯功高爾。」意即：我又不是幾歲的小孩子當了皇帝，又何必要年羹堯來指點呢，又何必非等年羹堯極力陳奏了什麼事才作出相應的舉動呢？我捫心自問這一生裡的所作所為，從不比別人差。當年我做皇帝之前在藩部做事，你們這些王公大臣不能辦到的事我就辦到了，你們考慮不到的事，我也考慮到了。現在我做了天子，盡心盡力處理國家政務，又怎麼會不如從前呢？年羹堯雖有大將軍的才能，但他能具有天子的聰明嗎？你們講這些話，無非是忌妒年羹堯有功罷了。

從雍正這番話看來，他明著雖是譴責諸王公大臣造謠中傷，實際上已是在發信號告誡年羹堯不要太放肆了。

但雍正並不是糊塗蛋，他深知年羹堯在西北經營了那麼多年，實力深厚，而且培養了那麼多心腹，如果突然打擊他造成其部屬造反的話，必然造成局勢大亂，到時不好收拾。而且內部敵人並未徹底清除，允祀、允禩餘黨隨時可能死灰復燃，如果裡應外合共同倒戈的話，他的皇位就危險了。不過，雍正寵還是要給，糊塗還是要裝。儘管年隆氣陷囂張，顯得他這個皇帝無能，卻正好麻痹他們放鬆警惕，而且雍正看上去是一個「君子動口不動手」的人，所以年羹堯等人更敢放肆了。

豈知，雍正是何等有城府之人，他既然能陰謀奪取帝位，殘忍打擊兄弟，幾個狂野猛夫又算得了什麼呢？一切盡在籌謀中。年羹堯當時羽翼已豐，為了穩妥起見，在決定打擊年羹堯之後，雍正帝並沒首先向他本人開刀，而是首先採取了分化瓦解年羹堯集團的措施。即向有關人員打招呼、要他們警惕年羹堯的活動。

在採取這一步驟時，雍正首先選擇了年羹堯的親信李維鈞作為突破口，暗示他不要與年羹堯站在一條戰線上，並在李的奏摺上批道：「近日年羹堯陳奏數事，朕甚疑其居心不純，大有舞弊弄巧潛蓄攬權之意，爾同年關係密切乃奉旨所為，不必恐懼……」

雍正這番話的用意非常明顯，即一方面指出自己對年羹堯已有所戒備，另一方面暗示李維鈞，叫他不要和年羹堯沆瀣一氣，但又替李開脫，把責任攬在自己身上，以示李與年的區別，讓他重新站好隊。

接著雍正又分別向湖廣總督楊宗仁、川撫王景灝和河南總督齊蘇勒等人表明了自己的態度。他對楊宗仁說：「年羹堯何如人也?就爾所知，居實陳奏。『純』之一字可許之乎?否耶!密之。」

他對王景灝則說：「年羹堯今來陛見，甚覺乖張，朕有許多不取處，不知其精神頹敗所至、抑或功高志滿而然。爾雖年羹堯所薦，切不可依附於他，須知朕非年羹堯所能如何如何之主也!」此時雍正已經把話挑明了，希望王景灝不要依附年羹堯，以免因此招致殺身之禍。

他又提醒齊蘇勒說：「近日隆科多、年羹堯大露作威福攬權勢光景，若不防微杜漸，此二臣將來必至不能保全，爾等皆當疏遠之。怡親王公廉忠誠，為當代諸王大臣中第一人，爾應知之。」意即：目前隆科多、年羹堯招權納勢，作威作福。他們若不知改悔，將來必受嚴懲，你們應當疏遠他們；同時你們還應當知道怡親王才是我真正信賴的人，你們應當向他靠攏。很明顯，此時雍正帝已明確表示自己要懲治年羹堯和隆科多了，並指示臣下，須向怡親王靠攏。

這些情況表明，在分化瓦解年羹堯的問題上，雍正帝行動相當謹慎，對不同的人採取了不同的措施：

一是對年的親信李維鈞和王景灝等人措辭謹慎，委婉地表達了對年羹堯的不滿，以希望他們與年劃清界線，爭取保全自身。

二是對齊蘇勒、高其倬等人公開表明自己要處理年、隆二人的態度，因為這些人原是年羹堯政敵。他們得知皇帝要打擊年羹堯時，必然是堅決擁護的。

三是對與年羹堯關係一般的大臣發出警告，要他們不要站錯陣線，並要求他們站到怡親王允祥這一邊來。

由此我們可以看出，雍正在打擊年、隆二人的問題上，不但謹慎，而且採用的手段非常得當，考慮相當周詳縝密。正因為如此，他才在打擊年隆問題上取得了主動權。

由於年羹堯等人一點也不知收斂，還大肆張狂，依舊我行我素，公然以權謀私，為自己的兒子年富爭取捐造兵營的差事。結果被吏部右侍郎李紱以違例駁回了。年羹堯因此「痛詆九卿，切責吏部，怨恨李紱」。他的這種行經，招致了雍正的極大憤慨。恰在此時，年羹堯在一部奏摺裡又出現了筆誤，即誤把稱讚雍正「勵精圖治，朝乾夕惕」，寫成了「勵精圖治，夕惕朝乾」了。於是雍正就加快打擊步驟，借這個筆誤揭開了打擊年羹堯的序幕。他說：「年羹堯自恃己功，顯露其不敬之意，其謬誤之處斷非無心。」接著就下令調換年羹堯轄區內的官員，以去除年羹堯的親信，使他不能陰謀作亂。

在這次突然襲擊發生後，年羹堯頓時亂了手腳，急忙向雍正上表稱罪，併發重誓表明自己絕對忠誠於雍正皇上。為防止

年羹堯孤注一擲，雍正來了個就坡下驢：將年羹堯調回了他的老巢，命他到杭州任將軍，還編了一個謠言，云：「朕聞得早有謠言云，『帝出三江口，嘉湖作戰場』之語，朕今用爾此任，況爾亦奏過浙江省觀象之論。朕想爾若自稱帝號，乃天定數也，朕亦難挽。若爾自不肯為，有你統朕此數千兵，爾斷不容三江口令人稱帝也。此二語不知爾曾聞得否？再你明白回奏二本，朕覽之實實心寒之極。看此光景，爾並不知感悔。上蒼在上，朕若負你，天誅地滅。爾若負朕，不知上蒼如何發落爾也！」

這個謠言，其意是說：帝出三江口，嘉湖為戰場，現在我把你派往那裡，而且你也向我奏過類似的論調。我想你若要藉此在江浙稱帝，也是天數，那也無力挽回。若你不這樣做，由你去那裡統帥我給你的數千兵將，就絕不會讓別人在那兒稱帝！看你表面上信誓旦旦的樣子，心裡卻一定在怪我打擊你，由此我也知道你並沒有感恩和悔意。明說吧，蒼天為證，我若對不起你，天誅我，地滅我。但你若對不起我，任憑上蒼怎樣懲罰你吧！

雍正的這番話，可謂是綿裡藏針。即他明明是要削奪年羹堯的兵權，卻找出一個「帝出三江口」的理由，以儆戒年羹堯別做叛亂的美夢。同時，雍正還用賭咒的形式反擊年羹堯的賭咒，表示並不是自己要打擊你年羹堯，而是你年羹堯本人心術不正、自討苦吃。由此我們可以看出，雍正在打擊年羹堯時是先抓住他的小辮子，然後借題發揮，用威脅利誘綿裡藏針的手段迫使他離開川陝軍事重地，將他調往杭州。這樣，年羹堯就成了無根之木，無源之水，便只能聽憑雍正的宰割了。

正所謂虎落平川被犬欺，龍入淺水遭蝦戲。年羹堯被調往杭州後，由於大權旁落，便在當地成了眾矢之的。他的昔日親信和政敵再也無所畏懼，紛紛跳出來攻擊年羹堯。

此外，雍正還藉由密摺來實現對年羹堯的挑撥離間，藉以分化年的勢力，同時拉攏一批人。在年案結案前，雍正在臣僚奏摺上，通過朱批，用升官許諾等手段分化年羹堯黨羽。二年十一月，他在湖南巡撫王朝恩的奏摺中批道：「即隆科多、年羹堯亦不能致汝禍福也，二人就曾在朕前奏汝不可用。」二年十二月，他又通過密摺告訴河道總督齊蘇勒：舅舅隆科多說你操守不好，「而年羹堯前歲數奏你不能料理河務，言不學無術」。三年二月又諭告雲貴總督其倬：年羹堯曾「奏你不稱雲貴總督之職」，「（年）若有與你作梗為難，只管密以奏聞，朕恐他愚弄你，陷汝於不是，總誤朕之政事也，所以明白寫來」。

挑撥離間、分化拉攏、封官許諾也是他慣用的特殊手段。此後，雍正又向年羹堯的親信、四川巡撫王景灝闡明利害關係，並說：「你若能不聽年羹堯令，毫不掣肘，各抒己見辦理，保你是朕的上等封疆大臣就是了。」是年三月雍正又密諭陝西涼州總兵宋可進：「年羹堯不大喜歡你，你防著些，不要將把柄著他拿住。」

一言以蔽之，利用密摺分化政敵在當時的確收到了明顯的效果。如高其倬「跪讀（朱諭）再四，不禁涕灑如雨，肺肝感振」，表示年

居庸關

羹堯「若有巧行愚弄及作梗為難之處，臣斷不入其術中，斷不受其脅壓，即遵旨密以奏聞」。又說：「（臣）止知有皇上之恩遇，皇上之封疆，此外非所知也。」王景灝也稱自己「感懼涕零」：「臣雖愚昧，亦知君父為重，惟有恪遵諭旨，實在內外奉行，做好官好人，以仰報皇仁於萬一。」

李維鈞三次上疏，攻擊年羹堯「挾威勢而作威福，招權納賄，排異黨同，冒濫軍功，侵吞國帑，殺戮無辜，殘害良民」。

李紱則指斥年羹堯是「陰謀叵測，狂妄多端，謬借閫外之權，以竊九重之威福」，又說他「大逆不法，法所難寬」，要求將他誅戮以正國法。

雍正看到時機已到，當即根據其罪行再次施以打擊：一方面下令革去年羹堯的將軍之職，另一方面則開始肅清年羹堯的黨羽和親信。如將年羹堯的兒子大理寺少卿年富、副都統年興、驍騎運使宋師曾、鴻臚寺少卿葛繼孔等一干人等抓拿歸案，並以攀附年羹堯的罪名給予相應的懲處。這樣，年羹堯的勢力範圍就更小了。但雍正並不因此而甘休，因為他的目的不僅僅是削其重權，更是為了將其置之死地。為此，他又發佈了一道上諭，以帶動滿朝文武來攻擊年羹堯。

上諭稱：「年羹堯自任川陝總督以來，擅作威福，罔利營私，顛倒是非，引用匪類，異己者屏斥，趨赴者薦拔；又借用兵之名，虛冒軍功，援植邪黨，以朝廷之名器，循一己之私情。」

這就是說，年羹堯犯了營私舞弊、排除異己、援植邪黨等數大罪狀，是罪不可赦的，誰站在他的一邊，都不會有好下場。正所謂牆倒眾人推。這樣，在雍正的暗示下，絕大多數朝臣紛紛把矛頭指向了年羹堯，並為他羅織了九十二大罪狀。其中僅大逆罪就有五項，欺君罔上罪九項。如此一來，年羹堯就死無葬身之地了。

在這九十二條大罪中，雍正指出其中至少有三十多條應服極刑立斬，但雍正仍表示開恩，而且年羹堯的妹妹是貴妃，雍正當然賣個人情，令年羹堯自盡。並指責他說：

「爾亦係讀書之人，歷觀史書所載，間有悖逆不法如爾之甚者乎？自古不法之臣有之，然當未敗露之先，尚皆假飾勉強、偽守臣節，如爾之則公行不法，全無忌憚，古來曾有其人乎？朕待爾之恩如天高地厚，且待爾父兄及汝子闔家之恩不啻天高地厚……朕以爾實心為國，斷不欺罔，故盡去嫌疑，一心任用。爾作威福，植黨營私，如此辜恩負德，於心忍為乎？」

意即：你也是個讀書明理的人，從你看的所有史書中，你見過像你這樣悖逆不法的人嗎？自古以來不法的大臣很多，但他們在未敗露之前，多會掩飾罪行，假裝恭敬。而你卻毫無忌憚，公然不法，自古以來有像你這樣膽大妄為的人嗎？況且我待你恩重如山，待你全家也恩重如山。我這樣做，原指望你能實心報國，誰知你卻擅作威福，密結黨羽，完全辜負了我對你的恩寵，試問你這樣做良心上能過得去嗎？

由此看來，雍正不但要處死年羹堯，而且還要使他死得心服口服，毫無怨言——這也正是雍正的高明和狠辣所在。他要讓年羹堯死，還要讓世人知道年羹堯是死有餘辜，罪有應得。這樣，雍正就將誅殺功臣的罪名推卸得一乾二淨了。

與年羹堯相比，隆科多更顯得老謀深算。早在雍正決定打擊年羹堯之前，隆科多就已嗅到了危險的氣息。因此，他早早就為自己留了退路——將自己的財產分藏到了各處，以防雍正有朝一日查抄他的家產時，查出他貪污的罪狀。這就是說，隆科多在事發之前，就已經在悄悄為自己銷贓了，而銷贓一事，恰恰卻證明了他貪污的事實，恰恰被雍正拿住了他不守人臣大義的把柄。

當隆科多感覺到雍正對他的銷贓行為有所察覺後，為了保全性命，當即做出了一個棄卒保帥的決定——主動向雍正提出辭去步軍統領一職。隆科多的意思是想以交出京師軍權的行動爭取雍正對他網開一面。但雍正仍不放過他。因為隆科多雖交出了軍權，但他仍掌管著吏部重權。而吏部是專門為國家選拔官吏的一個機關，當時吏部各級司官，對隆科多「莫敢仰視」，一切公事惟聽他一人裁決。這對雍正的君權乃是一種觸犯。因此對隆科多的處罰只是時間早晚的問題。

不過，他對隆科多首先採取的是「圍而不打」策略，即在處理年羹堯時只對隆科多進行責備，而不予以實質性的打擊。同時雍正指責隆科多，還能產生穩住允祀、允禟的作用。為此，雍正專門指責隆科多，說他屢參允祀，一心要將其置之死地，卻包庇鄂倫岱、阿樂松阿等允祀集團人物，其用意不過是為了將允祀的黨羽收在自己的門下。

此後，年羹堯的勢力被瓦解了，雍正才開始著手剝奪隆科多的權利，並將他逐出京師，命他到阿爾泰山負責修城墾地。

而就在將隆科多派往阿勒泰的同時，雍正加快了對他的打擊步伐。如特意指示當地總兵宋可進：「隆科多亦如年羹堯一般貪詐負恩，攬權樹黨、擅作威福，似此誑群背主小人，相見時不須絲毫致敬盡禮！」也即要求宋可進別拿隆科多當朝廷重臣看待，他和年羹堯一樣攬權獨斷，背主蒙恩，遲早要受到懲罰的，因此你先代表朝廷先給他點顏色瞧瞧也沒關係。雍正一方面對宋可進作了如上指示，另一方面卻對隆科多說：「若爾實心任事，恩蓋前愆，朕必寬宥。」

這麼做，主要還是因為他不想擔那個誅戮功臣的罪名。說白了，就是雍正一定要拿到隆科多的確切犯罪證據後，才會對他施以嚴懲。由此看來，雍正在處理隆科多一案上，採取的是穩狠兼備的策略。即首先對其圍而不打，逼其驚慌失措，然後再將其調為外任，使之失去實權，陷入四面楚歌之地。

此後，又有人揭發了隆科多私藏「玉牒」一事。所謂玉牒，係皇帝的家譜，非常神聖。據說除了宗人府衙門外，其他

官員均不得私看，就算因公事要查閱時，也要首先奏明皇帝批准，然後才能「敬捧閱看」。但隆科多卻倚仗自己權高位尊，從輔國公阿布蘭處私借了玉牒底本，私藏在家。這就表明：隆科多犯了大不敬罪。

雍正抓住這一點，立即大作文章，決定對隆科多進行徹底打擊。因此，他隨即命人調回了正在談判的隆科多，並命諸王大臣共議隆科多罪狀。結果，隆科多被擬定四十一款大罪。其中大不敬罪五條。即私藏玉牒罪；將康熙所賜御書貼在廂房之不敬罪；自比諸葛亮侮君誑上罪等。又有奸黨罪六款，不法罪七款，貪婪罪十六款。至此，雍正下令將隆科多永遠圈禁在暢春園附近，命他寧園思過。此後，隆科多死於禁所。

雍正為表示自己猶念舊情，下令賜金為其治喪。這就是說作為皇帝，他並不是恩斷意絕的，而是還記著隆科多往日的功績。

雍正在命年羹堯自殺時說：「爾自盡後，若稍有含怨之意，則佛書所謂永墜地獄者，雖萬劫亦不能消當罪孽也！」這就是說，雍正要讓年羹堯死個明白，死個心服口服，不得含有抱怨之心，否則就得像佛學上所說的那樣永遠處在地獄裡，不能升天，遭千遍萬遍的劫難也抵消不了你在陽世所犯的罪。這正是他的狠辣之處。同時，雍正借助此舉，也再次向滿朝文武和世人證明了他並不是受年羹堯操縱的傀儡皇帝，相反他要比年羹堯高明千萬倍。因為事實上，在雍正一步步整治年羹堯時，年羹堯幾乎毫無反抗能力，只能俯首就誅。

從雍正禁死隆科多，賜死年羹堯一事來看，他在打擊這兩個功臣的問題上既有先後順序，又分輕重主次。年羹堯張狂太過，目無王法又手握重權，黨羽眾多，必須及早剷除，必須殺之以正國法；而隆科多表面上至少還尊重皇帝，不太張狂任事，因而罪不至死，所以只採取圈禁懲罰就收到應有的效果。

由此可見，雍正在對待功臣犯過的問題上，並沒像明朝皇帝朱元璋那樣趕盡殺絕，而是採用了類似於宋太祖趙匡胤杯酒釋兵權的策略，該殺的殺，該放條生路的就放條生路。雍正的上述做法，既使他達到了打擊年、隆以集中皇權的目的，又給他自己留下了個開明君主不妄誅功臣的形象。

而事實確實如此。年、隆有罪該殺，但罪狀都是大臣們遞上來的，他只是執行大臣們的意見罷了。爭權奪利，你死我活，其心可鑑，雍正不過在為自己找一個開脫罷了。反正是飛鳥盡，良弓藏；狡兔死，走狗烹，歷史從來都是這樣。皇帝為了鞏固手中的政權，必然會如此了。

第三章　寡恩多察　借力統馭

用人需知人，知人需善任。雍正重才，才以致用，而輕其德，他多用南面之術，愈是那些有作為的人用得愈高明。有人攻擊他「權術馭下」，雍正向大臣表示：「君臣之間惟以推誠為貴，朕與卿等期共勉之」。其實，他說的與做的不一樣。他善於用一部分人整治另一部分人。

惟忠誠方可任事

雍正能奪取王位，最重要的是什麼？就是他善於識人用人管人。正所謂人才是本，雍正身邊聚集了一大批文臣武將，使得他能成事，這是其他阿哥所不能比的。在對臣子的管理中，他又善於馭人，把大小官吏牢牢控制在他手中，為他所用。

他又有什麼訣竅呢？這第一，便是要求臣下忠誠，也就是要有公心，時刻為皇帝、國家、百姓著想，絕無私心。

忠誠乃人生大廈之基。公生明而廉生威，忠、公二者兼備，是衡量一個人才的基本標準，也是用人成功與否的關鍵所在。所以雍正說：「小事小料理，不可因小而忽之；大事大振作，不可因難處而隱諱。朕意若果能如此實心奉行，以忠正二字感化，不數年，賊亦人也，見文武大臣實心忠勇為國，屬員清正愛民，營伍整齊，士卒驍勇，而百姓不懷如是德，不畏如是威而仍去成群為匪者，朕想必無此理也。」

任何人都不可能完美無缺，在工作中選用或使用好一個人，就要揚其長避其短，使其深藏的潛能得以充分發揮，這既是一種方法問題，也是一種事關大局的方針和原則。而用人之長都有一個共同點，這就是用人法則。在雍正看來，這個法則就是忠、公二者兼備。

首先是「忠」。

擁有一顆忠誠之心是歷代君王對大臣們的基本要求，也是我們現實工作中必須具備的個人素養。一個口是心非貌合神離的人，恐怕只會給上司帶來麻煩而不是創造效益；一個朝三暮四，這山望著那山高的人，一個粗枝大葉，虎頭蛇尾的人，恐怕都是與「忠」背道而馳的，同時也是任何人都無法容忍的。

要想使一個國家乃至社會團體、單位長治久安，就必須啟用具有忠誠品質的人才，「忠」乃創業之本。一個國家，一個民族乃至一項事業就像是一座大廈，沒有「忠」的基石做鋪墊，那麼這座大廈就有傾塌的危險。雍正登位之初，皇室勾心鬥角、人心惶惶，加之各地叛黨揭竿而起，在這風雨飄搖的危難時刻，任用忠臣就成為雍正從政的當務之急。

因此，雍正在雲南巡撫張允隨的奏摺「臣之愚昧，咎實難辭。茲蒙聖恩，不加譴責，朱批訓飭，感懼交並，措身無地。臣本駑駘，受恩深重，惟有益加奮勉，竭盡心力，以圖報稱於萬一。」中批道：「為大臣者當以國家內外一體視為己任，才不負『大臣』二字。若但以區區一身一任為計，在內者不知體外，在外者不知顧內，文武不相關切，上下不知愛恤，甚至於將鄰省視為膜外，同夤觀如陌路，滿漢分為兩途，兵民作成二事，豈大臣大人之居心也？若如此器量扁（偏）淺，不識輕重者，皆不明大義，不知利害，乏廣遠襟懷之輩，當深以為戒。為大臣必務為大人，『大』者，無不包容，無不周遍；普天下視為己任，先天下之憂，後天下之樂，方不愧「大臣」二字也。勉之。」

其意思是批評他「器量偏淺」，襟懷不夠廣遠。做大臣者，應該把國家內外看成一個整體，不應該總為區區一身考慮。「為大臣必務為大人」，說得好！「大人」者，胸襟廣遠，包容萬事，先天下之憂，後天下之樂，庶幾不愧對「大臣」二字。

檢驗一個人的忠誠與否要從零碎小事做起，雍正就是這樣一個細察臣心的高手。例如戶部郎中李衛，年僅二十有餘，官微身賤，然而雍正並沒有因此將此人看扁，而是從細微小事中發現他和提拔他。當時有一位親王在管理戶部，每次收錢糧一千兩時，加收平餘十兩以挪以私用，李衛知道後就勸這位親王改正，然而這位親王仗其權勢，根本不把李衛放在眼裡。於是李衛便在戶部大堂設一個錢櫃，專收多餘錢財，並在櫃子上標明「某王贏餘」，把這位親王搞得非常難堪，便就此罷手。

在這件事中，雍正相中的正是李衛對自己的耿耿忠心，對工作恪盡職守。於是馬上任李衛為雲南鹽驛道，二年升布政使，三年任浙江巡撫。李衛連升三級，可謂青雲直上，仕途春風得意。一時間在朝廷內引起強烈迴響。

雍正期望官員們要勇於付出而不求回報，「但盡臣節所當為，何論君恩之厚薄。」實際上就是要臣子們擁有「鞠躬盡瘁，死而後已」的高風亮節。正因如此，官員們對君主忠誠的深淺程度成為雍正提拔任用官員的一個重要砝碼。

其次是「公」。

萬事「公」為先，這才是一個集團事業成功的關鍵。在雍正的眼裡，好的官員和人才，就是要辦起事來「公」字當頭，不徇私情，做任何事情都要總攬全局，胸懷團體，放眼前景而不去斤斤計較個人一時一地的利害得失，總之，要擁有一個「先天下之憂而憂，後天下之樂而樂」的寬闊高遠的胸襟。

雍正在給山西巡撫石麟奏摺「雍正七年十一月初三日齎摺把總趙尚觀回晉，恭捧到皇上賞賜哈密瓜一個。臣隨跪迎至署，恭設香案，望闕叩頭謝恩祗，領訖。伏念臣一介庸愚，荷蒙聖恩，畀以撫晉重任，寸長未效，乃蒙殊恩異數，疊沛頻施，有加無已。臣感激難名，愈深惶悚，惟有朝夕黽勉，殫竭駑駘，以冀仰報高厚於萬一耳。」

御批道：「操守乃為官之本，本立諸道自生。上天之善惡惟在公私二字，為國即為公，為己即為私，一涉私為自身利害計，便善事亦不能仰邀上天神明之鑑佑，何況其非善乎！若不貪利沽名作威作福，一派大公致身於國，何往何為而不蒙福也！試行看。鄂爾泰、田文鏡等，無他奇異伎倆，不過根本上見得透、立得定耳，當勉之者。特此諭，亦令蔣泂知之。」

大吏石麟奏謝賞賜哈密瓜事，雍正卻給他上了一堂哲學課。開首起講：「操守乃為官之本，本立諸道自生。」什麼是操守？操守落在善惡二字上，善惡又落在公私二字上。「若不貪利沽名作威作福，一派大公致身於國，何往何為而不蒙福也」。最後回到現實中來，指出鄂爾泰和田文鏡之所以恩寵不衰，沒有什麼奇招，只是他們認準了一個「公」字，立定操守而已。

判斷一個人是否持心為公的標準，就在於看這個人辦事的原則、立場和態度。在這方面，雍正反對那種沽名釣譽、投機鑽營、華而不實的欺下瞞上的做法。

古往今來，有兩種「天下為公」的作風。一種我們稱之為好好先生，辦起事來圓滑世故，八面玲瓏左右逢源，對誰都不得罪。這種明哲保身的做法實際上對集體有百害而無一利，看似為公實則為私。然而我們應該看到，這種人有時口碑卻很好，猶如變色龍和兩面派，如果不仔細分析透視就無法識其「廬山真面目」。

雍正對這類朝臣、封疆大吏是頗有見解和深有城府的。如評價江南總督查弼納、雲南巡撫楊名時、江蘇巡撫張楷等「操守雖清，而皆稍顧惜情面將就求容悅於人，故內外之人稱譽之者甚多。」

另一種人是真心為公卻時常出力不討好的謙謙君子。正如雍正評價田文鏡、楊文乾、李衛等那樣「實心任事，整飭官民，不避嫌怨……」這種人為了公事不怕得罪人，棄卻個人利益於不顧而堅持秉公執法，這才是一心為公的典範。

其三是要「誠」。唯「誠」才能辦實事，對皇帝忠心，不欺君，而且能把事情辦得穩妥，令皇帝滿意。

為了使官吏們大公無私不徇私情，雍正曾明確表示：「凡秉公持正，實心辦事者，雖疏遠之人而必用；有徇私利己、壞法亂政者，雖親近之人而必黜！」

這就是說，只要一個人能堅持原則，大公無私地為國家辦事，那麼，就算你與我關係疏遠，我也會重用你；假如你營私舞弊、破壞法紀擾亂政策，就算你是我至親兄弟我也要罷免你——由此看來，雍正為了秉公辦事，就連兄弟之情也並不顧惜。事實上他也的確如此。

貴州巡撫給雍正上奏摺道：「臣自入仕以來，並未瞻仰天顏。……原擬於巡勘苗疆事畢，特疏題請趨覲明前，適值督臣鄂爾泰奉有諭旨，著令赴京陛見；現在署督臣高其倬尚未到任，臣又不敢冒昧遽行。……敢再懇我皇上俯賜，准臣或俟督臣鄂爾泰陛見回任後再起程赴京；或俟署督臣高其倬任事三兩月後，諸務就緒，臣於明春二三月內赴京，得以瞻謁天顏，恭聆聖訓。」

雍正的御批為：「明知鄂爾泰進京陛見，高其倬新署不諳，而奏請來京，實不解汝居何心志也！睹汝諸凡奏對，大不似初任時矣。莫移原志。務誠之一字要緊。將鄂爾泰之指訓時刻不可遠，一心法效其居心行事方好。」

圓明園遺址

張廣泗雖為封疆大臣，但從未見過雍正一面，故要求適當時候進京陛見。按理說，這於情於理也說得過去。但雍正卻認為督臣鄂爾泰被召見回到京城，新署高其倬還不熟悉業務，這種時候奏請進京，動機不純。提出為官者，「務誠之一字要緊」。

此外，雍正還對大臣有「能」的要求。雍正還提拔重用一批如允祥等才能政績俱佳的寵臣，他們才智過人能力出眾，在同行中出類拔萃、脫穎而出，為雍正穩坐朝政奠定了堅實的基礎。

「忠、公、誠、能」四而合一，就像是一個機器高效運轉的發動機，給一個集體事業的騰飛插上翅膀。雍正是一個深諳此道的用人高師，它將四者有機地滲透到工作的各個層面，在實行除舊佈新的改革大潮中穩立潮頭而立於不敗之地。同時，「忠、公、誠、能」的用人法則同時也造就了一批寵信和忠臣，他們在歷史的舞臺上各顯身手，共同創建了一個繼往開來，成就卓越的雍正王朝。

懷仁寬忍，法治天下

帝王馭臣，常用寬猛二法結合。寬的時候對臣恩寵有加，榮寵備至；猛的時候危言恫嚇，嚴刑相加。

像唐朝武則天治國，善於寵信、駕馭大臣，常稱狄仁傑國老而不稱其名。有一次，狄仁傑陪同武則天巡遊，途中遇到大風，狄仁傑的頭巾被風颳落在地下，武則天親自下車為他拾取。此外，武則天常常阻止狄仁傑對她行跪拜禮，說：「每當看到您行跪拜禮的時侯，朕的身體都會感到痛楚。」

武則天善用人，但也善毀人，既有體恤臣下的一面，又有酷苛治吏的一面。如在平定徐敬業造反之後，她就常常懷疑皇族大臣對她不滿，於是擴大告密管道，用周興、索元禮、來俊臣三人特設監獄、刑審犯人，用法之殘酷，中外畏懼。雍正皇帝統治國家，對待大臣，在做法上有與唐朝武則天相似之處。主要表現在他對年、隆兩人的處理上，先寵後剮，以儆效尤，體現他馭人的利害一面。

雍正管人，既有寬，又有猛。寬的時候，他用「仁」和「忍」招，納人於掌中，使人服服貼貼。猛的時候，他用「罰」和「刑」招，不服者當以砍頭論處，誰還敢斜視一眼。且看他是如何用這兩招統臣馭臣的。

在對賢才的選拔上，雍正帝並非不強調德行，所以他一再強調當官者必須不徇私情，不謀一己之私，竭盡全力為國家辦事。

依此標準，雍正指出：「凡為人臣，但為講求一身盡職之道，不必牽纏兄弟手足以及子侄親友。此即營私之巢窟，不可不知。」

意思是說，做大臣的，為了自己能盡職守責，就不能顧念手足兄弟之情——因為一旦牽連上這層關係，就必然會導致營私舞弊的發生。做人臣的不可不明白這個道理。

為了使官吏們大公無私不徇私情，雍正帝曾明確表示：「凡秉公持正，實心辦事者，雖疏遠之人而必用；有徇私利己，壞法亂政者，雖親近之人而必黜！」

為了要求官吏能夠大公無私，雍正不但力圖打破滿漢界限，而且還向自己的親族開了刀——「一切需要剛果嚴明。屬員中遇有世家子弟，權要親族，絲毫不可瞻徇，宜先加教誡。如不知畏，怙惡不悔者，立即參處數人，則官方嚴肅，而藐法妄行之人自必潛消默化矣。」

雍正帝向以果決嚴猛施政見長，他的這種治政方針，確能發揮殺一儆百，打擊一個，震懾一批人的效果。而這種治政謀略，正是歷代統治者常用的手段之一。所以，雍正對不法之徒要打，對作出貢獻的官吏則要拉。雍正帝是一位非常注重打拉結合的政治家。他一直非常注重在官吏隊伍中尋找典型，並以此典型的力量來帶動整個官僚隊伍。例如：他愛對雲南布政使常德壽說：「爾為鄂爾泰屬員，得以親炙其人，乃爾大幸，當竭力效法之。」——效法是什麼呢？一是效法鄂爾泰的「秉公察吏」，二是效法他的「竭力奉公」。

通觀雍正一生的言行，他著重以無私為德。在大公無私這點上，他反覆強調、不厭其煩、一再重申，這是與他所處時代的政治、經濟條件相關聯的。正是由於他懲貪反腐，整飭吏治，我們才看出他對無私這一品質的重視程度。

雍正的寬懷仁德主要體現在對幾個大臣的態度上。

雍正元年，湖廣總督楊宗仁因病奏請皇帝，讓其子楊文乾到武昌侍養。雍正立即批准，為了使楊宗仁安心養病，特給楊文乾加按察使銜，又派深知醫道的御醫趙士英赴武昌為楊宗仁治病。頗顯仁慈。

雍正三年七月，兩廣總督孔毓珣摺奏：「廣東按察使宋瑋才守兼優，宜進京提升。可惜有病。」恰雍正在接到孔毓珣的奏摺之前，已下旨命宋瑋赴京引見。看了孔毓珣的奏摺，知宋瑋有病，即命宋瑋暫停來京，以免長途車馬顛簸勞苦，並指示孔毓珣：「轉告宋瑋，等病好了，可以走路了，再來北京，切勿任他勉強扶病而行，免得趕路把身體拖垮

了。」到十一月，孔毓珣摺奏宋瑋已痊癒，正要起程赴京，雍正很高興。此亦頗見其愛才憐才。

雍正八年，浙江按察使方觀調任陝西布政使，在赴任途中病倒了。雍正皇帝知道後，就命方觀回到家鄉好好休養，等候皇帝派遣的御醫去給他看病，並告訴他陝西之職已另委他人，要方觀痊癒後即報告，皇帝另有重任安排。御醫變成了出診行醫，皇帝待大臣情誼甚殷。

原河南開歸道陳時夏在封丘罷考事件中被參留任，兩年後又升為江蘇巡撫。陳時夏是雲南人，家中有八旬老母。陳時夏孝順，奏請皇上，願將母親迎養江蘇任所。雍正皇帝就命雲南督撫派員護送陳母到江蘇，並特地指示：「起身日期一聽其母之便，在路隨意歇息行走，不必因乘驛定限。」只此一言，足可令天下兒女感激涕淚。當大臣問皇帝為何對陳時夏這麼好時，雍正說：「朕既擢用陳時夏，欲其宣力以報朝廷，自不忍令他垂白之母睽違數千里外，兩相懸切。」《詩》曰：「惠於宗公，神罔時怨，神罔時恫。」雍正皇帝此舉似有文王之德。

同康熙的寬仁馭下政策一樣，雍正的嚴猛馭下也是有其針對性的。由於不同社會階層具有不同的社會利益，對某些人的殘忍實際上就成了對另外一些人的仁慈。

例如，在處理政府與普通百姓的利益關係上，雍正堅持了康熙寬仁和平的施政方針，即以嚴猛手段懲治貪官污吏對人民的剝削，嚴肅政紀。這就為廣大百姓提供了一個相對寬舒的社會生活環境。

與嚴相對，從鞏固統治的現實利益出發，雍正皇帝也高度重視維護老百姓的利益。為此他曾說：「（朕）愛我百姓，實懷父母保赤之心，思勤恆出於至誠，若有一毫不便於民之處，立即措置，務使萬民安家樂業，無一夫不獲其所。故地方一有不肖官員，不法奸民，定加懲治，蓋奸邪一日不去良善一日不安。」

此外，雍正雖然生性急躁，卻對百姓很少加以迫責。以社倉為例，他曾反覆告誡各地方官「社倉捐穀。」聽民自便，不可「繩以官法」。此後，當某些地方社倉的倉穀出現了虧空現象後，雍正又命令「督撫辦理此事，但當將已交在官而官吏侵蝕者查出追賠，若民間一時虛報數目而力量實不能完者，悉令催交，小民必致擾累，此處朕已屢行曉諭」，不必催迫，「聽從民便輸納」。可見他對貪官和百姓採取了不同態度。

在寬以待民的同時，雍正對屬下官僚採取的也並非完全是苛政。為此他本人曾解釋道：「朕之待人，悉本至公，而觀人必於其素。不以一時之偶差而掩其眾善，亦不以一端之偶善而蓋其眾愆，或為有心之過，或為無心之失，朕無不悉心體之，或過小而情不可恕，或過大而情有可原，或同一錯誤而彼則不可恕，在此則有可原，朕皆竭盡心力詳察焉。」

雍正帝的這種繁瑣為政的哲學，在具體實踐中是一種法紀的策略化，也即策略化的法律。它必然表現為法紀因人而異，對親信實行寬大，對自己認為不忠不誠者實行嚴猛。這就是雍正對敵用狠，對友用忍的策略。舉例為證：我們已提到的鄂爾泰、楊明時二人因本章不合定式而遭到迴然不同的處分，就已表明了雍正靈活執法，變通馭下的為政風格。

應該說，嚴猛政治中的種種例外，反映了雍正為政不拘成法，因人制宜、因時制宜、因事制宜的風格。

雍正說過：「總言有治人無治法，詳律例不如慎選掌刑名之人，更條例不如秉公守成。」他看到了法治的作用，所以非常重視法制。他曾向全國頒布了一項新的法令，明令指出：「凡貢生、監生因包攬錢糧而有拖欠的，不論多少，一律革去功名。包攬拖欠至八十兩的，以貪贓枉法罪論處；並照所納之數，追加一半罰款。地方百姓聽人攬納者，則照不應律治罰。對失察的地方官吏，則給予罰俸一年的懲罰。」

雍正這項新法的出爐，可以說是面面俱到，即：用革去功名追加罰款的辦法阻止了貢生、監生的不法行為；對聽由紳衿包攬的百姓也給予了應有的懲罰——這就有力地阻止了平民百姓任由紳衿包攬的狀況；對失察的官吏也採取了約束措施，即罰其俸銀。

因此可以說，雍正在這件事上是採取了三管齊下、各個擊破的策略。因為只有同時控制住了官、民和紳衿這三個環節，才能達到應有的效果。由此看來，雍正在治理不法紳衿這個問題上，不但施政嚴猛，而且還智慮周詳，別具慧眼。

正所謂自知者明，知人者智，雍正不愧為一個具有非凡心智的君主。在這個問題上，他一眼就看出導致嘩變的罪魁禍首並不是陳舜裔，而是那些不法士人。同時，他還看出，若因此事處理了陳舜裔，此後就再沒人敢堅持原則了，那樣的話，只能助長某些無賴士人的囂張氣焰。因此，雍正非但沒有處理陳舜裔，反倒下令逮捕了所有抗糧不交的士人，並同時責斥查事不明、「沽名邀譽」的鍾保。他的這一做法，極大地鼓舞了那些敢於堅持原則的地方官吏，同時也證明了自己是位別具慧眼、深明大義的改革家。

另外，雍正對紳衿的撫糧，也專門制定了相關的法律。即：凡係紳衿應納的錢糧，稅務部門都必須登記造冊，按限催交，按季審核。每年年底，生監、紳衿必須五人互保沒做抗糧包訟的事，國家有關部門方准予其應試。這樣一來，那些紳衿懼於被阻斷升官之路，便很少有人敢抗糧鬧事了。

總之，雍正藉由這一寬一嚴的治理，不僅整頓了吏治，肅清了腐敗，還使得天下穩定，人心向上，這正是雍正所希望看到的。

令貪夫廉，懦夫立也

雍正管人有一套，他能根據官吏的忠誠程度和政績來施恩。對忠於他的有功之人當然大加讚賞，體恤備至，像田文鏡、鄂爾泰、岳鍾琪、李衛等；而對於一些哼哼哈哈、不幹實事、謊報政績的官吏則喜笑怒罵，危言聳聽，讓人毛骨悚然，能不老實點嗎？河南巡撫田文鏡在上奏摺中道：

奏未見諭旨不知謝濟世糾參何事容見旨後遵即繕疏呈覽摺　雍正四年十二月十八日

臣實未見諭旨。既無部文行知至於豫省提塘。臣曾經戒飭不許在京探聽事情，亦不許混行抄報，所以至今尚無一字見聞。即平日京報中所抄之事，臣亦不敢冒昧輕信。今蒙皇上天恩，不但不因謝濟世糾參治臣之罪，並諭內閣遵旨寄聞。……不知謝濟世參臣是何款跡。

雍正看後，當即御批如下：

你自然得曉得，科抄到時，將本稿先摺奏來，大費朕心矣。朕非施私恩與你一人，原欲天下臣工知朕待大臣之心，而亦令貪夫廉，懦夫立也。此一事朕甚慶幸，好機會。亦難得參你這樣巡撫；所以理直氣壯，此皆天地神明默佑之所致也，有何可講。向後全在你定千古論我君臣二人之是非也，豈止十目十手之指視而已也。傅敏奏摺交回，閒發來你看。他又有謝罪奏摺，已批回本人去矣，繳還時再發來你看。

「模範巡撫」田文鏡是雍正親手樹起來的一面旗幟，但卻屢屢遭到大員們的參劾。御史謝濟世參他的文告送到田文鏡手上時，田並不知參的內容是什麼，故上摺說「至今尚無一字見聞」。雍正態度明朗：過兩天你就知道了。我對你加恩，並不是要給你一個人網開一面，特別庇護，而是讓所有大臣吏員知道我對待臣子的態度：「令貪夫廉，懦夫立。」有人參劾你這樣的巡撫，不僅謝濟世，還有傅敏。不過你好好做你的，豈怕十目所視，十指所指哉！

這就是令貪夫廉，懦夫立也，給了各級官吏一個警示牌，就看下面的官吏如何去做了。在治吏方面，雍正重視利用密摺達到啟示臣下、訓飭不法官吏的目的。

田文鏡被提拔為河南巡撫後，雍正考慮到他感恩圖報心切，可能會犯急躁冒進的錯誤。因此，他在田文鏡的奏摺上批道：「豫（河南）撫之任，汝優為之。但天下事過猶不及，適中為貴。朕不慮不及，反恐效心切，或失之少過耳。」意即，河南巡撫一職，你比別人有能力，所以我才把這擔子交給了你。但天下事不能做過了頭，能做到適可而止才是最好的。我不擔心你任事不努力，倒擔心你因報效國家心切，反而會犯了錯誤。

果不出雍正所料，田文鏡真的就犯了錯誤。於是雍正再次指示田文鏡：「大凡臨事，最忌猶豫，尤不宜迎合，沒一昧揣摩遷就，反致乖忤本意……今後勿更如是猶疑不定，隨時變轉，始於身任封疆重寄，臨大節而不可奪之義相符也。切勿忘！」

雍正這是在提醒田文鏡，要他正確理解皇帝的意思，不要只顧曲意迎合——由此我們可以看出，雍正對愛臣關心至切而又要求極嚴，促使他們正確地處理好君臣兩者之間的關係。

所以，雍正看到廣東巡撫年希堯關於節禮規繩的奏摺後，馬上批示道：「覽爾所奏，朕心甚悅。全是真語，一無粉飾，這才是你大造化來了。用心作去，不可始勤終怠。至於巡撫進路，必於指定某項無有是處；朕也不知那（哪）是該取，何是不應取？此等碎小之事，朕亦不問不管，只問你總責成一個好字。從來督撫將此事上沽名釣譽，裁去不取，轉彎另設他法，所得更甚。此等私套，皆不中用。有治人無治法。朕如今要定規矩繩限你們，萬無此理，只要你們取出良心來將利害二字排在眼前，長長遠遠的想去，設法做好官就是了。不必在這些面前打哄，好歹朕自有真知灼聞的道理，不可仗從前私恩大膽放縱。你們要負了朕，朕到（倒）要加倍處分的呢！勉之，慎之。」

雍正寵臣年羹堯之兄年希堯奏陳，自己上仕伊始，即拒收各種節禮，既表忠心，亦想撇清。雍正仍是一貫地從嚴說教，一面說，真心幹事就是你大造化來了；一面又說，當一個督撫，表面不撈，但拐彎抹角又去大撈特撈，能哄得了誰？故而叮囑，好好做官，「不必這些面前打哄」。真是好官難做，貪官易染，如果心中清白，又何作托辭呢？

雍正真是把人心都看透了。

對於官吏之間的關係，雍正也常常給予許多啟示。如李衛的同僚鄂彌達在赴京陛見皇帝期間，李衛曾上奏請求雍正允許鄂彌達早日回到任所，並替鄂彌達講了許多好話。雍正在讀了李衛的奏摺後，非常高興，因此批道：

「盡心奉職之人，同城共事，焉有本彼此相惜之理。鄂彌達於駐防武臣中論，實一好將軍，汝今奏伊約束駐兵之長，伊在朕前極口讚報汝之勤敏，亦出公誠。朕日覽之甚悅，如是方好。」

意即：盡心盡力為國家辦事的人，既然同在一座城市共事，又哪裡會有不彼此相互關心愛護的道理？鄂彌達在駐防武將之中，實在算是一個好將軍，你此次又奏稱他治軍有方，而他則在我面前極力稱讚你勤政愛民，敏捷幹練，這就是出於公心和誠意。因此，我看到你的奏摺後非常高興，每個大臣假如都能像你們一樣合衷共濟就好了。

為了使諸大臣能夠合衷共濟，雍正不遺餘力地做他們的工作。如禪濟布與丁士一共同被任命為巡撫臺灣的御史後，雍正曾在他們的奏摺中批道：「和衷二字最為緊要，倘有意見不同處，秉公據實密奏。萬不可匿怨而友，尤不可循友誤公。」這就是說，雍正不怕他們產生不同的政見，卻擔心他們會因私廢公，不秉公辦事。

對於另外一些認真任事的官員，雍正對他們採取極力表彰的策略。如雍正在讀到高其倬的請安摺後批道：「朕覽高其倬此奏，字句之外，實有一片愛君之心，發乎至誠，非泛泛虛文可比。朕觀之不覺淚落。故傳諭嘉獎之，以表其誠。」

但對於某些沽名釣譽的官員，雍正則毫不客氣，嚴加訓斥。比如：雍正召見河南禹州知州孫國璽時，問孫國璽的寡母年齡，孫國璽說母親七十四歲。雍正說等孫國璽的母親八十時，叫孫國璽請御賜匾額。雍正六年，孫國璽任臺灣道。因為這一職務按規定不能帶家屬，孫國璽就將老母寄居福建漳州，並將此情摺奏皇帝。雍正為使孫國璽能夠迎養老母，又改任孫國璽為福建鹽驛道，不令赴台。

雍正十年，孫國璽的母親八十歲屆滿。孫國璽於是奏請皇帝賜匾額和誥封，雍正卻大變自己的言行，說：「朕初期望於汝之心實惟天鑑，豈料汝如是負朕深思也。今日不但汝母匾額無須啟齒，汝若痛自悛改，仍循潔己沽譽，欺蒙隱飾轍跡，身家性命，目前難保，累及汝母，尚在未定。具何心膽面皮，輙敢冒請封典耶！觀汝此奏甚屬妄誕，可惡之至！」——孫國璽依仗皇恩，不思進取，反滋矯矜，以為皇上並不知曉，這可是咎由自取。看來在皇帝下面做臣子，是應朝乾夕惕，不能鬆懈的。

為了能收到啟示臣工的效果，雍正還作過長篇大論的批語。如當鄂爾泰向雍正奏報滇黔兩省大小文武官員的情況後，雍正就批道：「治天下惟以用人為本。其餘皆枝葉事耳。覽汝所論之文武大吏以至微弁，就朕所知者，甚合朕渦……覽卿之奏，非大公不能如是……朕實嘉之，但所見的是，仍必明試以功，臨事經驗，方可信任。即經歷幾事，亦可只信其已往，猶當留意觀其將來，萬不可信其必不改移也。」

雍正這一批文不但肯定鄂爾泰的某些見解，而且還啟發他為政要以用人為根本。並由此指出，在用人時主要要看屬員有無實際經驗，同時還要留意他們將來的一舉一動。

通過上述做法，雍正給了下臣許多啟示，並以此指導他們具體執行了許多政務。按他的話來說，密摺所起的用人方面的作用是：「通上下之情，以利施政；啟示臣工，以利其從政。」密摺制度的妙用，並不僅僅只此而已。

且看雍正又是如何令貪夫廉的。當時的貴州布政使劉師恕奏陳興僚屬共相策勵剿土苗等事，其文如下：

日與僚屬共相策勵，務期實心實政以仰酬高厚十萬一。惟是黔處天末，歷來未免廢弛。而升任撫臣金世揚又惟主安靜，諸事因循。臣於地方民生有關緊要者，力為爭執，猶多回挽，至關題奏事件，全在撫臣主持，實不免於掣肘，即如收買水銀，雖為籌補軍需起見，然既動庫銀，自應據實陳奏，臣到任後詳請兩次始終不從。今新撫臣毛文銓，具悉始末，實實奏明。

雍正一看就知其中之詐，立刻批道：

此奏甚屬巧詐。你陛辭時朕如何諭你來？金世揚在任既掣肘，不能行其志，彼時為何未奏？今督撫已將地方事件料理次第，而來貪他人之功以為己利，無恥之甚，為國家臣子其可懷如此權移（宜）之志以對君父也？若不因你居官尚能潔己，朕必嚴加處分。朕之前惟以真實二字方可保久長，若在如此作用上留心，不但自阻上進之路，抑且後必有殃。慎之。

雍正明察秋毫，勘破巧詐，說劉師恕「貪他人之功以為己利，無恥之甚」，對劉師恕之輩當頭棒喝，實在是想拯救他。

賞罰雙管齊下

雍正關懷臣下，一則是為賞功，一則也是駕馭手段，使臣工感激莫名，效忠圖報，稍或不謹，就給顏色。

雍正對官員有一套寵信駕馭的辦法。最常用的是賞賜，如賜世職，加銜，加級，加紀錄，賜四團龍補服、雙眼花翎、黃帶、紫轡，賜「福」字，賞書，賞賜各種食品、藥物、人參，以獎勵「公忠奉職，勤慎持己」的官僚。

且看兩廣總督楊琳奏覆籌海事宜的條陳：

本年六月初八日，奉到御批「籌海事宜條陳」一摺……臣身任封疆，敢不悉心籌畫。謹就摺內三條，逐一陳對。

雍正的批示為：

「聖祖數十年來一切立法，何嘗不盡善盡美。皆爾等大吏負恩怠忽，日弛一日，武備吏治不可問矣！

朕今諄諄勸勉爾等者，正為日久費（廢）弛之故也。若勝出皇考六十年德政之外，不但朕不能，恐往古來今未必更有奇異之政也！當日皇父只道爾等大吏自然是人心人面，何忍不奉奉尊（遵）行。何知爾等暫時唯唯，出一張曉示，囑一囑屬官即為奉行，不但日久費（廢）弛，即起首何嘗實心奉行一日也？今日朕不過仍將皇父之政再宣諭爾等一次，爾等若仍如康熙年之奉行，恐朕未必能如先帝之寬仁容恕也。身家性命當著實留心保重要緊。朕在此日出至晚一刻不閒，在此料理朝事，爾等何忍優遊自在安閒於衙署也！大家著實用一番氣力，振作興替一番，用力三四年方可挽回流俗，不然非善事也。朕自即位來，不見你有什麼興利除弊之舉，若仍如前以因循為安靜，欺隱為敬君，賄賂為要務，賣（瀆）法為善政，恐再負朕之行一覺，二罪俱罰，恐爾等噬臍不及也！勉之！慎之！」

從中我們不難看出，雍正對康熙朝老臣，像張廷玉等盡忠盡職者，多施恩；像楊琳等無善政者，則毫不留情，嚴責有加。雍正藉籌海事宜之題而大加發揮，朱批「朕自即位來，不見你有什麼興利除弊之舉，若仍如前以因循為安靜，欺隱為敬君，賄賂為要務，瀆法為善政，恐再負朕之行一覺，二罪俱罰，恐爾等噬臍不及也」。諒楊琳輩怎能不股慄而脖子涼！

雍正是個識才難得的皇帝，他對人才的判斷，往往一見之下就能作出結論。一次，四川布政使佛喜奏覆按察使程如絲居官行事操守的摺中道：

奴才實見其〔程如絲〕有感激圖報之狀，並非甘於自棄之人。至有不無孟浪之處，實屬少年所致，奴才實信其無他。近來審理案件，奴才亦喜其虛公詳察。此係奴才所見，程如絲之行事立意如此，理合據實密奏。

雍正的御批為：

此奏甚公，朕心悅覽之。程如絲朕甚賞見他。況他的冤之雪，蔡艇（珽）未到京之先，蔡艇（珽）總未在朕前言及。其才品朕一見便大獎賞。而問蔡艇（珽），這樣人才如何不薦奏。他言，雖係屬員，只見面兩次，亦未深談云云。而蔡艇（珽）貪天功為己利，市恩作福云皆伊薦舉之力。如蔡艇（珽）不負朕，尚無可說。便伊所薦，同心一德、協力為國何妨乎？亦美事也。但今蔡艇（珽）之狂悖負心一一敗露，恐程如絲驚疑，與事無益。若露有如此光景，你可作你的意思開示他，但言皇上再不株連無辜。你便是蔡艇（珽）所薦，只要你以天經地義，分則輕重，皇上自然知道。況你實非因蔡艇（珽）而獲知遇，又何可畏？如此說與他。

雍正對人的判斷，往往一見之下就能下結論。奏摺中提到的程如絲被上司蔡艇（珽）埋沒許久，雍正親自一見立刻大加賞識。而且擔心程如絲因蔡艇（珽）獲罪而心存疑慮，特地批諭佛喜去「開導」他，讓他安心辦事。這才是對人的真正賞識。

雍正明賞，也重罰，對於貪官污吏和不法行為則狠狠地打擊。

清朝的法律，對挪移的處罰較輕，對貪污的打擊則過重。因此，許多官員在被查出有貪污情況後，往往多想辦法巧立名目，將貪污所得報作挪移，想藉此免於重罰。

但雍正帝對此類官員的作為瞭若指掌。他明確指出：「借挪移之名，以掩其侵欺之實；至於萬難掩飾，則以多者為挪移，少者為侵欺，為之脫其重罪。似此相習成風，以致劣員無所畏懼，平時任意侵欺，預料將來被參，亦不過以挪移結案，不至傷及性命，皆視國法為具文，而虧空因之日益多矣！」

為了對付貪官們鑽漏洞，雍正帝採取了釜底抽薪、聲東擊西、避實擊虛的策略。即他一反常態，首先從挪用公款一事抓起，命令那些貪官先清償被挪用的公款，此後再抓他們貪污的罪證。這樣一來，就使那些貪官再也無法巧借挪移之名掩蓋貪污的現實了。

他的這種做法，顯然有不合理的成分，但在當時官吏貪污成風的情況下，他這種不拘成規的做法卻收到了顯著的成效，有力地打擊和遏止了當時的貪污風氣。

整體來說，在打擊貪污、清除腐敗這件事上，雍正取得了舉世矚目的成效。他銳意進取，首抓吏治的作風對後世產生了極其深遠的影響——嘉慶年間的史學家章學誠曾對雍正作了一番較為中肯的評價，稱：「我憲皇帝澄清吏治，裁革陋規，整飭官方，懲治貪墨，實為千載一時。彼時居官，大法小廉，殆成風俗，貪冒之徒，莫不望風革面，時勢然也。」

在養廉銀制度實行之前，地方官吏中的下屬，必須按一種陋規向上司送一定的數量的禮金。若上司本人身兼數職，下屬就必須同時奉上幾份禮物。假如這一陋規不被革除，勢必會對雍正所推行的政府管理機制的改革造成不良影響。因此，雍正有意革除這一弊端。恰這時，山東巡撫黃炳向雍正提出了革除此項陋規的建議。在得到黃炳的彙報後，雍正立即發出上諭，明令禁止欽差大臣接受地方官吏的饋贈，同時還禁止了各省督府借收禮之機向各州縣攤派的行為。

雍正皇帝的命令下達後，河南巡撫石文焯率先執行了雍正的命令。他在推行耗羨歸公的同時，考慮到若不革除規禮陋習，各州縣官吏勢必還會在耗羨之外另行加派以奉獻上司，因此他下令：「所有司道規例、府州縣節禮，及通省上下各衙門一切節壽規禮，盡行革除。」這就是說，全省大小官員，此後再不必為上司送各種各樣的禮了。

此後，繼任河南督府的田文鏡，更能以身作則，堅決抵制官場送禮風，並因此備受雍正賞識。

但並不是所有的官員都能像石文焯、田文鏡一樣以身作則，剛正清廉。為此，雍正決定對那些收受賄賂的官吏加大處理打擊力度。他不但將犯事的官吏處以重罪，同時還誅連到其上司。這就是說，下級犯罪，與上級督察不嚴有著必然聯繫，因此犯事官吏的上級也應該一併受到誅連。雍正的這一招雖有些過激，但卻使地方大員無不戰戰兢兢惟恐受到誅連。因此，他們便再不敢聽任下屬胡作非為了。這正證實了田文鏡向雍正提出的那個建議：「欲禁州縣之加耗加派，必先禁上司，欲禁上司，必先革除陋規。」由此看來，雍正在革除陋規的過程中，用的正是打蛇先打頭，擒賊先擒王的策略。

在取締陋規的同時，雍正還加強了對中央官員的約束。以前，地方官在向戶部交納錢糧時，每一千兩稅銀中要加派二十五兩所謂的「餘平銀」和七兩「飯銀」。雍正意識到這也是滋生腐敗的一個源流，因此在即位之初就下令減去「餘平銀」的十分之一，以緩解地方上過量的財政負擔。耗羨歸公後，允祥親王曾建議雍正取消收納如「餘平銀」和「加色銀」，並同時杜絕地方官短交或以「潮銀」抵充足色紋銀的行為。如果實行這一辦法，就可以有效地制止主管國庫的官員與地方官員侵蝕私分國家錢糧的圖謀。雍正皇帝認為這個建議有理有據，立即批准，取消這一加派現象。

另外，當時假幣的流通，不但破壞了雍正帝政府的貨幣制度，同時也擾亂了國家正常的經濟秩序。因此，雍正帝必須採取斷然措施堵死漏洞，制止民間私自鑄錢業，這樣才能保障國民經濟持續而健康的發展下去。

古人云：亂世用重典。為了打擊私自鑄錢業，開始向各省督府施加壓力，要求他們必須對私鑄犯罪活動「密訪查拿，嚴刑禁止，毋使奸徒漏網」，並聲稱「如若官員不實力辦理，定行從重治罪」。接著，他又命令刑部制定出一套嚴禁私自鑄錢的條例，隨後又親自定出了因私鑄而銷毀官制銅錢的懲罰條例。

由他親定的條例是：「定例毀化制錢本犯與該管地方官並鄰佑房主俱照私鑄例治罪，除銷毀新鑄官錢者仍照私鑄例治罪外，如有毀化小制錢者，其該管地方官，若知情者與本犯同罪，不知情者亦照私鑄例降三級調用，房主鄰佑不分知情與不知情，亦照私鑄例枷號一個月，仗一百，徒一年。」

從這個懲罰條例來看，雍正帝所用的懲罰手段雖然過分嚴厲，但卻犯了原則上的錯誤，即他不應該將「該管地方官並鄰佑房主照私鑄例治罪」。因為這樣一來，物極必反，地方官和私鑄罪分子的左鄰右舍必然會因懼怕受到懲處而隱瞞實情。

亂世用重典固然不錯，但在這件事上他卻把政策用偏了，以致錯誤地選擇了打擊對象。但由此可以看出雍正打擊製造假錢的決心。

總之，雍正手握賞與罰這兩柄利劍，該賞的賞，還恩賜有加，該罰的罰，絕不留情，真正做到了獎罰分明，賞罰有度。

用人原則，惟才是舉

雍正說：「朕從來用人，只論人才，原未科定條例。若才優合例者，上也，才優不合例者，中也；若人劣而不合例，豈可乎？」

怎樣用好人？這是一個大問題。人人都知道應以才為上，但是當有才的人聚集在一起的時候，就會發生磕磕絆絆的事情，因為都是能人。雍正認為用人以才為上是自古而來的標準，不容置疑。

雍正皇帝用人，最講究的就是才，這一點，他與康熙帝有所不同。他之所以對難駕馭的有才能的人如此自信，就在於他敢動真格，下得去狠手。正如他所說：「逃不出朕的權力範圍。」

康熙末年，康熙皇帝認為自己已經功成名就，於是失去了他早年那種積極進取、變革圖新的精神。加之晚年身體衰弱，太子問題耗費了他大量精力，使他倦於政務。康熙五十年時，他曾說：「今天下太平無事，以不生事為貴，興一利，既生一弊。古人云多事不如少事，職此意也。」又說：「治天下務以寬仁為尚。」

康熙這裡所說的「不生事」，就是盡量維持現狀，一切不求有功但求無過。然而樹欲靜而風不止。不生事，維持現狀只是康熙個人的主觀願望，實際上，康熙晚年的社會積弊愈來愈多，也愈來愈嚴重。其中最主要的是朋黨之爭和官吏的貪贓不法。只是康熙在「不生事」和「寬仁」政策指導下，對這些都睜一隻眼，閉一隻眼罷了。

雍正即位後，力圖革新前朝積弊，在政治上開創一個嶄新的局面。但積弊太多，太久，該從哪裡入手呢？雍正選擇了一個最關鍵也是最根本的方面——用人。

用人是國家政治生活中的大事。在對西南少數民族地區實施改土歸流的時期，雍正皇帝與鄂爾泰通過朱批奏摺討論識人和用人。鄂爾泰在奏摺中說：政有緩急難易，人有強柔短長。用違其才，雖能者亦難以自效。雖賢者亦或致誤公；用人用得適當，雖一般的人也可以有所作為，雖小人物也可以辦成大事，所以用人因才、因地、因事、因時、因人而宜，做事也就不會荒廢了。雍正朱批曰：「對可以信任但不能勝任官職的人，就不必重用；對不可信任、而不能勝任的人堅絕不用。凡是有才的人，則要愛惜他們、教育他們，即使是有才卻恃才傲物的人，不好駕馭也不必過慮，反正也逃不脫朕的權力範圍，有什麼可擔心的呢？若教而不聽，就拿出真憑實據，處之以法，是他自取的，這有什麼呢。所以卿等封疆大臣要留神用人，庸碌安分、潔己沽名的人，駕馭起來雖然省力，但惟恐誤事。只是有才能的人，用起來要費一些心力，方可操縱。若是無能的大員，還不如忠厚老成人。用忠厚老成人，不過是醫道淺的醫生看病之法，不過是沒盡人力，聽天由命罷了。」

雍正認為，「治天下惟以用人為本，其餘皆枝葉事耳。」他把用人看作是治理天下的根本大事，而把其他方面都看作是枝葉。自古以來，帝王將相們都十分注意理財，認為理財最關乎國計民生，只要倉廩充實，百姓各樂其業，國家自然會太平無事。但雍正對此卻有不同的看法。有一次，他對諸王大臣們說：從古以來帝王治理天下，都說理財、用人兩件事最重要，但是朕認為用人的重要性，更在理財的上面。如果能夠做到用人得當，還擔心財政整不好嗎？其他政事辦不好嗎？他在署理江蘇巡撫尹繼善的奏摺上曾批寫說：朕的責任，不過是提拔任用你們這樣的幾個總督巡撫。

雍正依據他的政治革新思想，確定了新的用人方針，他對用人的準則、官員的考核，反覆慎重考慮，形成了他的用人風格和特點。他任用的官僚，不像其父。康熙對人比較寬厚，官僚隊伍相對穩定，任職較為長久；雍正時人事變動頻繁，一些官員來去匆匆，有的微員驟升大僚，而一些大吏被逐出政治舞臺，這些看似混亂，其實亦有章法。

雍正三年，他在向諸王大臣解釋用人變化迅速的原因時說：「事無一定，又不可拘執，有時似若好翻前案，不知其中實有苦心，總欲歸於至是，是故或一缺而屢易其人，或一人而忽用忽捨，前後頓異，蓋朕隨時轉移，以求其當者，亦出出乎不得已。

「總欲歸於至是」，想把事情辦好，因而在用人上顛過來倒過去，以求人和職結合得當。這是一般的用人原則。雍正五年，他說得就更清楚了：

朕現今用人之法，亦止堪暫行一時，將來自仍歸於聖祖疇昔銓衡之成憲。朕緣目擊官常懈馳，吏治因循，專以積累為勞，坐廢濯磨之志，不得不大示鼓舞，以振作群工委靡之氣。俟咸知奮勉，治行改觀時，自另有裁處之道。

雍正要清除康熙末季積弊，改元出現新氣象，因此與這個政治方針相適應，確定用人的原則：造就一個振作有為的官吏隊伍，去革新圖治。因此他一反常規的任用官僚辦法，反對因循腐敗的吏治。在這個總原則下來探討用人的具體辦法。

在當時情況下，雍正選人方法主要有兩種：一種是設立和借助科舉教育制度把可造之材送進政府機關培養和訓練。用雍正的話來說就是：「培館閣之材，儲公輔之器也。」意思是說，我們之所以注重培養館閣人才，就是為了使他們有朝一日能成為輔佐國家的王公委臣。這主要是指選翰林。

雍正說，選翰林「必人品端方，學問純粹，始為無忝厥職」。就是說要把那些人品、學問都很優秀的人儲備充實到中央政府的樞要部門去鍛鍊。為此，雍正還特地設立了朝考制度。即對每年殿試中舉的進士再進行一次考試，由皇帝親自主持，從中選出最優秀的人選，委以提拔和重用。這個制度後來一直實行了下來。清代許多有名的宰輔都從這裡開始嶄露頭角。

另一種方式是注重在實踐中儲備從事具體工作的實幹人才。比如河防水利，雍正就經常講：「是通曉河務人員不可不預為儲備也。」並時常選拔優秀的官員到治河第一線去學習治水之術。

在用人一事上，雍正的確是不拘一格的。也就是說無論你有沒有文憑學歷，只要你有能力又實心辦事，那我就可以對你破格錄用。但人到用時方恨少，特別是在管理一個國家的事務上，像田文鏡這樣的得力幹才實在是不夠，因此雍正時常慨嘆：「天下唯人才難得！」

人才既難得，就要加大選拔人才的力度，為此雍正主張「進賢勿避嫌，退不肖勿避怨，知其賢而不言是謂蔽賢，知其不肖而不言，是謂黨惡。」

意思是說：舉薦賢才時不能懼怕嫌疑，就算他是你的親朋至友，只要他確有賢能，也要大膽舉薦；但對那些不肖之徒，一定要揭發他，不要怕因此遭到他們的怨恨。假如你知道某人不肖卻不揭發，那你們就是朋比為奸了。

在看到這一事實之後，雍正明確下令：「凡為督撫者，當為國家愛惜人才，而於參劾之間，尤當加意慎重，若誤去一千員，其過更在誤薦一劣員之上。」這就是說：各省督撫，應當懂得愛惜人才的道理，在對部下進行彈劾時更應當謹慎。若因為查人不明誤將一個有用的人才罷了官，那就比誤薦一個不肖的官員所造成的危害還要大。

所以，雍正在給雲貴總督鄂爾泰的御批中寫道：

「天下惟以用人一政為本，其餘皆枝葉事耳。覽汝所論之文武大吏以至於微弁，就朕所知者甚合朕意。但朕不過就日下目力之所見，斷不敢保其必也。賢卿之奏，非大公不能如是，非注意留神為國家得人不能如是，非虛明覺照不能如是。朕實嘉之。但所見如是，必明試以功，仍當以臨事經驗方可信任，便經歷幾事，亦只可信其以往，仍留意觀其將來，萬不可信其必不改移也。上智之資，從古難得。朕前批諭田文鏡，言用人之難有兩句，可信者非人何求，不可信者非人而何求。不明此理不可以言用人也。朕實如此法用人，卿等當法之，則永不被人愚矣。卿等封疆之任古諸虞也。闔省窺伺，投其所好，百般千方厭其不善而著其善，粉飾欺隱何所不致。惟才之一字，不能假借也。凡有材（才）具之員，當惜之教之，朕意雖魑魅魍魎，亦不能逃我範圍也，何懼之有？既至教而不聽，有真憑實據時，處之以法，乃伊自取也，何礙乎朕意？卿等封疆大臣，只以留神用材為要，庸碌安分潔己沽名之人，駕馭雖然省力，恐誤事。但用材（才）情之人要費心力方可，若無能大員，實不如用忠厚老成人，亦不過得中醫之法耳，非盡人力，聽天之道也。燈下隨手寫來的可笑之文與字，卻是家常茶飯，卿可以意會之。」

用人大節，能人可任

雍正說：「若欲為治世之能臣，則戒貪務聰謹言勉真。若欲為亂世之豪雄，則非朕之所知也。」任人唯賢自然包括許多方面。在對賢才的選拔上，雍正並非不強調德行，所以他一再強調當官者必須不徇私情，不謀一己之私，而是竭盡全力為國家辦事。

雍正經常和他寵信的大臣一起探討識人和用人的原則、方法。有一次，鄂爾泰在奏摺中說：政有緩急難易，人有強柔短長，用違其才，雖能者亦難以自效，雖賢者亦或致誤公；用當其可，即中人亦可以有為，即小人亦每能濟事，因材、因地、因事、因時必官無棄人，斯政無廢事。

他強調用人一定要得當，要因事擇人，不能因人派差事。雍正異常讚賞他的觀點，轉告他批諭田文鏡的關於用人的兩句話：

可信者非人何求，不可信者非人而何。

雍正稱自己就是這樣用人的，並要求臣下也效法他。他說：這句話，提出如何對待可信任的人與他的能力之間的關係問題，即對那些可信任而又不能勝任官職的人，就不能抱有什麼希望，對不可信又不能勝任的人就不必給他職責了。

雍正不僅重視官員的可信程度，更重要的是把它同他們的才能結合在一塊考慮。雍正曾在給臣下的朱批中寫道：「凡有才具之員，當惜之，教之。朕意雖魑魅魍魎，亦不能逃我範圍，何懼之有？乃至教而不聽，有真憑實據時，處之以法，乃伊自取也，何礙乎？卿等封疆大臣，只以留神用才為要，庸碌安分，潔己沽名之人，駕馭雖然省力，唯恐誤事。但用才情之人，要費心力，方可操縱。若無能大員，轉不如用忠厚老誠人，然亦不過得中醫之法耳，究非盡人力聽到之道也。」

在賢和才的取棄上，雍正還有更深入的考慮。自從西晉創立者之一司馬昭對僚屬提出「清、慎、勤」三項要求之後，歷代的封建統治者皆奉之為圭臬，康熙也不例外。他在康熙二十一年親自書寫「清慎勤」三個大字，頒發給各地總督、巡撫。但是人們對於「清慎勤」產生許多誤解，把畏縮不前、不敢負責當作謹慎，把精力放在瑣屑事情上當作勤勞，把刻薄當作是清廉。

雍正不宥於成說，尤其是不贊成對「清慎勤」的淺薄理解。他在論述巡撫的職責時說：「巡撫一官，原極繁難，非勉能清、慎、勤三字便可謂勝任也。用人雖不求備，惟至督撫必須全才，方不有所貽誤，若無包羅通省之襟懷，統馭群僚之器量，即為不稱厥職。」又說：「凡事當務大者遠者，若只思就區區目前支吾，以盡職任而已，未有不顧此失彼，跋前躓後者，當努力勉一大字。」

他把清（廉潔奉公）、慎（忠誠謹慎）、勤（勤勞王事），視作對高級官員的基本要求；另外還要求他們胸有全局，目光遠大，能夠駕馭屬員，即要兼有才能與忠於職守的品德。

署理湖廣提督岳超龍在奏摺中表示：「惟有益思正己率屬，砥礪官方，以仰報高厚之恩。」雍正告訴他，即使做到了正己率屬，「若不知訓練兵丁，滌除陋習，不過自了一身而已，與木偶何異，曠職之愆，仍不能免」。說得很清楚，身為提督大員，以自身的模範行動帶領下屬清正廉潔固然很好，但若不能將軍隊訓練好，把從前的弊病革除掉，這樣的人品行再好，也不過像個木偶人，被要弄者撥弄著，表現出各種動作，自己沒有主動性，怎麼能發揮他所擔任的職責的作用？

他以這個尺規衡量湖南巡撫王國棟，認為王有忠誠盡責的心願，但沒有能力做好巡撫的工作。他說以「清慎勤」三個字來衡量，朕承認他具有這種品質，然而他的識見平常，不能擴展，所做的事情於地方沒有害處，也沒有好處，這就是不能勝任，故而將他調到京城另行安排工作。雍正二年，以王「心有餘而力不足，清慎勤三字朕皆許之，然不能擴充識見，毫無益於地方，殊不勝任。」將之內調，並以此教育其後任趙弘恩。

雍正提出用人要用有才之人。雍正看到，一些有才能的人未免恃才傲物，與那些庸愚聽話的人不同，不容易駕馭，但是他認為不必懼怕他們，應當用心去掌握他們。在這裡尤需注意的是「惜之、教之」的思想，這是說人才難得，對已經湧現出來的幹才，儘管他們有缺陷，也要愛惜，不能摧殘；愛惜的方法之一，是對他們加強教育，幫助他們改正過失，以利充分發揮他們的才智。鄂爾泰見到朱批後，於十一月十五日具摺陳述自己的意見：

「可信、不可信原俱在人，而能用、不能用則實由己。忠厚老成而略無才具者，可信而不可用；聰明才智而動出範圍者，可用而不可信。朝廷設官分職，原以濟事，非為眾人藏身地，但能濟事，俱屬可用，雖小人當惜之，教之；但不能濟事，俱屬無用，即善人亦當移之，置之。」

鄂爾泰認為國家設官定職，出發點是為辦事，不是為用人，尤其不是為養閒人，誰能把事情辦好就應當用誰，而不必管他是君子抑或是小人。在這個前提下，對於有缺陷的能人加強教育，對不能辦事的善人，或調換職務，或離職賦閒，讓出缺位給有能力的人來幹。他進一步說明和發展了雍正的使用有才能的人及其有缺點即加以教育的用人方針，雍正看後大為欣賞，稱讚他的說理「實可開拓人之胸襟」。雍正用人，一定要使他的才能和職務相當，有才而不肖，賢而無才，取前者而捨後者，這是他用才思想的一個內容。

李衛是雍正朝的一位「督撫模範」。他並非科甲出身，雍正用他，是看到他品性耿介，操守廉正，「勇敢任事」，是實行新政的難得之才。

雍正繼位前，李衛原在戶部任職，官職雖微，卻敢揭上司之短。因此雍正即位後便啟用李衛為雲南布政使，兼管鹽務。當時鹽務極難管理，雍正給他這份差使，也算是對他的考驗。

李衛到任後，利用布政使之權，嚴厲整頓鹽政、堵塞漏洞、揭發貪員、懲罰汙吏，使雲南鹽務肅清。雍正對此非常滿意，稱讚李衛是「國家衛器」，當即調升他為浙江巡撫，那時他才三十八歲，是清代少見的年輕疆臣。

李衛是個「粗人」，他生得膀闊腰圓，武功很好，但文墨不通，奏摺多讓人代寫。其耿介過火，往往不合法度，做司官時，往往直稱上級「老高」、「老楊」；火氣上來，會痛罵一頓。後來多次參奏大吏，因此多遭人忌恨。許多官員上摺告他「狂縱傲慢」。對此，雍正一方面好言為他辯護，向參奏者說明李衛「大節不虧」、「秉公持正」、「實心任事」、「勇敢廉潔」。同時不厭其煩地下旨警告李衛不要「任性使氣」、「滿腔冰炭」，讓他修習涵養，戒驕戒躁。

李衛的習性終生也未改多少，但雍正用其大節，始終信賴，將他加官至刑部尚書、兵部尚書、太子少傅。

直隸巡撫李維鈞考察吳橋知縣常三樂，「操守廉潔」，「但懦弱不振，難膺民社之寄」，擬將其改任不理民事的教職，報吏部審批。吏部認為，既說常三樂「生性懦弱，必有廢馳實跡」，而李維鈞又不實指糾參，不予批准。李維鈞感到常三樂清廉並無劣跡可議，但不稱職，不便留任，不知如何處理才好，特請雍正裁奪。雍正回說，這事很好辦，就讓他「居官罷軟，殊屬溺職，相應參革。」有德無才的官，在雍正手下難以得到重任。

所以雍正給貴州巡撫祖秉圭的奏摺：「特命奴才署理巡撫印務，畀以封疆重任，奴才聞命自天惶恐無地，似此浩蕩皇仁，為臣子者如何承受？奴才日夜思維感戴微忱，別無可盡，苟能於辦理分內職事之間，得將心力耗竭，以此一點丹誠仰答高深於萬一，則一生犬馬志願足矣。」中批道：「已用你廣西巡撫矣。朕向來只聞廣西小省分，無甚關係，所以巡撫兩司以及府道州縣，皆多用中才者，近年方知甚屬緊要。從前數撫臣甚負朕之倚任，汝到彼當竭力整理，莫負朕之委託封疆之意，勉之，勉之。貴州經鄂爾泰一番振作，沈廷正足勝此任也。

「再奏劉應龍等一摺留中另有旨，所奏甚屬可嘉，內中何經文尚似一能員，前參本上有旨，著問鄂爾泰矣。爾等督撫如遇能員之小過，當先訓導之，如不改革再加參處，當為國家憐才。如庸劣無能輩，當尋事處分，樂得去掉，懲之以警他人，不可一例不權其優劣也，切記。密摺奏聞，不妨朕言者具題事也。」其意思很明白，雍正在朱批中說：有能力的人犯一點小錯，應當先教育挽救，挽救不成，再革職追究。因為人才難得，所以要珍惜。至於無能者，則應當找茬去掉，愈快愈好。

從以上這些事實可見，雍正能用能人，用人不顧小節，取其大用之才，方為國家留住可用之人。

抓本務實，以實察人

雍正皇帝談到自己的用人經驗時，說：「朕用人原只論才技，從不拘限成例。」又說：「唯期要缺得人，何論升遷之遲速，則例之合否耶？」說明自己在用人方面有相當大的靈活性。

雍正元年時，雍正皇帝曾批諭湖廣總督楊宗仁說：「如遇有為守賢能之員，即行越格保題，以示獎勵。」

由此可見，雍正用人，不拘一格，自可算得是一位明君了。

說到條件，雍正皇帝說：「國家用人，但當論其賢否，不當限以出身。朕即位以來，亦素重待科甲，然企賢無方，不可謂科甲之外遂無人可用，倘自恃科甲而輕忽非科甲之人，尤為不可。自古來名臣良輔，不從科甲出身者甚多，而科甲出身之人，亦屬見有蕩檢逾閒者。」

雍正把用人看作行政的第一件大事、根本重事。因此，對用人的原則、方法嚴加考究，也形成他的性格和特點。雍正任用官僚不像乃父。康熙對人比較寬厚，官僚隊伍相對穩定，任職較長，雍正時人事變動頻繁，一些官員來去匆匆，有的微員驟升大僚，而一些大吏被逐出政治舞臺，看似混亂，其實亦有章法。雍正三年（一七二五年），他說用人變化迅速的原因：「事無一定，又不可拘執，有時似若好翻前案，不知其中實有苦心，總欲歸於至是，是故或一缺而屢易其人，或一人而忽用忽捨，前後頓異，蓋朕隨時轉移，以求其當者，亦出乎不得已」。「總欲歸於至是」，想把事情辦好，因而在用人上顛配來倒過去，以求人和職結合得當。雍正是這麼認為的：

「朕現今用人之法，亦止堪暫行一時，將來自仍歸於聖祖疇昔銓衡之成憲。朕緣目擊官常懈弛，吏治因循，專以積累為勞，坐廢濯磨之志，不得不大示鼓舞，以振作群工萎靡之氣。俟咸知奮勉，治行改觀時，自另有裁處之道。」

《左傳．文公三年》中說：君子是可以知道秦穆公怎樣做君主的，那正是秦穆公廣泛地使用人才、能用人的長處。孟明是個什麼樣的大臣呢？這個人努力不懈，能因害怕辦錯事而多思考。子桑這個人很忠誠啊，能識別有才能的人，能夠舉薦善良的人。

《詩經．采蘩》篇說：「在哪裡採蘩？在水池在沙灘。採蘩幹什麼用呢？祭祀祖宗廟堂。」祭祖不在於用什麼美食，而在於有一片誠心；有了誠心，採點野菜也是可以的。秦穆公就是有這種善用人才的道德的人。

《詩經．烝民》中說：「從早晨到晚上都不懈怠，去奉侍君王。」這裡說的就是孟明那樣勤政的官員啊！

《詩經．文王有聲》說：「文王留下了遠大的謀略，使武王能夠安定保護他的子孫。」這裡說的就是子桑那樣的忠誠；而善於發現人才、舉薦人才的官員，他本身就是難得的人才啊。

對一般科舉出身的官員，雍正帝倒是愛挑剔、不輕信的。為什麼愛找科甲出身官員的不是，是不是雞蛋裡面挑骨頭呢？也不是的。遇事要看歷史條件。這些科甲出身、科舉入仕的人有不少都是咬文嚼字，此外並無所長的書呆子、書蟲，像梨園弟子練武功，中看不中用。經過了期望甚殷的考試，皇帝親自出題、親自改卷，錄用之後，把他們放在重要崗位上，派他們治理地方百姓。錢是要發的、印是要給的，但一方百姓的生老病死可不是鬧著玩的，能不能擔起大任呢？這倒是非看不可的。如果不行，趁早免了。雍正帝對科甲出身的官員中的無能庸才最為反感，大概是因為自己有受騙之感，辜負皇恩之忿吧，所以總是愛找碴、愛挑刺，一旦找出過失，必予以懲治。

雍正五年，雍正任命浙江觀風整俗使王國棟為湖南巡撫，要他到任後不要犯偏袒科目、姑息紳衿的毛病，要他嚴參一兩個科甲出身的庸員，重懲數名敗檢不肖的劣生：「令眾人曉然知爾心跡方好。否則年誼故舊之夤緣請托，音問書禮，絡繹紛紜，即不勝其酬酢矣。」

因此，雍正在山西巡撫石麟奏謝聖訓教誨並陳以前酌量題補將備各員來當緣由摺中批道：

「朕從來用人，只論人材，原未科定條例。若材優合例者，上也，材優不合例者，中也；若人劣而不合例，豈可乎？不但用非其人，乃開汝等督撫自作威福之權矣。更不可也。觀汝此奏未悉朕旨，覆批諭知之。」

這裡提到的「例」，主要起一個比照的作用，是規矩，但不是框子。這一點，石麟不太明白。既合規範又才幹出眾，當然最好；有才幹但不太合規範，一樣可用，關鍵是看他是不是有真才實學。雍正看重的是真才實學，以實察人，而不務虛，所以被他選中的人，到職位上之後都能勤勤懇懇、腳踏實地地工作。

成功的背後是智囊團的組成

雍正有言：「至於爾等居心立志應如何處，當實力遵朕諭行，地方吏治大有裨益也，不可務虛名而廢事務，不可但先潔己而後奉公，不可以因循為安靜，不可以生事為振作，不可以柔善盜寬仁之名，不可以姑容釣屬員之譽，不可重朋友之情而欺朕，不可受權要之託而誑君。」

雍正的政治是革新政治，他的用人觀中也充滿歷代帝王中不多見的大膽觀念。雍正之所以注重用人，是因為一個組織發展到一定規模，舊人往往成為阻礙變革的保守勢力，固步自封、排斥新人，使組織失去前進的動力與進取精神。雍正辦新事，不怕得罪人，不東張西望，不左右為難，不瞻前顧後。也正是在這些新人的不懈努力下，康熙時代積弊大為革除，一個吏治較清、國庫較富、百姓較安的中興之世展現在天地之間。

前面說過，雍正從眾皇子中脫穎而出，從一個不被人看好的弱勢皇子卻一躍為一國之主的皇帝，得力他的一大批心腹和智囊團的協助。與其他皇子相比，他最為識人用人，這是他奪儲勝利的一大法寶。而在他登上皇位後，更是把用人發揮到了極致，從而使他身邊聚集了允祥、張廷玉、鄂爾泰、田文鏡、李衛、傅𡌴、蔣廷錫等人。那麼，雍正與這些寵臣的關係如何？他又是如何任用他們的呢？

先說十三弟允祥，雍正和他是一對患難兄弟。在眾兄弟中，雍正始終與允祥保持著親密的關係。即使是允祥被康熙圈禁的時候，兩人的交往依然密切。

雍正繼位，立即重用被圈禁多年的允祥，任命他為總理事務大臣，封怡親王。元年設立會考府，命允祥全面負責此項事務。允祥同時奉命管理戶部三庫，戶部事務，成為雍正朝中的頂樑柱，雍正之所以如此器重允祥，把整理財政的大權交給他，是因為他深刻瞭解他這個弟弟的為人，即使允祥權勢蓋天，他也會忠誠於自己，克盡為臣之道，他是不會得勢囂張的。

雍正上臺後，推行新政，革除舊弊，發號施令的方式多種多樣，有時親自進行，發佈口諭，書寫朱諭、朱批，有時利用大學士或親重大臣頒佈旨意。能夠轉傳聖旨的人，在朝中都有極不尋常的地位。如雍正二年冬，年羹堯進京陛見，此時他正為雍正寵信，於是雍正讓他向官員傳達自己的旨意。允祥是被經常用作傳旨的親王。雍正不僅讓允祥轉傳旨意，而且特別通知某些官員，有什麼事情、有什麼不方便直接向皇上說的話，徑直向怡親王說，同怡親王商量，再由怡親王報告皇帝，聽取旨意。也就是說允祥經常代表皇帝聽取某些官員的報告，又代表皇帝發佈命令。奉諭旨出納王命，是參與處理最高級政務的表現。加之允祥與雍正關係最密切，其他王公大臣不能不注意他的態度。

雍正前期，允祥以相當多的精力從事整頓財政，發展生產的事情，雍正對他非常滿意，在贈他的詩中說：「經理謀以需讚畫，疇咨水土奏豐穰。」後來雍正還曾說：「怡親王之在戶部，諾岷之在山西，李衛之在滇省，實係公忠體國滌弊清源，勞績茂著。」充分肯定了允祥在理財方面的功績。

的確，允祥在整頓國家財政方面產生了重要作用。雍正初期，允祥以親重大臣的身分主持會考府的清查經濟。雍正任命的會考府主管人是允祥、隆科多、大學士白潢、吏部尚書朱軾。清查涉及到吏部所管轄的官員，所以隆科多、朱軾要參加，允祥兼管戶部，戶部三庫事務，實際是會考府的主持人。雍正對他說：你若不能清查，最後朕要親自清查。這句話既表示了他的決心，同時也表示把這件事交給允祥負責，辦不好就要拿允祥是問。會考府查出戶部錢糧的虧空，責令有關官員賠補，雍正催逼得很急，恨不得一二年內虧欠官員都能補交欠帑，允祥認真領會雍正的意圖，對實際情況透徹分析採取了許多靈活多變的做法，向雍正請求延緩賠償時間。即使這樣，由於觸犯了貪官和本身並無貪贓而負有主管責任的官員的不滿，允祥被攻擊是苛刻斂財的人，但他還是堅決地執行雍正指令。

在此項事務中，允祥不僅在追查欠款上做得很出色，深得雍正的讚賞，而且體察民情，追查弊端，向雍正提出了許多建議，並為雍正採納，如：取消加色，加平等不合理收費。原來戶部收納地方錢糧時，在規定數量之外，要加征所謂銀兩成色不足的「加色」費，分量不足的「加平」費。這是巧立名目地多征多要，目的是貪污，它無疑加重了老百姓的負擔。允祥此項建議深得民心，同時雍正又接受允祥在戶部增加三庫主事、庫大使，以增強處理業務能力的建議。

攤丁入畝是雍正推行新政的一項，允祥在推行中也產生了積極的作用。

允祥為人謙和，身居重位，卻從不嫉賢妒能，「為國薦賢之處甚多」，為雍正廣求人才，向雍正推薦胤禮便是極具膽識的舉動。康熙第十七子胤禮一直被雍正認為是胤祀黨人，原因是隆科多曾向雍正稟報，康熙去世的那天夜裡，隆科多護送大行皇帝遺體，在西直門大街遇見胤禮，胤禮是在大內值班後往暢春園去。隆科多告訴他先君命雍正繼位的事，胤禮聽了大驚失色，回府之後再也沒有出來。

雍正繼位後，懲罰胤禮到遵化守康熙陵。允祥更瞭解胤禮，他向雍正舉薦，稱其「居心端方，乃忠君親上深明大義之人」，雍正採納了允祥的意見。雍正二年冊封胤禮為果郡王，管理理藩院事務。幾年之後因他實心報國，操守清廉，賜給他親王俸祿，並按親王編排侍衛。不久晉封他為果親王。以後雍正又用他掌管工部、戶部三庫、戶部事務，任宗人府宗令，辦理苗疆事務。胤禮於是成為雍正王朝赫赫有名的凜不可犯的貴族。同時，雍正在宗室中多了一個親信兄弟，對改變他在兄弟問題上的不利形象很有好處。雍正之所以有此一舉兩得的做法，用雍正的話說是「朕之用果親王者，實賴怡親王之陳奏也」。

允祥還因推薦李衛而被雍正感念在懷。李衛在康熙末年任戶部郎中，雍正不知其人，後來允祥在雍正面前極力推薦李衛，說李衛人品才能俱佳，可以委以重任。雍正這才把李衛提拔為布政使，雍正三年授為浙江巡撫，成為國家棟樑。經允祥保薦的人很多，像福建總督劉世明等等。

允祥忠正不阿又富有遠見，雍正當年任年羹堯為大將軍，命他平定青海叛亂，長時間未見成功；隆科多便從中生事，阻撓朝廷對年羹堯重用。允祥針鋒相對，對雍正說：「軍旅之事，既已委任年羹堯，應聽其得盡專閫之道，方能早獲成功。」這一建議，堅定了雍正的信心，挽救了西北戰事，使年羹堯專心於作戰。不久青海便傳來捷報。

雍正在推行新政過程中，性情急躁，經常懲治一些官僚，允祥從中分析利害得失，屢加諫阻，避免了雍正的許多錯誤。追賠戶部積欠時，允祥也多次奏請，使雍正作了減免決定。

在政事之外，允祥還主持皇宮和雍親王府邸遺留事務。雍正三年京畿鬧水災，雍正派允祥和朱軾去瞭解災情，十二月命令他們總理京畿水利。允祥經過實地調查，把直隸各個水系繪製成圖，建議在營田水利府下面設立四個營田局，負責直隸全境的水利建設。允祥和朱軾治河的同時，在直隸倡種水稻，得到雍正的支持。雍正七年，雍正發動對準噶爾部的軍事進攻，設立軍機參預軍務，任命允祥為軍機大臣。

雍正對允祥十分信賴，直隸總督李紱因為允祥在直隸

督導營因水利事務，上奏請示是否立檔。雍正立即批示說，怡親王辦的事情，哪裡用得著你的府衙來設立檔案以備查閱。你們這些大臣，朕放心任用，但成百上千地加在一起，也不如對怡親王一人的信賴。你們必須以此勉勵自己，效法怡親王摒棄私心雜念，忠心愛君，才能贏得朕像對怡親王那樣的信任，才能保全為臣一生的名節。允祥正因為「純然忠愛」，才贏得了雍正的百般信賴。

總之，允祥克盡臣弟之道，忠心不貳地為雍正既當大臣又當僕人，在雍正前期的政治生活中起了重要作用，為雍正的全力從政提供了較多方便。他更有一個特點是不居功，極其廉抑，「每承恩禮，益加謙畏」。這一點，當然為極端強調君權的雍正所喜歡。因此他能保持寵眷不衰。

鄂爾泰，是雍正的得力肱股。雍正朝中，像鄂爾泰這樣的政治家非常難得。他本人有功於清代歷史的發展，同時他的出現也表明了雍正的用人之道。在君主的絕對獨裁中，能容納建不世之功的人物。

鄂爾泰，字毅庵，滿州鑲藍旗人，二十歲中舉人，進入仕途。此後二十餘年官場不得意，只出任了內務府員外郎這樣的微職，時屆四十二時作詩自嘆「看來四十猶如此，便到百年已可知。」對前途悲觀失望。

就在這個時候，作為親王的雍正，找鄂爾泰辦事。鄂爾泰卻以「皇子宜毓德春華，不可交結外臣」，予以拒絕，就是這次接觸，使得明察的雍正認識了鄂爾泰，認為他剛直不阿，是忠臣的材料。及至雍正繼位，召見鄂爾泰，稱讚他「汝以郎官之微，而敢上拒皇子，其守法甚堅，今命汝為大臣，必不受他人之請托也。」遂命其為雲南鄉試副主考，四個月後將他越級提拔為江蘇布政使。雍正不計前嫌，以才能用人，表現了君王豁達大度的氣魄，而鄂爾泰也不負重望，在雍正初政的治理整頓中政績突出，故於雍正三年九月升為廣西巡撫。赴任之時，雍正仍覺此人尚可大用，又追其署雲貴總督事務，未幾實授總督，加兵部尚書銜。

鄂爾泰不僅是個「督撫模範」，而且是個出色的政治家，推行「政土歸流」就是一個有力的證明。同時鄂爾泰深悉用人之道，常與雍正談論使用人才，講才職相當，講設官為辦事而非養閒人，講珍惜與教育人才，這些都是用人學上的經典之論，雍正非常賞識。鄂爾泰還有識人之明。在雲貴任兩省總督時，他擢拔哈元生於末弁之中，賞識張廣泗於眾屬吏之中，並委以重任，使之建功立業。

鄂爾泰有句名言：「大事不可糊塗，小事不可不糊塗。若小事不糊塗，則大事必至糊塗矣。」說的是要明辨大是大非，重大局。張廷玉很佩服其見識，稱此句話「最有味，宜靜思之」。鄂爾泰後任雲貴總督，尹繼善也稱之「大局好，宜學處多」。

鄂爾泰因「公忠」被雍正所識，也因「公忠」被雍正委以

重任。他常以此勉勵自己，奉「公忠」為原則。他對新任雲南巡撫朱綱說：皇上用人行政，「無甚神奇，只是一個至誠，事事從天上體貼下來，以一貫萬，一切刑賞予奪皆聽人自取，而了無成心。如果無欺，雖大過必恕；設或弄巧，雖小事必懲。我輩身任封疆，只須實心實力地為地方兵民計，即所以酬恩，即所以自為，一切觀望揣度念頭皆無所用，一併不能用。」鄂爾泰認為臣下只要誠心對待皇上，事情沒有辦不好的，沒有不得到皇帝賞識的。即使稍有疏忽，也會得到皇帝諒解。

雍正讀到他的這段話，從中看到了鄂爾泰忠誠之心，批示道：「朕實含淚觀之。卿實可為朕之知己，卿若見不透，信不及，亦不能如此行，亦不敢如此行也。朕實嘉悅而慶幸焉。」雍正經常以忠誠向群臣誇讚鄂爾泰「君官奉職，願秉忠誠，此專心為國，而不知其他者」。

雍正與鄂爾泰感情上非常好，私交甚厚，使得這對君臣之間有點朋友的味道。三年冬，鄂爾泰去雲南任職，身體有些不適，雍正竟命他乘御輿前往。鄂爾泰恢復健康，雍正高興地說：「朕與卿一種君臣相得之情，產不比泛泛乃無量劫善緣之所致。」雍正過五十大壽，與群臣舉觴慶賀。鄂爾泰遠在西南未能出席，雍正深以為憾，特地選了宴會中的食物，寄往雲南，猶如與鄂爾泰同在一個宴席上共享美味了。鄂爾泰接到食物後，立即上表謝恩，說臣不知如何才能把內心的感激表達出來，只有天地神明才瞭解臣的這種虔誠的心情。雍正如此酬忠，鄂爾泰也知恩圖報，肝腦塗地，在所不惜。

張廷玉和鄂爾泰同為雍正寵愛的大臣，但各有不同。鄂爾泰受雍正重用後，忠心耿耿，敢作敢為，以濟世為己任，常以諸葛亮自命，想要大展宏圖，垂名青史。這二人，一個恭廉默做，一個進取不輟，但都忠於雍正。雍正也能很好地駕馭他們，讓他們各盡所能。這也體現了雍正不拘一格用人才的思想。

張廷玉，安徽省桐城縣人，他的父親是大學士張英。康熙三十九年，二十八歲的張廷玉中進士，開始走上仕途。之後便一路高升，先後輔佐康熙、雍正、乾隆，成為三朝元老。雍正繼位不久，就命張廷玉協辦翰林院掌院學士，晉為禮部尚書。此後張因勤於政事，官職屢有升遷。七年，任軍機大臣，加少保，八年賜輕車都尉。雍正臨終前，與鄂爾泰同為顧命大臣，並遺詔命他日得享太廟。整個清代中，僅張廷玉一名漢大臣得享太廟，可見其深為雍正寵信。

張廷玉身兼數職，工作繁忙。雍正有時一天之內三次宣召張廷玉，並且習以為常；每次宣召又幾乎是刻不容緩的要事。從內廷出來，也一刻不得閒。下屬官吏請求指示和批閱文件的，常常有幾十甚至上百人。他經常在轎中、馬上都得聽取彙報，批覽文書；晚上回到家裡也不能休息。「燃雙燭以完本日未竟之事，並辦次日應辦之事，盛暑之夜亦必至二鼓就寢，或從枕上思及某事某稿未妥，即披衣起，親自改正，於黎明時付書記繕錄以進」。張廷玉辦事勤勞，謹慎用密，「尤為上所倚」。雍正對這一切一清二楚，所以曾說張廷玉和鄂爾泰二人「辦理事務甚多，自朝至夕，無片刻之暇」。張廷玉確實是把全部精力都投入到雍正所交給的各項事務中去了。所以雍正稱譽他為「贊猷碩輔」。

雍正辦事效率極高，常常面諭大臣諸多事情，有很多大臣不能逐一記清楚，於是傳達和執行時不能準確體現雍正的意圖。雍正在召見地方大臣時，時常命他們在回任時給本省或路過地方的官員轉述旨意。而這些人聆聽時，有的聽不清楚，有的甚至遺忘，雍正又不好責怪他們。這樣的問題嚴重影響著政務的開展，雍正為此費盡腦筋，後來終於發現張廷玉草擬的聖旨，很精確地表達了自己的本意。於是張廷玉便承擔這一重要的文字工作，而且十分出色，屢獲雍正的表揚。

張廷玉另一方面的功業，在於他創設了軍機處的規章制度，使軍機處成為中樞機關，影響了清代歷史。雍正七年，軍機處設立，張廷玉同怡親王允祥、大學士蔣廷錫一起擔任軍機大臣。軍機處的一切規章制度，主要由張廷玉制定。「廷玉定規則：諸臣陳奏，常事用疏，自通政司上，下內閣擬旨；要事用摺，自奏事處上，下軍機處擬旨，親諭朱筆批發。自是內閣權移軍機處，大學士必充軍機大臣，始得預政事。」自雍正開始，皇帝詔令的傳達「密且速矣」。「其格式乃張文和所奏定也。」

雍正視張廷玉為股肱大臣。有一年張廷玉身患小病，雍正對近侍們說：連日來朕臂痛，你們知道嗎？近侍們吃驚地問緣故。雍正說：「大學士張廷玉患病，非朕臂病而何？」這句話道出了雍正與張廷玉的君臣關係。

雍正給了張廷玉優厚的酬勞，以賞其功，籠其心。雍正五年，賜給他一所價值三萬五千兩的典鋪。八年又賞銀二萬兩，張廷玉辭謝不受，雍正對他說：「汝非大臣中第一宣力者乎！快快領賜，不要謙讓了。」

在怡親王允祥死後，鄂爾泰加入軍機處之前，張廷玉在所有朝臣中，是雍正最信賴的。雍正曾御筆親書「贊猷碩輔」的匾額賜給張廷玉，以表示對他的褒獎。雍正還賜給張廷玉春聯一副，其辭曰：「天恩春灝蕩，文治日光華。」這副對聯是雍正與張廷玉君臣關係的真實寫照。張家獲此皇恩後，年年都把它作為春節的門聯。此聯後來為官民所普遍襲用，以表達歌頌聖上和希冀皇帝賜恩的願望。

再看雍正與田文鏡的關係。

田文鏡，康熙元年生，監生出身，元科舉之名，二十多歲時到縣衙做了個小書吏。終康熙一朝，已六十一歲的田文鏡僅是個默默無聞的小京官。雍正即位，他奉命去華山告祭，途經山西時，見各處饑民流離，而山西巡撫德音卻上報山西無災，「家給豐足」。德音是滿州親貴，無人敢犯，田文鏡則仗義直言，回京覆命時，據實彙報，參奏德音欺瞞聖上。當時官員們一般採取瞞上不瞞下的辦法，互相包庇，愚弄皇帝，而田文鏡破此舊俗，忠君不欺，立即得到了雍正的歡心，任命他為山西布政使，前往賑災；並且罷了德音的職。田文鏡到達山西後，雷厲風行，很快取得了抗災實效，穩定了局面。事隔半年，雍正調其到河南任職。田文鏡在河南推行新政，成為了治世能臣，備受雍正的信任與寵愛。

田文鏡是雍正一手提拔的官員，即使有過錯，雍正也予給保護，這樣寵待他自有緣由。田文鏡死後，雍正給他的評語是：

「老成歷練，才守兼優，自簡任督撫以來，府庫不虧，倉儲充足，察吏安民，懲貪除弊，殫竭心

天壇

志，不辭勞苦，不避嫌怨，庶務俱舉，四境肅然。」

正因為如此，雍正下旨稱田文鏡為「模範督撫」。

田文鏡一心為國，毫不瞻顧，不避嫌怨。這是雍正欣賞他的第一個原因。雍正元年，河南黃河決堤，造成大災，田文鏡以布政使到任，決心修河治本，但卻遇到了極大困難：河南官僚、地主拒絕出資當差。田文鏡募夫募捐成了難題。於是密奏雍正，請求改變成法，修河夫役按土地攤派，「紳衿里民，一例當差」，這成了雍王朝「紳民一體當差」的藍本。

田文鏡在推行新政方面，用力最勤，成效最明顯，這也是雍正欣賞他的主要原因。田文鏡在任以來，清查積欠，實行耗羡提解；打擊貪官污吏，保證府充盈；懲治不法紳衿，平均賦役，調節了紳衿與國家、與平民的關係，緩和社會矛盾；推行保甲法，加強對人民的控制，強化了治安。

雍正在全國掀起反貪除陋的大規模運動，田文鏡堅決執行，先後參奏二十二名河南的州縣貪吏，收回四十餘萬兩貪款，查出隱瞞不報的田地二千五百餘頃，取得的成績為全國各省之首。田文鏡在河南行事刻薄，屢遭攻擊和議論，雍正都有力地保護了他，因為雍正深知，田文鏡與他與新政休戚相關。雍正支持他，不是孤立地把他看作一個人，看作田文鏡個人，而是視之為「巡撫中之第一人」。「若各省督撫皆能如田文鏡、鄂爾泰，則天下允稱大治矣」。肯定的是他的行政體現了雍正振刷數百年頹風的革新精神和政策，肯定的是他雷厲風行、施行嚴政的手段。

雍正知道對田文鏡的評價，關係到對他的用人和行政的看法。他在田文鏡奏摺上寫道：「卿之是即朕之是，卿之非即朕之非，其間有何區別？」他曾自慚用人不當，說「假如諸臣之中，不得田文鏡、鄂爾泰，則朕之罪將何以謝天下也！」他們真是君臣一體，魚水難分。

雍正褒獎田文鏡，既是支持這個寵臣，也是堅持自己的政治，為自己的政治辯護。

雍正為了表示寵待田文鏡，將他從隸屬的漢軍正藍旗破例提拔入正黃旗。正藍旗在下五旗，而正黃旗是上三旗。雍正多次保護田文鏡是為了用其所長。但這樣的君臣關係在歷史上實屬少見。可見雍正用人十分自負，並懂得寬容之道。

此外，還有李衛、岳鍾琪等人，都是雍正的得力幹將。至於年羹堯、隆科多等人，只是一時炙手可熱的人物，雍正奪位有賴於他們的全力支持。雍正雖也寵過他們，但最終因他們背道而馳，雍正不得不過河拆橋，剷除了他們。雖落「兔死狗烹」罵名，但在專制皇權下，誰人不是如此？而允祥、鄂爾泰、張廷玉等因忠於他，為他賣命，雍正當然大用之，這是歷史的規律。一句話：為我所用。

密摺——古代情報系統

清朝沿襲了秦代以來主要是明代的封建專制政體，重建了一代新王朝。所謂封建專制政體，就是中央集權與君主專制的緊密結合，二者合而為一，君主即皇帝則處於中央權力的支配地位。君主專制愈強大，專制政體就愈嚴密、完善。自朱元璋建明朝始，不斷強化君主專制，把封建專制制度發展到了一個新階段。清在此基礎上，繼續強化君主專制，集歷代之大成，全面發展了封建專制制度。

在順康時期，主要是康熙朝，君主專制已發展到新的階段。康熙對君主專制有一個明確的說法：「天下大權，惟一人操之，不可旁落。」他說的「惟一人」，自然是指皇帝一人。他深刻地總結了明朝太監專權的歷史經驗教訓，決心使國家大權不「旁落」於任何人手中。「國家唯有一主」，由他一人獨操。聖祖親政五十餘年，君主專制得到了空前發展。世宗即位，沿著聖祖開創的道路，把君主專制推向了頂峰。

雍正即位時，已經四十五歲，是政治上成熟的年齡。他長期生活在父親的身邊，耳濡目染，從父親那裡學到了很多為政的思想和方法，特別是在執行父親指派的各項政務中，積累了政治經驗。他即位伊始，便仿效父親，建立以他為核心的新的統治系統。一方面，他反覆宣示：「朕當永遵成憲」，繼承已故皇帝的所有制度，「不敢稍有更張」；一方面，他又毫不遲疑地採取新措施，加強和鞏固他的君權不受任何侵犯，保證最高權力的和平過渡，更重要的是。維持國家長期穩定的局面。

雍正初政，最值得重視的一項新舉措，就是建立了「密摺」制。所謂「密摺」，其實就是「密奏」，即在給皇帝的奏摺內附奏機密要事。主要是揭發一些貪官污吏的不法行為以及民情動向等等，這些密事只有皇帝一人知道，從而使官員們處於相互監督、彼此牽制的境況，人人自危，嚴防了官慾的惡性膨脹和腐敗行為，同時也使政權牢牢控制在皇帝手中。

以奏摺為正式公文的名稱，是起用於清代的順治年間。在康熙手裡，密摺作為一種實際的政治工具有了進一步發展。不過，密摺有一套完整的運作制度，還得從雍正王朝開始算起。清代君臣之間的「言路系統」大致是這樣的：臣子們上的主要是「題本」和「奏本」。後來才添上了「密摺」。

凡是彈劾、錢糧、兵馬、捕盜、刑名之事，均用的是題本，要加蓋上公印，才算有效力；凡是到任、升轉、代屬官謝恩、講述本身私事的，都用奏本，上面不用蓋印。

題本有兩個阻礙君臣溝通的缺點：

一、手續很繁瑣。它規定用宋體字來工工整整地書寫，必須備有摘要和附本，必須由內閣先審核。送皇帝看過後，又要用滿漢兩種文字來謄寫清楚。如果有緊急的事情，很容易誤事。

二、題本要由通政司這個機構來轉送內閣，最後才上呈天子，過目的人多，也容易洩密。明代的權相嚴嵩，讓他的繼子趙文華主管通政司，凡有對嚴氏集團不利的言論事情，他們都能先於皇帝知悉，而後報復仇敵，打擊忠臣，銷毀作惡證據，無所不用其極。題本的保密性差，並可能使權臣壟斷朝政，因此必須加以改革。

奏本比題本稍好些，手續不那麼繁瑣，不過，它也得過通政司瀏覽這一關，所以保密性還是不強。

而密摺就不一樣了，它不拘格式，可以自由書寫，也不用裱褙、提要、副本這些東西，當然快捷很多；而且它可以直接「上達天聽」，不用經過通政司、內閣，而由皇帝親自來拆閱，保密度很高。這一條君臣互動的快速通道，對中國歷代繁文縟節的文官政治，無疑帶來了巨大的衝擊。

密摺制，實際上不是雍正的發明創造。早在康熙五十一年，聖祖已提出「密奏」的辦法：要求朝廷內外大臣在各自向皇帝的「請安」摺內，附奏機密要事，主要是揭發所見官員的種種不法之事，以及民情、政情的動向等。密奏之事，只給皇上一人看，其他任何人不得知道。聖祖的本意，是針對那些貪官污吏而行此辦法，並使各級官員處於相互監督之下，而權力統歸於皇帝之手。世宗把聖祖實行的「密奏」辦法進一步具體化，作為一項制度加以推行。他規定：在京的滿漢大臣、外省的督撫提鎮等中央與地方官員，均實行「密摺」制度。尤其是在京的科道監察官員每人每天上一道「密摺」，一摺只說一件事，不論事之大小，都要據實寫明，即或無事可言，在摺內亦必聲明無事可奏的原因。密摺幾乎全有皇帝的朱筆批語，叫做「朱批諭旨」，批過的密摺稱「朱批奏摺」。

密摺的發展經歷了三個摸索階段。

康熙早年上摺奏者多為家奴、親信。密摺內容也大致無機密性可言，大多數為氣候、作物生長情況，臣王謝賜等內容。

康熙中葉時，目光才逐漸轉移到這方面來。康熙曾命令內務府出身、出任江蘇織造的李煦：「近日聞得南方有許多閒言，無中生有，議論大小事，朕無可以托人打聽，爾等受恩深重，但有所聞，可以親手書摺奏聞才好。」作風謹慎的康熙又千叮嚀萬囑咐：「此話斷不可叫人知道，若有人知，爾即招禍矣。」

康熙到晚年，才把這套辦法慢慢發展為監視官場、通報民情的工具，而提奏人也從少數親信擴大到大批的地方官員，並最後公然命令全體中央級的官吏一體摺奏。

康熙五十一年，命令侍內大臣、大學士、都統、尚書、副都統、侍郎、學士、副都御史等，「一體於請安摺內，交應奏之事，各罄所見，見列陳奏」。

在康熙末期，加強密摺的原因是中央和地方官吏朋比為奸，黨同伐異，江南各地又有民眾反抗。這些事本應由地方官報告，但地方官據實上奏的很少。

康熙認為這種情況是很可怕的。他曾指出「為君者」若不能「見於幾先」，則「漸使滋蔓，其弊不可勝言矣」。這裡所說的「見於幾先」的「幾」字，就是事情的微小前兆。

「風起於青蘋之末」，「大廈忽傾於俄頃」，這些道理康熙是很懂得的。

話說回來，康熙晚年已對密摺政治對帝王帶來的方便深有體會。他認為：這不但能使君王耳聰目明，對四方大事了然於心，而且「諸王文武大臣等，知有密摺，莫測其所言何事，自然各加警惕修省矣」。也就是說，康熙看到：密摺政治具有一種心理上的威懾力，負面成本不大，能更有效地「馭下」。

官員們生怕自己的不法舉動被人寫入密摺，直接為最高統治者洞悉，那時無論如何「官官相護」也無濟於事了。

當然，康熙也知道「今人密奏並非易事，偶有忽略，即為所欺」。但康熙自恃「聽政有年，稍有曖昧之事，皆洞悉之」。因此「人不能欺朕，亦不敢欺朕，密奏之事，惟朕能行之」。看來，康熙對自己的「聖明」是非常自信的！

不過，就密摺制而言，雍正的手段還是青出於藍、高出乃翁一大截的！

雍正朝的許多重大改革，都是通過君臣在密摺中商議後，決策並付諸實施的。所言正確，他就採納施行，說得不甚妥當，他就把摺子「留中」，不批轉朝臣，不使任何人知道。如涉嫌報復，誣陷好人，他也能分辨清楚。

因為密摺內容包羅廣泛，既涉及政策的制定和執行，也涉及官員的取捨，所以雍正特別強調密摺的保密性。雍正一再以此要求具摺人，「密之一字，最為緊要，不可令一人知之，……假若藉此擅作威福，挾制上司，凌人舞弊，少存私意於其間，豈但非榮事，反為取禍之捷徑也」。「至於密摺奏聞之事，在朕斟酌，偶一宣露則可，在爾既非露章，惟以審密不洩為要，否則大不利於爾，而亦無益於國事也。其凜遵毋忽。」「地方上事件，從未見爾陳奏一次，此後亦當留心訪詢；但須慎密，毋藉此作威福於人，若不能密，不如不奏也」。不能保密，就不要上密摺，保密與密摺完全一致，保密是寫作密摺的前提條件。這是要求具摺人不要聲揚文件內容，同時要求領受朱批諭旨的人保守朱批的機密，不得轉告他人，更不能交與他人觀看，若私相轉述，即使保密性較小的內容，也是非法的。只有雍正特別指令告訴某有關人員時，才令其閱讀，或轉傳諭旨精神。

考慮到小臣得此榮寵，容易擅作威福，挾制上司和同僚，造成官僚間互相猜忌，政治混亂，對國事不利。因此雍正嚴格要求大小臣工保守密摺內容和朱批的機密，特別是對小臣，教導不厭其煩，並以洩密對他們不利相威脅。

對於不保守奏摺機密的人，雍正採取了必要的懲罰措施。雍正初年，封疆大吏多半派親屬或親信在京，拆看奏摺，為的是他們瞭解朝中情況，看此奏摺合否時宜，以便決定上奏與否。對於皇帝的朱批，他們也先行閱視，以便早作料理和應付。

二年，雍正發現了浙閩總督覺羅滿保、山西巡撫諾岷、江蘇布政使鄂爾泰、雲南巡撫楊名時等人的這種情況，決定停止他們書寫奏摺的權力，以示懲罰。這樣一來，需要同皇帝商酌的事就不好辦了，楊名時等為此承認錯誤，請求恢復他們的密奏權，雍正也從政事出發允許了。沒有處分路振聲，乃因他是武人，不知書。

雍正知道，制裁不能成為主要手段，重要的是制定奏摺保密制度。他採取了四項措施：

一、收回朱批奏摺。奏摺人在得到朱批諭旨的一定時期後，應將原摺及朱批一併上交，於宮中保存，本人不得抄存留底。奏摺中的朱批，亦不得寫入題本，作為奏事的依據。楊名時有一次把朱批敘入本章，暴露了機密，雍正指責他是有意這樣辦，以證明他過去洩漏朱批沒有罪。

二、打造奏摺專用箱鎖。雍正於內廷特製皮匣，配備鎖鑰，發給具奏官員，凡有奏摺，均裝匣內，差專人送至京城。鑰匙備有兩份，一給奏摺人，一執於皇帝手中，這樣只有具摺人和皇帝二人能夠開匣，別人不能也不敢私開。為具摺人不斷書寫奏摺的需要，奏匣每員發數個，一般為四個，它只作傳遞奏摺用，凡所上奏摺只能用它封裝，否則內廷亦不接受。廣州巡撫常賚的奏匣被賊盜去，只得借用廣東將軍石禮哈的奏匣，不敢仿製。

三、奏摺直送內廷。奏摺由地方直接送到北京，不同於題本投遞辦法，不送通政司轉呈。若是督撫的摺子，直接送到內廷的乾清門，交內奏事處太監逕呈皇帝；其他地方官的奏摺不能直送宮門，則交由雍正指定的王公大臣轉呈。雍正說若小臣逕赴宮門送摺，不成體統，其實他是為具摺的小臣保密，不使人知道除了方面大員以外有一些什麼人能上摺子。被指定轉傳奏摺的人，有怡親王允祥、尚書隆科多、大學士張廷玉、蔣廷錫等人。邊遠地區的小臣，還有送交巡撫代呈的，轉呈的王大臣都是雍正的親信，他們只是代轉，亦不得拆看，具摺人也不向代呈人說明奏摺內容。如朱綱一再在奏摺中保證所奏內容絕對秘密，連隆科多「亦不敢令聞知一字」。

四、雍正親自閱看，不假手於人。摺子到了內廷，雍正一人開閱，寫朱批，不要任何人員參予此事。他說：「各省文武官員之奏摺，一日之間，嘗至二三十件，多或至五六十件不等，皆朕親自覽閱批發，從無留滯，無一人贊襄於左右，不但宮中無檔可查，亦並無專司其事之人。」雍正批閱以後，一般摺子轉回到具摺人手中，以便他們遵循朱批諭旨辦事，有少量摺子所敘問題，雍正一時拿不定主意，就將它們留下，待到有了成熟意見再批發下去。

關於奏摺制度的作用，雍正作過說明。

「（朕）受皇考聖祖仁皇帝付託之重，臨禦寰區，惟日孜孜，勤求治理，以為敷政寧人之本，然耳目不廣，見聞未周，何以宣達下情，洞悉庶務，而訓導未切，誥誡未詳，又何以使臣工共知朕心，相率而遵道遵路，以繼治平之政績，是以內外臣工皆令其具摺奏事，以廣諮諏，其中確有可採者，即見諸施行，而介在兩可者，則或敕交部議，或密諭督撫酌奪奏聞。其有應行指示開導及戒勉懲儆者，則因彼之敷陳，發朕之訓諭，每摺或手批數十言，或數百言，且有多至千言者，皆出一己之見，未敢言其必當，然而教人為善，戒人為非，示以安民察吏之方，訓以正德厚生之要，曉以福善禍淫之理，勉以存誠去偽之功，往復周詳，連篇累牘，其大指不過如是，亦既殫竭苦心矣。」

他把朱批奏摺的作用歸結為兩點，一是通上下之情，以便施政；二是啟示臣工，以利其從政。他說的有一定道理，但是並不透徹，他每日看幾十封奏摺，書寫千百言批語，對其作用自然清晰，不過有的話他不便明說，故未談及。其實奏摺制度的作用。主要是利於他直接處理庶務，強化其專斷權力。

事實也證明了這種密摺制是行之有效的。雍正將此具體化並推而廣之，要求各級官員都應當遵守密摺制，鼓勵他們每天都要上一道密摺，要事無巨細，詳略得當，雍正看完後都要在上面作批語，從而有因有果，使事情得以解決。對所呈密摺雍正是一分為二地看待的。所言正確，他就採納推廣；說得不妥，就把摺子扣在自己手中，並不將其轉給朝臣，這樣就能使官臣們放言無忌，不心存疑慮了。

奏摺制度不僅加強了皇權，還為皇帝行使至高無上的權力提供了必要的條件。各種不同身分的官員反映各種社會問題的奏摺，使皇帝能夠瞭解情況，洞悉下情，為制定政策，任用官員提供了較為可靠的根據。奏摺文書還有互相通訊的意思，君臣間在私下討論一些問題，君主不懂的事情可以詢問臣下，從而增長見識，有利於決策，也有利於君主集權。

雍正就是利用這種密摺制，來達到他加強專權和實現有效統治的目的，這相當於古代的情報檢舉。

密之一字，最為緊要

雍正說：「但既肯如此存心效力，『公』、『密』，二字甚為緊要。二者缺一，則上下彼此無益也。」

由於密摺關係到政策的制定執行和官員的升遷榮辱，所以雍正在「密摺制」的細枝末節上，方方面面都是慎而又慎。他害怕密摺守密不嚴而引起打擊報復之類的混亂，正因如此，他特別強調了密摺的保密性。「密之一字，最為緊要，不可令一人知之……假若藉此擅作威福，挾制上司，凌人舞弊，少存私意於其間，豈但非榮事，反為取禍之捷徑也。」雍正還強調：「至於密摺奏聞之事，在朕斟酌，偶一宣露則可，在爾既非露章，惟以審密不洩為要，否則大不利於爾，而亦無益於國家也。其凜遵勿忽。」

密摺之所以被稱為奏摺或密摺，一是因為它的保密，二是因為所奏內容書寫要摺疊成一定式樣然後密封上呈皇帝，所以才被稱為密摺。可見，保密是密摺的先決條件，否則就不成其為密了，更不用說發揮密摺的作用。

雍正即位後，為保密起見，立即下令收回前朝康熙帝所有的朱批諭旨，並說：「俱著敬謹封固進呈，若抄寫、存留、隱匿、焚棄，日後發覺，斷不寬恕，定行從重治罪。」意即：所有收藏有康熙帝朱批奏摺的官員必須將奏摺原封不動地封好交上來，若有抄寫，私留底稿，隱匿焚毀此類奏摺的，日後被我發覺了，一定從嚴懲處。

此後雍正為了完善密摺制度，又下令就是自己批閱的密摺，在當事人捧閱後也要立即交上來，不得私自存留，更不能互相傳閱。如有違犯這一命令的必給以重懲。

為了使有題密奏摺資格的官吏能妥善利用這一殊榮，雍正還反覆強調密摺的保密性質，稱密摺的意義是「慎密」二字，最為緊要，君不密則失臣，臣不密則失身，可不畏乎？這就是說密摺一定要保密，這是皇帝對你們的依賴，你們若洩露了機密，可就要惹來殺身之禍了。

雍正的這番話，既有要求臣下保密的意思，也是在暗示自己對有題奏權的臣下的一種信任，這樣一來，就強化了他們的責任心。由此看來，密摺制首先產生了籠絡人心的效果，是雍正馭下有術的又一極佳表現。

對於「密」字，雍正提出了非常嚴格的要求。讓我們再看一下他在給鄂昌的一封朱批中所說的話：「密之一字，最為緊要，不可令一人知之，即汝叔鄂爾泰亦不必令知。假若藉以擅作威福，挾制上司，凌人舞弊，少存私意於其間，豈但非榮事，反為取禍之捷徑也！」

雍正這是順強調「密」字的作用，即不能讓任何人知道，以免有人藉以擅作威福，欺壓同僚。

「至於密摺奏聞之事，在朕斟酌，偶一宣露則可，在爾既非露章，惟一慎密為要，否則大不利於爾，亦無益於國事也。」——這也是在強調密摺的作用。

既然是密摺，自然要以「密」字為最緊要，因為只有行事縝密了，才能收到出其不意、攻其不備的目的。例如查嗣庭案發後，雍正曾在李衛的奏摺中批示，要求李衛和杭州將軍鄂彌達火速派可靠親信去抄查嗣庭的家。由於這是急待執行的絕密命令，因此如果用頒佈公文的行式，就有可能使被查抄人獲知消息，先行作出準備。於是密摺制度就顯示出了它的奇妙作用，即密令行事，使人防不勝防，並以此達到兵貴神速的目的。

在雍正看來，不能保守奏摺機密的行為就是非法的。如原甘肅提督路振聲將雍正的朱批中讚揚其弟路振揚的話轉告了乃弟，於是路振揚就上表謝恩。結果，雍正大為氣憤，並就此指責路振揚：「朕有旨，一切密諭，非奉旨通知，不許傳告一人，今路振聲公然將朕批諭抄錄，宣示於爾，甚屬不合。朕已另諭申飭（路振聲）。可見爾等武夫粗率，不達事體也！」

由此可見，雍正對大小臣工保密行為的要求是非常嚴格的，特別是對小臣，雍正的教導更是不厭其煩，這主要是因他考慮到小臣得此密奏榮寵容易擅作威福，挾利上司和同僚，造成官僚間互相猜忌、政治混亂的現象，會對國家政治生態產生不良的影響。

為了實現密摺的保密效果，雍正經過一番深思熟慮後，進一步完善了一套行之有效的保密制度：在雍正的大力推行下，密摺人繕摺、裝匣、傳遞到批閱、發還和收繳都有條不紊地運行了。

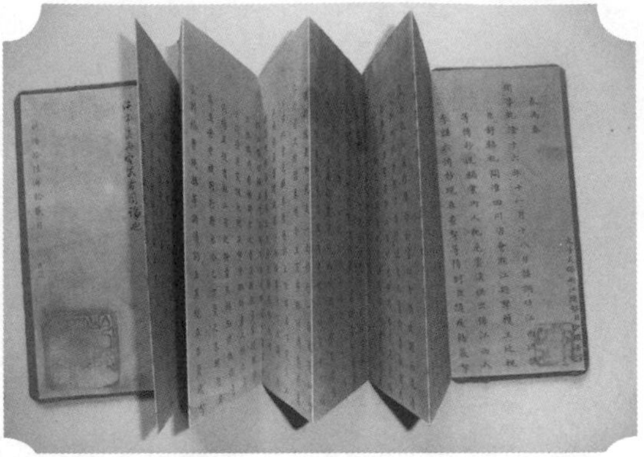

首先雍正規定了密摺所用的紙色澤紙質：素紙，即白紙，用來題寫陳奏性質的密摺；白綾面白紙是大喪時使用的密摺；黃綾面黃紙用於請安或推薦他人為官的密摺。

——這樣一來，雍正一看到紙質色澤，就大體知道密摺所題奏的內容了。

對密摺的套封也就是外包裝，雍正也作了嚴格的規定。如請安摺套封規定外用雲龍黃綾，內用黃粉箋裱，長六寸四分，寬三寸一分，上下掩首各寬五分；其白摺套封大小與黃綾封同。

雍正還規定了摺匣的尺寸、顏色、裝裱、鎖樣，這樣，密摺就不能造假，其他人也很難開啟密摺，這樣也就不會洩密。由此，我們更可以看出雍正不但在處理大問題上能雷厲風行，而且在細微末節上也是思慮周詳，謹慎而睿智。

另外，至於什麼人可以直接將密匣交給皇帝本人，雍正都有嚴格的規定。這樣一套完備的密摺制度就初步形成了。這一完善的制度，無疑是雍正心智的結晶。

密摺制其實也是當今社會所謂秘書一職的雛形，它所扮演的角色也即上傳下達、準確提供相關資訊，為決策層提供依據。為了達到這一效果，雍正還設立了專門轉呈接收密摺的機構，由專門的奏事官員來接收轉呈密摺。這一機構稱奏事處，分內奏事處和外奏事處兩個職能部門。內奏事處負責接收京師內各類密摺；外奏事處則負責接收外任官吏的密摺。這兩個奏事處的官吏皆由雍正的親信御前大臣擔任，專門負責接收、發還等一切事宜。

同時，密摺制度本身還收到了許多另外的妙用。用雍正自己的話來說，就是：「凡督府大吏任封疆之寄，其所陳奏皆有關國計民生，故於本章之外准用密摺，以題本所不能盡者，亦可於奏摺中詳悉批示，以定行止。」雍正在看到封疆大吏在陳奏政務時，因限於題本程式和保密性質的局限，很難如實全面地彙報當地情況。這樣，皇帝就一來無法徹底瞭解臣下的隱衷和下邊的情況，二來皇帝的指示也因同樣的原因而不能盡述。於是就產生了皇帝無從決策，下屬無力奉行的怪現象。為此，雍正才要用密摺這種公文行式，使臣下和皇帝之間表明觀點，然後雙方才能經過討論，決定對策。從公文形式的層面來說，敘述活潑、內容多樣、適應性強的密摺具有活潑文體的意義。

雍正對密摺保密所做的努力，是他勤政的表現，也是政治的需要。

密摺——操於股掌之工具

康熙皇帝曾告誡雍正等眾皇子：「天下大權，唯一人操之，不可旁落。」這個政治主張，為雍正所贊同。雍正上臺後，面對允祀的怙惡不悛、年羹堯的飛揚跋扈、隆科多的為虎作倀，他急於要把大權集於一身，同時實現對大臣的有效監控。他發現了父皇康熙開創的「密摺」的確是一個好工具，於是把它發揮得淋漓盡致，使密摺成為一個有效的統臣馭下的服務工具。

對於做領導工作的人來說，要想成就一番事業，必須先要樹立起自己的權威，審時度勢，有獨立自主把握全局的能力，否則任何事情在沒有權威的環境中都只能是群龍無首，一盤散沙。經過了幾次政黨之爭和宮廷政變，雍正對此是深有體會的，於是他極需建立一個中央集權與君主專制兩者合一的專政體系。

眾所周知，明朝初年，朱元璋廢中書省，罷丞相，皇帝親領庶務，皇權最重。後內閣制形成後，它的票擬權使大學士握有一定的宰輔權力。清初承明之制，又有議政王大臣會議，都分散了一部分皇帝權力。康熙致力於強化皇權，用一部分職位低的文人協助議政，用少數人寫告密文書的奏摺，加強了對下情的瞭解。

雍正比乃父又跨進一大步，使奏摺成為正式官文書，一切比較重大的事情，官員都先經由奏摺請示皇帝，而這種奏摺不通過內閣所屬的通政司轉呈，皇帝的批示完全出自御撰，不需要同內閣大臣商討，這樣奏摺文書由皇帝親自處理，就把內閣拋在了一邊。雍正中期又設立作為纂述轉達機構的軍機處，代行內閣職權，這就使皇權如同朱元璋時代，真正是「庶務事皆朝廷總之」了。內閣職能削弱的同時，封疆大吏的職權也有所下降，稍微大一點的地方事情，都要上奏摺請示，秉承皇帝旨意辦理。他們真的成為皇帝的膀臂，由中樞神經來支配，使中央與地方真正融成一體，在皇帝絕對統治下行使國家機構的職能。

雍正秉承文旨，把康熙的基業更加發揚光大，並且在不斷總結前人的歷史經驗基礎上，推陳出新地建起了一個以他為核心的政治體系。

實行密摺制後，正如雍正時內閣中書葉鳳毛所說：「國朝擬旨有定例，內外大臣言官奏摺，則直達御前；天子親筆批答，閣臣不得與聞。」

在內閣職權受到削弱的同時，密摺制還對外任封疆大吏的權力有一定的削弱作用。因為他們的一舉一動，都要上奏摺向皇帝請示，並秉承皇帝的旨意行事。這樣一來，外任封疆大臣就成了雍正名副其實的膀臂，都要接受雍正的直接控制。

學者章學誠曾就此講過：「彼時以督撫之威嚴，至不能彈一執法縣令，詈誤之吏，但使操持可信，大吏雖欲擠之死，而皇覽燭其微。愚嘗讀《朱批御旨》，而嘆當時清節孤直之臣遭逢如此，雖使感激殺身，亦不足為報也！」意即：那時督府雖威風八面，卻不能隨意彈劾一個小縣令。因為只要小縣令為官清廉，就算督府想排擠他，皇帝在御覽其彈劾奏摺時也能洞徹其中的細枝末節。這番評述不但說明當時的政令皆出自雍正之手，而且還說明奏摺制對鞏固皇權產生了至關重要的作用。這也就是說，奏摺制為雍正行使至高無上的權利提供了必要的條件。

密摺的制度化，還能產生令官吏互相監督的作用，即此舉成了雍正控制各級官吏的一種手段。通過密摺，可以在以下三個方面發揮監督作用：

可以藉此命上級監督下級。二年四月，河南巡撫參奏學道王某，稱其「聲名雖屬平常，猶不至壞」。三年六月，新任川陝總督岳鍾琪在密摺中奏年羹堯被貶赴杭州，說他離陝時，「止有外委數十人出送，悉皆平日得年羹堯資財之人也，臣俱密記其姓名。」

可以藉此命令下級密參上司。如三年五月，知府高禎密奏年羹堯為大將軍時「威勢赫奕，文武大小官見之無不膽顫，出入用侍衛頂馬擺對」。三年六月，浙江布政使佟吉圖奏巡撫法海說皇上壞話：「內外所用，俱屬小人，惟年羹堯是豪傑。」浙江按察使甘國奎也參法海「輕忽主恩，恣行無忌」。

還可以在不經不統轄的官員間進行糾察。如就在佟吉圖、甘國奎參法海不久，福建巡撫毛文銓即奉密旨訪查佟、甘二人居官操守，結果查得「佟吉圖辦理地方事務聞亦平常，又性情傲慢，待上無禮，是以事多壅滞，各屬節禮查未收受，錢糧平頭，以及署印謝儀都是要的。」「至於甘國奎，臣訪得日日做坐功，遇有大案委屬員代審得多，故此常有冤枉。……又查得甘國奎執拗自大，上司屬官都不相合，官民多怨。」

密摺制還造就了雍正這位文攻武衛的一代帝王。雍正帝在位期間，寫下了千萬餘字的奏摺批文，堪稱世界奇蹟，這一字數是當今一些職業作家所可望不可及的。在另一個層面上密摺制將文化提升到了一個新的高度，這就是：領導者必須要具備一點學識，胸中要有墨水，否則你連批文都寫不好，怎麼去發號施令？這是從政規則，學而優則仕。雍正帝從密摺制中鍛鍊出來的才智和思想影響了歷史，使這種帝王文化精神一路沿承下來。

雍正正是通過密摺這個工具，將百官操於自己股掌之中，實現了對他們的有效管理和監督，更重要的是使專制皇權高高在上，此皆賴密摺制之力也，雍正當慰也。

軍機處——移動的指揮所

如果說設立「密摺制」是雍正舉起的左手，那麼設置「軍機處」便是他舉起的右手。這兩手可謂是雍正最具特色的專政策略。

在相繼奪去年羹堯與隆科多兩位權傾一時的重臣的職位並將其打倒後，雍正又一次在驚濤駭浪中鞏固了他的權威和皇位，同時又使他痛定思痛，根據年、隆兩人的情況，堅定了他擴張皇帝權力，推行中央集權制的決心。於是他設置軍機處，為建立和發展專制體制鋪平了道路。

雍正之前，歷代王朝都以宰相統轄六部，於是宰相權力過重，使皇帝的權威受到了一定影響，如果一個君王有手腕駕馭全局，使宰相為我所用，這當然很好，但如果統領軍隊的宰相超權行事，時間一長便很容易與皇帝、大臣們產生隔膜和分歧，很容易給國家添亂子、造麻煩。

雍正在即位之初，雖然掌管著國家的最高權力，但舉凡軍國大政，都需經過集體討論，最後由皇帝宣佈執行，不能隨心所欲自行其事。皇權受到了制約，皇位受到了挑戰。雍正設置軍機處，正是把自己推向了權力的金字塔頂端。簡單地說，就是皇帝統治軍機處，軍機處又統治百官。雍正於當政的第七年，著手成立了軍機處，並以此開始全面而直接地管理國家各種事務。

就在這一年，準噶爾蒙古部落的策旺阿拉布坦發生全面叛亂，雍正決定對其發動平叛戰爭。為了使這場戰爭能夠取得全面勝利，他採取了許多措施，設立軍機處就是其中的一項。

當年六月，雍正發佈上諭，稱：「兩路軍機，朕籌算者久矣。其軍需一應事宜，交與怡親王允祥、大學士張廷玉、蔣廷錫密為辦理。」軍機處，全稱「辦理軍機事處」，是由雍正一手設立的政府中樞機構。

那麼軍機處的性質究竟是什麼呢，當時諸王公大臣並不知曉。因為雍正當時說得明白，即交與怡、張、蔣密為辦理。由此看來，雍正在籌建或辦理某些重大事件前，多採取密而不宣的策略，只在心中暗自籌畫，此後才交給個別親信大臣來辦理——這正是雍正為人謹慎，未雨綢繆的最佳體現。

對雍正來說，軍機處的設立一開始即不是臨時性的，而是本著長遠統治的需要，穩固皇權比西北用兵一事就更為重要。因為當時雍正雖已將諸兄弟打倒了，但散佈於中國上下的他們的勢力卻仍如百足之蟲，死而不僵——也就是他們與傳統的官僚機構仍有著千絲萬縷的內在聯繫。

內閣，六部及議政諸王大臣中仍可能有允祀等人的同情者或同路人。雍正本人對此當然非常清楚，但他本人畢竟不能把所有官僚機構統統推倒重來。因為假如他那樣辦，既違背群情，又與祖制相悖，同樣不利於穩定。因此，在經過反覆思量後，雍正便只好另起爐灶，重新創建一個可以囊括一切機要權柄又能服從他指揮的由親信人員組成的新機構。這個機構，就是軍機處。事實上，軍機處的創設，也的確產生了囊括一切機要權柄的作用。

軍機處算不上是一級機構，它無定員。六部、內閣及其他各機關都各有定員，唯軍機處的官員多少不一，皆由皇帝根據實際需要隨時增減。最初只有怡親王允祥、大學士張廷玉、蔣廷錫，如果加上岳鍾琪，也只有四人。以後又有增加，最多時也不超過十一人。其次，被選入軍機處的官員，都屬兼職，不設專職。皇上從閣臣、六部尚書、侍郎等官員中，選取「熟諳政體者，兼攝其事」，稱為「軍機大臣」。依他們原有的品級和地位，排定先後次序，以品級高、資歷深者為「首席」、「首揆」、「揆席」。如他們中有的失去原職務，或授於京城外的職務，其在軍機處的兼職則被取消。軍機處的屬員，則由「各部曹、內閣侍讀、中書舍人等充任，名曰軍機章京」，俗稱「小軍機」。軍機大臣互不統屬，即無隸屬關係，各自對皇帝一人負責。

軍機大臣地位崇高，但卻沒有六部等官員的實權。他們的職責是：「掌書諭旨，綜軍國之要，以贊上治機務，常日直禁庭以待召見。」即使巡幸外地，亦如內廷。具體規定每天寅時（三時—五時），軍機大臣入直，辦事完畢，由內奏事太監「傳旨令散」。每天皇帝召見沒有定時，或一次，或數次。召見時，皇帝「賜坐」，將「未奉御批」的各處奏摺進呈，等候皇帝欽批，「承旨」畢，即退出。

凡皇帝的「明旨」，由軍機大臣擬寫，下發到內閣；凡不宜公開的「密諭」，經由軍機大臣「封交」兵部，視事之緩急，或「馬上飛遞」，或四百里、五百里、六百里不等，傳送到各地。軍機大臣的職責概括起來就是「承旨」，說得通俗些，不過是上傳下達，當面替皇帝起草文件，或記錄皇帝的指令，向有關部門傳達。這些工作，實際是充當了皇帝的侍從秘書。

軍機章京有滿漢人，負責繕寫諭旨、記載檔案、查該奏議。滿人抄寫滿文，漢人抄寫漢字。這也是文墨秘書性質。軍機大臣和軍機章京身處權力的核心，卻無任何決策權，不能做任何決定，一切聽命於皇帝，完成皇帝交辦的事。

需要特別強調的是，軍機大臣的工作具有高度機密性或稱為絕密。軍機處不屬一般的衙署，它需要保密，並時刻同皇帝保持直接聯繫，軍機大臣要留在離皇帝最近的地方，以便隨時而快速地應召入宮。因此，軍機處便設在隆宗門內，靠近內廷，既與外廷隔絕，以杜絕人來人往洩密，又離皇帝居處甚近，而召見便捷。

「軍機為樞密重地，非有特召，不許擅入」。如敢私入，或私自會見軍機處官員，隨時糾劾論處。軍機大臣辦公的地點，亦隨皇帝的行止而定。如皇帝駐蹕圓明園，其軍機處則設在園內左如意門內；如在西苑，軍機處設在西苑門內。如皇帝出京遠行巡視，途中暫駐處，稱為「行在」，或抵達目的地，其暫居處又稱「行宮」，軍機大臣皆隨往，在行宮門「直房」，或設蒙古包為其辦公處。不管在何處「入直」，都屬皇帝的禁區，離皇帝甚近。

軍機處沒有固定衙署，具有機動性，只有在京城，才有較穩定的辦公地點。皇帝召見軍機大臣議事，都要求迅速、準確、不得遲誤，故擇專人，秘密行事，發揮高度效率。因為保持了此事的機密性，以致實行了「二年有餘」，各省對此一無所知！

由此可以想見，雍正幾乎把軍機處看成了自己的一件隨身對象，走到哪裡帶到哪裡。也就是說，軍機處領值班大臣和章京隨時跟隨皇上行動。由此，就更可知軍機處在雍正心目中的地位了。

軍機處創建初期，既無正式衙門，也無印信。雍正十年春才命大學士等議定軍機處印信。議定後，經雍正批准，該印交由禮部鑄造成形。該印由內奏處保管，印匙則由領班軍機大臣隨身攜帶。另外還打製了鐫有「軍機處」三字的金牌，由值日章京佩帶。需用軍機處印信時，由值日章京憑金牌到內奏處領取印信，之後憑金牌向領班軍機大臣索取印匙，並在數人的監督下，才能打開印匣取出印信。印信用完後，金牌要交給領班章京，印匙要重新歸還領班軍機大臣，印信則要重新歸還內奏處。

規章制度雖然繁瑣，卻又是一套多麼嚴密的管理模式。謹嚴免出差錯，小處才見縝密，為了達到保密的目的，雍正真是下苦心了！

設立「軍機處」產生了意想不到的效果，以前每辦一件事情，或者有關的奏摺，要經過各個部門的周轉，最後才能夠送達皇上。其中如扯皮、推諉、拖遝的官場陋習使辦事效率極為低下，保密性也差，皇上的意志無法貫穿始終。而自從設立軍機處，啟動軍機大臣以來，擺脫了官僚機構的獨斷專行，使雍正的口令可以暢通無阻地到達每一個職能機構，從而把國家大權牢牢地控制在自己手裡。這正是雍正所希望的。

「軍機」何嘗不是「政機」？

雍正有言，做事「但不必露行跡。稍有不密，更不若明而行之」。雍正設立軍機處，開始的目的是為了迅速處理軍務，之後才發現這種不經過其他官僚機構，而直接由皇帝組織一個小班子處理政務的方法更得心應手，快速有效。

後來，軍機房的辦理內容不斷擴展，機構也不斷發展完善，直至形成固定的編制。軍機處雖然地位顯赫，手握重權，但一直以來，作為一個正式的衙署，卻並不為人注目。甚至一段時間，人們都沒感覺到，由於這個機構的騰空出世，清朝的政治格局將為之進行大的調整。整個政府的決策方式將發生根本的改革。

軍機處的主要職能是：當面聆聽皇帝旨意，整理成正規的文字材料，並通過特別的途徑，向有關當事人轉發，敦促其馬上執行。軍機處還有一種職能，即充當最高統治者的秘書的角色、類似於情報局，有很強的保密性。

那麼，軍機處有何特點呢？

首先，他是皇帝的集權工具。從明到清，廢除宰相制，皇權得到相應提高。清朝又多了一個「八爺議政制」，加上各旗旗主、管主都有一定實權，所以皇帝迫切想削弱下面的權力，從而把權力集中在一身。雍正正是看到軍機處能實現這一目的，所以才進一步推廣軍機處，擴大其權力範圍，從而把自己推向了權力的金字塔頂端。由此看來，軍機處又是一個集權工具。

其二，軍機處有高度的機密性。體現為對其印信管理極嚴。軍機處初無印信，至雍正十年三月，雍正命鑄軍機處印信，交由內閣大學士辦理。據此，內閣大學士提出：「辦理軍機處密行事件，所需鈐封印信」的印文擬為「辦理軍機印信」，由禮部負責鑄造銀質印信，貯於「辦理軍機處，派員管理」。啟用印信事，應行文各省及西北兩路軍營周知。雍正予以批准。印信貯存初定由軍機處自貯，為防止私用印信，加強管理，遂改貯他處。印信分程序管理，相互制約，互相監督，無論職位多高、權力多重的大臣，都無法私自動用印信。

其三，雍正帝對軍機處管理得特別嚴密。他對軍政大臣的要求也極為嚴格，要求他們時刻同自己保持聯繫，並留在皇帝最近的地方，以便隨時應召入宮應付突發事件。軍機處也會像飄移的帳蓬一樣隨皇帝的行止而不斷改變。皇帝走到哪裡，軍機處就設在哪裡。雍正每次議事，只會分批獨自會見一名軍機大臣，讓他無拘無束地談自己對工作、對百官的一些看法，以便察顏觀色，去偽存真地選用人才。

軍機處之設，經歷了不斷發展，以至完善的過程。當初是為滿足對西北青海用兵的特殊需要而設，其職責是專辦軍務，以辦事迅速而機密收到了巨大效果。這是雍正始料不及的。他看到，任用軍機大臣，擺脫了朝廷中各官僚機構的牽制，更重要的是，他所發號的施令可以直接下達到任何地方任何部門，從而把國家機要大權牢牢地控制在自己手裡。他可以隨意運用權力而不受阻滯。因此，雍正將軍機處專辦軍務逐漸擴大到國家政務，發揮它在國家政治生活中的指導作用。

軍機處創設後，中央體制及其運行機制就發生了重大的變化。原先經由內閣及有關部承旨、承辦的事，改為由雍正親書諭旨或口授、軍機大臣承旨撰擬，直接「廷寄」各地。原為朝廷權力中樞的內閣，自此變成有名無實的機構，大學士位階甚高，卻無事可幹。同時，也把清初獨創的「議政王大臣會議」之制置於無用之地，無大政可議，有其名而無其實。軍機處的一大任務就是應召商議軍機要務。

軍機大臣既是皇帝的「秘書」，按理說那就只好每天隨侍在皇帝左右，聽從皇帝的調遣了。一般情況下，每日凌晨三至五點，軍機大臣及軍機章京就要進入值班房。早上如有緊急要務，皇帝偶爾也提前接見他們，甚至一日要接見數次。特別是張廷玉，雍正召見的次數就更多，因為張廷玉是專門負責為雍正撰寫諭旨的。在雍正初年，軍機處創立之前，張廷玉就是雍正的得力寵臣之一。那時「凡有召旨，則命張廷玉入內，口授大意，或御前伏地以書，或隔簾授几，稿就即呈御覽，每日不下十數次」。軍機處創建之後，由於撰寫諭旨的需要，張廷玉就更成了大忙人。特別是在大西北兩路用兵時，張廷玉更是「自朝至暮，間有一二鼓者」。意即到了晚上一、二鼓時仍不能休息。從張廷玉的繁忙情況來看，其他軍機大臣之忙碌也就可見一斑了。

正因為這些軍機大臣公務繁忙，一向馭下極嚴的雍正才給了他們許多格外的恩典。例如雍正不時將一應綾羅綢緞、應時果脯、各方進貢、鹿肉山珍等賜給張廷玉、鄂爾泰等親近大員，又命每日入值的軍機大臣、軍機章京隨御膳房吃飯；而各滿漢章京下班後還被允許去「方略館」聚餐。如果雍正住在圓明園，那麼就讓這些人在圓明園外值廬用膳，以示恩典。

軍機處成立初期，雍正與軍機大臣商議的軍機要務，多以西北兩路用兵之事為重要內容。如十年二月，寧遠大將軍岳鍾琪參劾副將軍石文焯縱敵，雍正對處理石文焯的方案舉棋不定，於是命令軍機大臣提出他們的處理意見；同年，西路軍大本營要移駐穆壘，雍正為此選定了六月初四巳時命部隊啟行，並於四月十三日提前命令軍機處通知岳鍾琪，「將一應事宜預先留心備辦，但軍營切宜慎密，以防漏洩」。

其他方面的軍政和八旗事務，也多由軍機大臣辦理。如九年，雍正認為山東登州是濱海重鎮，所轄地域遼闊，卻只有六千兵丁，怕不夠用。因此命軍機大臣詳細討論，看看是否應酌增添兵額……等等，不勝枚舉。由此看來，軍機處在創辦初期，主要是處理戰爭，軍政及八旗事務，而後才把範圍逐步擴大到各種機要政務。

軍機處的另一項任務是奉諭旨草擬文書，這是軍機大臣最經常的一項工作。清代皇帝的詔令有數種，主要的則是「旨」、「敕」、「上諭」。其中的旨，就是指皇帝批覆朝廷內外官員關於一般事務題本的一種文書。敕，是頒給各地將軍、總督、巡撫、提督、學政、總兵官的一種公文。這兩種公文原來是交由內閣發給六科抄錄，並宣示有關衙門和官吏具體執行，無多少機密可言。

審議謄錄保存公文，是軍機處的第三項工作。每天軍機入值處後，由各軍機章京赴內府領取皇帝下發的奏摺，並分送軍機大臣審議。審議後再向雍正請旨，由雍正決定處理意見。此後，各軍機章京就要將此類奏摺及雍正的處理意見謄錄出副本，並加以保存。這種錄製副本的工作十分辛苦，頗類似於機械操作的性質。而雍正這樣做的目的，一來是為了保存各種檔案，二來則是為了便於將來查尋各種資料。

無論從何處來說，軍機處都發揮了特殊作用，尤其是在集權方面，在削弱乃至排除內閣與議政王大臣會議參與國家政務的決策權後，這些大權皆總匯於軍機處；而軍機處則牢牢地控制在雍正之手，如「人之使臂，臂之使指」，一切權力皆由雍正自操，軍機處官員真正成了他的辦事人員，唯雍正之命是從。如雍正所說：「生殺之權，操之自朕。」雍正建立了君主獨裁的政治體制，把封建專制推向了頂峰。

比較明清兩代的內閣與軍機處，很明顯，明時內閣，權屬於閣臣，對君權尚有很強的約束力；清代軍機處雖為政府權力的「總彙」，但其權屬君主，故對君權沒有任何約束力，相反，軍機大臣處於層層制約與皇帝的嚴格監視之下，無不小心謹慎，奉公守法。歷代曾屢屢出現的權臣專政，外戚專權，宦官干政等難以克服的政治弊端，自雍正設軍機處以後，自行根絕。

雍正設軍機處，建立了君主高度專制的運行機制，保證了中央集權，實行了政治上與思想上的「一元化」統治，特別是最高層的統治集團維持了長期的穩定與統一，避免了由此而引起的政治動亂和社會的騷動，給百姓帶來了持久地休養生息，推動社會向著繁榮的方向前進。因此，在當時的歷史條件下，雍正創設軍機處帶來了始料未及的結果，不無積極意義。

大凡成就一項偉業，辦成一件正事，皆須有一套縝密的管理機制，需要循規而行，特別是國家大事，政治舉措，更是馬虎不得。雍正是一個有作為的君主，他開創的軍機處被以後的皇帝繼續延用，的確可見其早已突破軍機即處理軍務的界限了，而堂而皇之地成為一個政治集權的工具。因而說其是「政機處」才更恰當。

第四章 威以治世 變以臨事

君臨天下，威勢領先，行不行，先放「三把火」。雍正卻放得有聲有色，他是改革的急先鋒，大刀闊斧，革除積弊，創新機制，積極有為，真是難能可貴。但他更有一套治世的心機，拿出所有防範矛的盾，端出所有收伏人的心，既給之與之，又己所不欲，勿施於人……真是以治應制，以變應變。

清廉吏制，懲治腐敗

雍正訓道：安民之道，惟以察吏。諸卿果能秉公，毫不瞻顧，沽譽姑容，則吏治必清，天下大治。

我們知道，康熙朝後期政治環境寬鬆，在一定程度上造成了吏治的腐敗；另外，在封建時代，一個王朝的長短往往是由皇帝壽限的長短所決定的，隨著皇帝年齡的老邁和在位時間的過分長久，國民精神也會不同程度地萎靡和消沉。而雍正王朝，正是在康熙朝經濟的衰頹、吏治的鬆懈、國民精神萎頓的情況下，經過雍正帝堅韌不拔的努力，一步步地重振經濟、整飭朝綱、振奮精神，將康熙朝拉舊的一駕封建專制制度的馬車挖新改造，更換機具，膏添軸油，一步步地從倒退的半坡拉向了正途，為下一個王朝的中興奠定了堅實的基礎，開闢了道路。

雍正希望自己有一番作為，希望自己建立父皇康熙那樣的功業並有所超越。面對康熙晚年留下來的吏制腐敗問題，他又是如何去治理的呢？如何考察官吏，他的標準是以「安民之道」為上，對那些弄虛作假的官吏，他有辦法來對付。在清查虧空的過程中，由於貪官污吏對清查活動多方抵制，雍正不時遇到新的問題。為此，雍正在清查虧空過程中，不時派遣特派員來解決一些老大難問題。

雍正四年，大規模清查江西省的錢糧虧空。當時的巡撫裴率度明明知道各府州縣倉穀虧空很多，但卻隱瞞不報，對下面的貪污官員也是極力包庇。長此以往，虧空局面難以改變。雍正對此極為惱火。

雍正命把已調任的裴率度留於任所，將前任布政使張楷、陳安策發往江西審訊。

雍正又認為現任巡撫都立，無論做人還是當官都太軟弱，只是喜歡沽名釣譽，不能完成清查虧空這麼艱巨的任務，因此決定特派吏部侍郎邁柱到江西，徹底檢查全省錢糧多年的虧空問題。

與此同時，雍正命令從別的州縣挑選出幾十名官吏，火速奔赴江西。

清理的結果出來以後，雍正馬上命令裴率度及歷任藩司補償倉穀的虧空。

特派官員異地清查虧空情況，讓他們互相監督，這是雍正慣於使用的一著狠招，屢試不爽。

雍正在打擊貪污、清除腐敗這件事上，取得了舉世矚目的成效，同時也表現了他澄清吏治的勇氣和心智。由於措施得力，三年後，各省清償了大部分虧空，如直隸總督李維鈞在雍正三年八月上奏，稱該省欠銀共四十一萬兩，到當年六年已償還二十萬兩，剩餘的二十一萬兩次年可以全部償清。

又如河南省巡撫田文鏡在雍正二年的奏摺中寫道：「臣不遺餘力檄委各州府互相覺察，設法嚴肅，總期徹底澄清，不容纖毫短少。」意即我不遺餘力地責令各州縣官吏互相監督舉報，嚴肅執法，希望徹底查明虧空問題，使政府分毫不少地收回被貪汙的錢糧。

雍正大力打擊官場中的貪污現象，必然會堵住許多官吏的生財之道，使他們處在生活艱難的境地。而當時中國官吏的腐敗，地方政治的廢弛，實際上都是由官吏待遇菲薄造成的。當時，清朝官吏的俸銀在中國歷代封建王朝中幾乎是最低的。清制規定——文武百官的俸薪是：一品銀一百八十兩，二品一百五十五兩，以下遞減，到九品時官吏其俸銀便只有三十三兩了。俸銀之外，還有俸米，每銀一兩給米一斛；而且，外任文官還沒有俸米，武官更低於文官。這樣，一個九品小官所得的俸祿僅相當於一個地主出租五十畝地所收的地租，如此微薄的收入，又怎麼能使各級官吏養家餬口呢？

由此可見，當時清朝官吏的貪污應該說是迫不得已的，而雍正皇帝在打擊貪污的過程中，也發現了這個問題，於是決定採取一種新的舉措，以提高官吏的生活水準，這就是建立所謂的養廉銀制度。

養廉銀制度是和耗羨歸公密不可分的。所謂耗羨，是自明代以來各地方政府實行的一種不成文的稅收政策。由於明清兩代官吏薪俸低薄，所以，歷任統治者為了增加官吏收入，允許各級政府在為國家的收取正稅的同時，額外再增加一層附加稅，而這層附加稅，就是用來提高各級官吏的收入以及用做地方辦公費用的——這就是所謂的提耗羨。

這就給各級官吏帶來了鑽漏洞的機會。他們往往任意增加附加稅，並私自截留，中飽私囊，從而造成了亂攤派現象，給勞動人民帶來沉重的經濟負擔。

清時的趙申喬曾感慨地寫道：「惟橫徵私派，其禍尤烈！如收解錢糧，私加耗羨；解費雜徭，每浮額數……」

雍正在當政前，就對吏治敗壞、貪污納賄成風的問題有了深刻的瞭解。所以，雍正在即位後不久就指出：「朕觀古之純臣，載在史冊者，興利除弊，以實心行實政，實至而名亦歸之。古曰：名者，實之華也。今之居官者，釣譽以取名，肥家以為實，而云名實兼收。不知所謂名者，果何謂也！更有仕宦之初，頗著廉名。及身躋大位，則頓易其操，古人謂之巧宦，其心事豈可問乎！」

雍正的這番話，不但解釋了名實兼收的本意，同時還一語道破了某些人做官的目的，揭露了他們貪婪不法的本質，可謂見解深刻，體察入微。對此，雍正不得不採取一系列措施來解決上述問題。除攤丁入畝和清查虧空、打擊貪污外，雍正所採取的另一項措施就是提耗羨、設養廉。

耗羨歸公，就是把各州縣徵收的原本是由州縣支配的開支用銀全部交到省裡，再由省裡按一定比例發回地方。把所有的耗羨都交上來以後，州縣官們知道多徵對自己也沒有好處，也就不會出現濫徵的情況了，老百姓的負擔也會相應減輕。這樣既加強了中央的控制能力，又可以減輕老百姓的負擔，於國於民，都是好事。

耗羨歸公之後，雍正規定了它的三大用途：一是發給官員的養廉銀，二是彌補地方錢糧虧空，三是留作地方公共事業和辦公費用。

在雍正初期，相當部分的耗羨銀用在了補償地方錢糧虧空的方面。此後，虧空基本上被補足後，這部分費用就被轉到了地方官員的養廉上。

所謂養廉銀，顧名思義，就是從耗羨中撥出一部分用於官員的私人生活和衙門公務開支的銀兩。更確切地說，就是把官員養起來，以保證其在豐衣足食後廉潔奉公，不再貪污受賄，魚肉百姓。

水至清無魚，人至察無徒，雍正對此看得非常透徹，因此他在實行耗羨歸公的同時就說過：「恐名官無以養廉，以致苛索百姓，故於耗羨中的酌定數目，以為日用之資。」意即：我怕耗羨歸公之後各級官吏斷了財路，會更加勒索百姓，所以決定從耗羨中拿出一部分獎金分發給各級官吏做為獎勵，以杜絕貪污現象。

這就是高薪養廉。雍正這一招做得很絕，抓住了大多數人做官為發財的本質，讓他們拿在明處，拿得光榮而無需偷偷摸摸。這就從根本上堵住了某些貪官污吏的退路，使他們再無苛索百姓的理由。此後，隨著各省錢糧虧空逐漸彌補清楚，地方官吏的養廉銀亦隨之不斷增加。另外，在這一個過程中，雍正也逐步將養廉銀的發放規範化、制度化了。到雍正十二年，地方各級官吏所得的養廉銀數量，已超出了正式薪俸的幾十倍甚至上百倍。

例如：原督撫的薪俸僅為一百八十兩左右，其養廉銀卻高達一萬五千至三萬兩不等。原州縣官吏的薪俸僅為四十五兩左右，其養廉銀卻高達四千兩至六千兩不等。

地方官吏的問題雖解決了，但京官的俸祿低微的問題更顯著突出了。考慮到這一矛盾如果不能及時加以解決，勢必難以杜絕外任官員向京官送禮的現象。為此，雍正決定給吏、戶、兵、刑、工五部尚書、侍郎發雙俸，並給漢人小京官加俸銀若干，這就使京城內外的一切官吏都嘗到了改革的好處，再沒有對耗羨歸公一事評頭論足的了。

雍正的這一做法，可謂是慮事周詳、統觀全局、恩威並重、賞罰分明，不失為一條治國上策。

整體來說，在打擊貪污、清除腐敗這件事上，雍正取得了舉世矚目的成效。他銳意進取，首抓吏治的作風對後世產生了極其深遠的影響——嘉慶年間的史學家章學誠曾對雍正做了一番較為中肯的評價，稱：「我憲皇帝澄清吏治，裁革陋規，整飭官方，懲治貪墨，實為千載一時。彼時居官，大法小廉，殆成風俗，貪冒之徒，莫不望風革面，時勢然也。」

整頓固弊，改革機構

雍正有一句名言：「世間事不過擇一是路力行之，利害不管，是非不顧，一切阻撓亂之無知庸流，毫不能動此堅忍不拔之志，方能成事也。」

好一個「堅忍不拔之志，方能成事」，雍正堅持改革，積極有為，求新求變，是一個上進的皇帝。

雍正在實行清查虧空、耗羨歸公、養廉銀制三項措施後，還一舉打擊了恣意加派，接受規禮，貪婪勒索等官場惡習，還通過改革官僚機構，來肅清政治，穩定人心。

由於康熙後期的吏治過於寬鬆，清政府官吏貪污成風，以至於使雍正期許多官吏被抄家，雍正因此也落了個抄家皇帝的稱號——他自己認為抄家是必要的，並對此做出了解釋：「若聽其以貪婪橫取之貲財，肥身家以養子孫，則國法何在，而人心何以示儆。況犯法之人，原有籍沒家產之例，是以朕將奇貪極酷之吏，抄沒其家資，以備公事賞賚之用。」即：若聽任他們靠巧取豪奪得來的財貨損公肥私，那國家還有什麼法律尊嚴可言，又靠什麼來治理百姓？況且對這些犯法的人，原來就有抄沒他們家產的法律條文，所以我才按照法律規定，抄沒了他們的家產，並準備把這些不法所得用在國家需要的地方。

除了抄家索賠這一手段外，與抄家同時進行的另一舉措是罷官。凡是貪官，一經被查出，雍正就將他們革職離任，不允許他們再像從前那樣留任以彌補虧空。這是因為雍正發現了留任的弊端。為此，他曾解釋道：「虧空錢糧各官，若革職留任催追，必至貽累百姓，固不可復留原任；若已清還完畢，尚可為官者，由大吏奏請。」雍正對待貪官的警告是：「做官貪婪不法，必毀自己體面。」

為了杜絕此類現象的發生，雍正採取了一系列有效措施：

誅連法。雍正認為有的贓官會把贓物寄藏轉存到宗族親友處，因此，他在命贓官賠補虧空的同時往往還要抄沒該官親友的家產。這種措施雖好，但誅連太廣，又有可能傷及無辜，非常不得人心，招人憎惡。因此，雍正在實行這一政策後不久，就把它停止了。

禁止代賠法。即在追贓的過程中，有些官吏往往指使下級官僚和地方百姓代為償債，雍正在得知這一情況後，明令禁止這種代賠行為。如雍正元年，新任直隸總督李維鈞曾奏請雍正批准由該省官員幫助前任總督趙弘燮清還虧欠。對這一奏請，雍正不但沒有批准，還說縱使州縣官富裕，只能替地方上興利除弊，卻不能替他人償補虧空。此後，雍正又發現了許多不肖紳衿與貪官勾結，利用提留復任而魚肉鄉民的事。因此，他斷然採取了另一舉措，即：犯案官員絕不能留任。

此外，禁止代賠法實施後，由於某些官員貪污數額巨大，知道性命難保，因此畏罪自殺的事例時有發生，雍正決定對畏罪自殺的官員加重處理。為此，雍正強調：「料必以官職不保，不若以一死抵賴，留貲財為子孫之計。」

官場上的送禮之風，可謂源遠流長，綿延不絕。從其作用來看，送禮既可拉近距離，增進感情，又可滿足雙方的需求，彼此也都甘之如飴。反正，送與被送，都不是一方就能決定的。在養廉銀制度實行之前，地方官吏中的下屬，必須按陋規向上司送一定的數量的禮金。若上司本人身兼數職，下屬就必須同時奉上幾份禮物，假如這一陋規不被革除，勢必會對雍正所推行的政策改革造成不良影響。雍正決定革除這一陋規。

雍正在其上諭中禁止欽差接受地方官饋贈，督撫也不得以此向州縣攤派，在實行耗羨提解的同時，就大力取締陋規了。這方面，河南巡撫做得比較突出。石文焯在計議耗羨歸公時，考慮到若規禮不除，州縣官還會在耗羨外再行加派以奉獻上司，為防止它的出現，就將巡撫衙門「所有司道規例，府州縣節禮，及通省上下各衙門一切節壽規禮，盡行革除」。田文鏡繼任，更能以身作則，不收規禮：「家人吏役約束頗嚴，門包小費一概謝絕」。河南有一些特產，如開封府的綾、綿、綢、手帕、西瓜，歸德府的木瓜、牡丹、永棗、崗榴，懷慶的地黃、山藥、竹器，汝南府的光鴨、固鵝、西絹，平原州縣的麥豆，水田州縣的大米，附山州縣的木炭、獸皮、野雞、鹿、兔等類，上司強令該地方官交納，成為土例。田文鏡一概不收，嚴行禁止地方官交送。

在取締陋規的同時，雍正還加強了對中央官員的約束。以前，地方官在向戶部交納錢糧時，每一千兩稅銀中要加派二十五兩所謂的「餘平銀」和七兩「飯銀」。雍正意識到這也是滋生腐敗的一個源流，因此在即位之初就下令減去「餘平銀」的十分之一，以緩解地方上過量的財政負擔。耗羨歸公後，允祥親王曾建議雍正取消收納如「餘平銀」和「加色銀」，並同時杜絕地方官短交或以「潮銀」抵充足色紋銀的行為。如果實行這一辦法，可以有效地制止主管國庫的官員與地方官員侵蝕私分國家錢糧的圖謀。雍正皇帝認為這個建議有理有據，立即批准，取消這一加派現象。

加派被取消後，雍正又開始向「部費」開刀。

所謂「部費」就是指各衙門在向吏部陳奏各項事務時，如不交納一定數額的禮金，吏部就不批准予以實行。其他各級衙門也有類似的現象。甚至新設立的會考府，本是打擊貪污清理錢糧的部門，但其中的個別人也暗中收取這種部費——這就涉及到了雍正早期的寵臣之一隆科多和雍正的政敵允祀。他們當時都是會考府中的全權人物。因此，雍正同他們的較量更是用盡心機，既鬥智又鬥勇。為此，雍正對此也做出了明文規定，指出各省總督、巡撫、提督、總兵必須對「部費」這一不良現象嚴加禁止，倘有人督察不嚴，將從嚴治罪。至此，官場送禮風才有效地被扼止住了。

整頓了官場陋習，雍正的另一措施便是改革官僚機構。

首先是整頓八旗制度，取消王公管轄，由皇帝直接領導。雍正繼位後，任用自己的親信兄弟和王公去管理掌握著軍政大權的八旗事務，使皇權在八旗中得以行使。雍正任用康親王崇安管理正藍旗的事務，任用皇十七弟果郡王允禮管理鑲紅旗事務。他以為這樣任用親信兄弟和王公管理八旗事務，就能平安無事，但在對八旗管主的使用中，很快就又發現管主和皇帝之間存在著很大的衝突，而八旗內部官員之間也存在著很大的問題。

管主諸王同都統等官員的職權難分，往往互相摩擦，不免要常常耽誤公事。同時管旗務的諸王因身分崇高，影響皇帝對旗民直接統治的權力。為了解決這些矛盾，把旗務的控制權掌握在皇帝的手中，雍正又採取了一系列措施，改革旗內的事務。

雍正六年，雍正皇帝當機立斷，減少八旗管主，又取消了信郡王德昭、康親王崇安以及錫保等人管理旗務的權力。之後，雍正又把在八旗中做管主的王公改命為旗都統。七年，雍正皇帝任命莊親王允祿管理正紅旗滿洲都統事務。雍正九年，又改命莊親王允祿管理正紅旗滿洲都統事務。雍正十年，雍正皇帝又任命平郡王福彭管理鑲藍旗滿洲都統事務。用莊親王允祿、平郡王福彭為八旗中的都統，是雍正將旗務的控制權掌握在自己手中的一個手段。

官僚機構方面，以「六科」為例，雍正大大削弱了其權力。「六科」，是歷代封建政體中的一個行政衙門，其官吏稱給事中。它的職責就是所謂的「傳達綸音，稽考庶政」——即傳達皇上的命令，並負責檢查下面執行上諭的情況。

具體地說，六科是專門負責將皇帝批閱的奏章從內閣領出，然後謄抄清楚再發給各有關部門具體執行。它不僅有轉發批奏文件的權力，而且還具有「封駁權」——即假如六科認為皇帝的命令有欠妥當，就有權將這個命令原文封好，重新退回內閣。

此外，六科還負責稽察六部，審核各類事件的執行狀況。倘若六科認為各部門在執行過程中有意遷延遲誤，就有權對它們進行參奏。因此，六科給事中所理之事，雖職位不高，但權力範圍卻非同小可。

有鑑於此，雍正即位不久，就決定削奪六科的權力以加快各種政令的順利執行。為此他說六科的掌印給事中責任緊要，因此給事中人選應交督察院共同揀選保奏。此後，雍正又命令督察院派定了六科給事中人員，並命令督察院從六科中各科不掌印信的給事中選拔出二人，出具考語，繕本題奏。這樣一來，六科給事中實際上就成了督察院的一個附屬部門，與督察院中的監察御史沒什麼不同了。

有人評價雍正此舉是「輕重倒置，不尊重綸悖」，事實上，雍正是故意將重者輕之的。正因為其重要或緊急，就力圖下達順利，使之減少羈絆；只有這樣，才能使給事中們無法抵制皇帝的命令，使各項政令得以迅速傳達，使皇帝的金口玉言受到絕對的尊崇。

雍正一方面貶低了六科給事中的權力，與此同時，另一方面又加強了督察御史的許可權——即向地方派遣各類巡察御史，命令他們負責督察各類政令的實施情況，並負責考核各地官吏的任職狀況，這樣一來，巡察御史就有欽差大臣的味道了。

雍正這樣做，不僅削弱了六科給事中的諫議權，還加強了督察院對所有官吏的監察力度，兩者相輔相成，既是雍正強化皇權的兩個側面，又是雍正馭下有方的一個最佳體現。

息兵養力，維護治安

任何皇帝都希望看到自己國家一派升平，沒有混亂，沒有戰爭。然而，這不是靠一句話希望怎麼樣就怎麼樣，安定的局面同樣是靠人去創造的。在康熙朝，雖然國家穩定，社會治安，百姓和悅，但仍免不了有戰爭，西北戰事一直令康熙惱火傷神。到了雍正王朝，他當然更加希望社會治安有序，百姓樂業，而且還希望結束戰爭，息兵養力，一心發展經濟。那麼，雍正又做了哪些努力呢？

雍正五年，雍正皇帝就籌謀征討準噶爾部蒙古。西藏阿爾布馬叛亂事發後，進一步促使雍正下決心對準噶爾用兵。雍正說：「準噶爾、西藏二處實為國家隱憂，社稷生民憂戚繫焉。所以聖祖明見事之始末利益之意，滅取準噶爾，安定西藏者，聖知灼見，不得已必舉行者也。」雍正帝將對準噶爾用兵之事推到當年的康熙帝身上，誇讚說這是父皇明見事之末利益之意，他是要完成父皇遺業，不得已才要向準噶爾用兵的。凡出師而必有名，雍正出師討叛伐罪準噶爾部蒙古，拿出老皇帝的聖知灼見，也算是一種省口舌的理由。

雍正五年的十二月間，準噶爾部落首領策妄阿拉布坦死，其子噶爾丹策零繼位，雍正認為這一事正是可乘之機，這促使他下定用兵的決心。

遠征備戰，雍正皇帝十分重視對軍士的挑選和訓練，凡事謹慎，這是他的優點。到了五年的十一月間，他密令河南、山東、山西三省督撫，於步兵內各揀選二千人，他們不必擅長弓馬，但要能放火槍，以備駕車開銐之用。由於西北用兵，長途運輸。需要大量的駱駝、騾馬，雍正皇帝為此命河南總督田文鏡購買馱騾三千匹，交西安岳鍾琪處。

對西北討伐準噶爾的戰爭準備雍正很感滿意。到了七年二月，他認為可以把事情公開了，於是發佈上諭，歷數準噶爾首領之罪惡，說噶爾丹策零為害同族並無悔改之意，任其妄為，必後患無窮，對之用兵，乃是完成聖祖未竟的事業。如今國帑充實，士卒振奮，正是用兵之時，若遲疑不決，將來追悔莫及。

至此，清軍討伐準噶爾之事已變成了真正的遠征。戰場沒有在準噶爾部落展開，卻在清朝統治下的喀爾喀蒙古（今蒙古國）開戰，鬧不清是誰討伐誰了。雍正出師前那樣鄭重其事，怎麼也料不到討伐準噶爾會如此艱巨，竟把戰場移到了阿勒泰山以北的外蒙地區。

光顯寺大捷後，雍正皇帝冊封額附策凌為超勇親王，授定邊副將軍，屯兵科布多（今蒙古國西部哈爾烏蘇湖西南），經理軍務。雍正以貽誤軍機罪將綏遠將軍馬爾賽及都統李禛斬首於軍中，再削傅爾丹官爵，留其於軍營戴罪立功。以錫保調度失宜，懦弱怯戰，罷其靖邊大將軍職務。

噶爾丹策零經光顯寺大敗之後，已明顯大挫，無力再發動進攻，於是派人請和。雍正皇帝見師久無功，所派將帥又皆不如意，索性於雍正十一年五月宣佈暫停進兵。此時，翰林院檢討周彬正好上疏，說及西征造成靡費疲憊，要求迅速撤兵，軍務俱行停止，以舒天下之力，養天下之命。軍機處樞密大臣張廷玉此時也有希望議和之意。張廷玉起初極力主戰，此時見勞師靡費，久戰不宜，揣度雍正皇帝也有議和意，便不失時機地向皇上表達了可以議和的建議。作為寵信之臣，張廷玉的意見是很有作用的。雍正就罷兵之事徵求傅鼎意見，傅鼎叩頭說：「此社稷之福也。」表示也贊成議和。

議和已成朝中主流，於是雍正採納眾議，於十二年七月決意議和，撤回兩路大軍。戰場之勢，往往千變萬化，常為始料所不及，既定目標沒能達到，這也是兵家常事。在這種情況下，議和已轉而成為上策。

雍正教民「聯保甲以彌盜賊」，竭力推行保甲法以弭盜安民。對此，清朝人張惠言說：「保甲之法，原為保安富戶起見。」張惠言很有明見，一語道破雍正推行保甲之心。

清初實際戶口登記，以戶為單位，記註丁口、籍貫、職業。丁口，是政府徵發徭役的根據；籍貫關係到人們讀書、應試、做官等權力；職業，有的不能隨意改變。這些內容關係政府和人民的利害，雙方都很重視，政府由於據此以進行剝削和統治，更加留心。人們的家庭情況總在不斷地變化，所以戶籍登記不間斷地進行。清初政府規定三年進行一次編審（後改五年一次），稽查戶口，尤注意核實丁口，所以叫做「編審壯丁」。當編審之年，各省於年終報告戶部，若違限不報，經管官員都要照違限例議處。可見編審戶口，是地方政府的重要事務。雍正實行攤丁入糧制度，使編審壯丁的必要性大大降低了。

以保甲代替編審，雍正也在考慮這一問題。在李紱摺奏前半個月，他再次發佈實行保甲法的上諭。他指責地方官把保甲當作陳規故套，「奉行不實，稽查不嚴。」針對村落零散、沿海、少數民族地區不宜實行的觀點，他指出數家亦可編為一甲，漢化較高的苗民、僮民都可編為齊民。他怕地方官依然不實力奉行，命制定相應的獎懲條令。

七月，吏部遵照雍正的指示，議定保甲條例：（一）十戶為一牌，設一牌頭，十牌為一甲，設甲長，十甲為一保，設保正。（二）畸零村莊、「熟苗」、「熟僮」，一體編入保甲。（三）地方官不實力奉行，按情節分別議處。（四）建立民間勸懲辦法，對違犯保甲條令的人，若行告發，按被揭發的人數給獎；若為隱匿，予以杖責。雍正批准這一條例，命各省通行，限一年內執行完畢。這時就在事實上停止了編審，到乾隆三十七年（一七七二年）正式取消這一制度。編審停止後的保甲法，與從前的不同，它包含調查戶口與維持治安兩項內容，突出了它的治安管制的性質。也就是說自此以後，封建政府日常控制人民的手段，主要是保甲法。所以說自四年起，雍正厲行保甲，是在攤丁入糧新形勢下對人民進行約束。他這樣做，使政權自上而下地支持族權，宗祠自上而下地維護政權，兩者結合，封建統治更穩固了。雍正實現行政機構改革，加強了皇權，加上這些地方組織的強化，增強了政府統治力，所以雍正時代，從上到下，封建統治更加嚴酷了。

從雍正的這一系列努力，從外到裡建立了一個穩定的國內環境，為他的實施新政和乾隆盛世奠定了基礎。

重實務學，勤政躬親

雍正在引用俗語：「不是閒人閒不得，閒人不是等閒人」時說：「及至今日，如何圖得安閒？既有責任在身，非勤不可。」可見，雍正是一個勤快的皇帝，在治理國家中，他也確實做到了這一點。

雍正是一個希望自己很有作為的皇帝，這不僅得力於父親康熙的薰陶，更重要的是理想和抱負驅使所致，他要向世人證明，他是一個有能力把大清管好治好的人，從而說明他才是最佳的皇位繼承人。為此，他不是只在繼位之初才表現得非常努力，而是一以貫之，從不懈怠，確實是一個難得的治世之君。

雍正的務實、勤政、事畢躬親作風，與其說是一個政治家、改革家必有的素質，不如說是一種責任心，為己為人，為國家、為社會。雍正既懷萬民於心，又想一展鴻圖，他必須得用自己的努力去實現。

首先，雍正非常勤於學習，是善於借鑑的皇帝，知識廣博，閱歷豐富。他曾說：「三年以上，若夏啟之能敬承（禹帝之子名啟，啟殺死了禹選定的繼承人伯益而繼承王位，從此中國進入王位世襲制），殷之太甲、戊、武丁（太甲是商朝建立者湯的嫡長孫，繼位後勵精圖治，諸侯歸殷，百姓以寧；戊是商朝第九王，因用賢臣伊陟、巫或咸，七十六國歸服，稱中宗；武丁是商朝第二十二王，重用傅說為臣，征南夷，六國來朝，伐鬼方，三年而克，在位五十九年，稱高宗），周之成王、康王、宣王（成王是周武王子、周公傅政，分封諸侯，康王是成王之子，繼承成王政策，史稱成康之治，四十餘年刑錯不用。宣王是周朝第十一王，喻德教，舉遺士，四海歸服），頌美詩書，光耀史牒。三代（夏、商、周）以下，英君哲後，或繼世而生，則德教累洽，或間世而出，則謨烈崇光，胥能致海宇之義安，躋斯民於康阜，嘉言傳於信史，善政式為良規。至凡蒙業守成之主，即或運會各殊，屯亨不一，苟無聞於失德，咸帝使所寵綏。」

這段史論比較拗口，也比較唬人，但絕不是可以臨時抱佛腳、現買現賣的，是雍正肚裡才學的表現，也說明他善於總結歷史。

無論是來自哪個民族，作為統治以漢民族為主體的國家的皇帝，不懂國史自然要惹笑話。元朝的皇帝不願意精通中國歷史，甚至不願到北京上班，只是天冷了才到北京，天熱了又回蒙古，所以最後又騎著馬兒離開了北京。雍正皇帝像清朝其他皇帝一樣吸取了歷史教訓，認真學習，所以才這樣懂史。懂史的目的也在於汲取歷朝歷代的治國經驗，致力於改善和強化統治地位，這是相當可嘉的。

雍正的確博學，對歷代功臣知道得很多，他尤其對唐朝的魏徵大加讚賞。有歷史常識的人都知道，魏徵是唐太宗李世民諫議大夫、秘書監、侍中，封為鄭國公。魏徵曾進諫唐太宗，上「十思疏」，希望君王知足自戒，止興作以安民，謙沖自牧，慎始敬終，虛心納下，去讒邪，慎刑法。雍正認為魏徵的君臣論治，很值得本朝吸取，於是親書魏徵的「十思疏」，置於屏風，朝夕誦讀觀鑑。又親書多幅，頒賜給田文鏡等寵臣，以便君臣共勉其勵。

「九式」是說用財的節度。雍正皇帝曾賜戶部「九式經邦」的匾額，並以《周禮》賜文給戶部，說明對《周禮》很是通熟。他認為戶部若按《周禮》九式之法施行用財的節度，對當朝的經濟財政定會有利。由此看來雍正皇帝自然不是無學之君，對中國的史學及經學是很通的。同時，他以史為鏡，以史為師，所學的東西也無不是正面的。

雍正皇帝文思敏捷，於日理萬機之中，往往親自書寫朱諭、朱批，少則精簡十字，多則上千言，都是一揮而就。他的朱諭，存於中國第一歷史檔案館，有人曾見到過，連書寫都很工整，文字也流暢而且間有口語，卷面一字一字地寫得十分整潔，很少塗抹。比如，雍正在給年羹堯的朱諭中說：「使臣中佛保回來所奏之摺，抄來發於你看。未出爾之所（料）略。但你臨行之奏，待他來人輕淡之論，朕少不然。朕意仍如前番相待，何也？今換人來矣，想策旺（準噶爾部蒙古領袖策旺阿拉布）疑根敦（根敦是策旺阿拉布遣去北京講和的使臣），與事無益，二者朕總實在推心置腹，不因彼變遷而隨之轉移，總以無知小兒之輩待之，體理復彰，你意為何如？再其所請求之事，逐款當（如）何處，將你意見寫來朕看。他如（此）待留羅卜藏丹津（青海叛亂首領）之意，你意如何？他的人來，一路上仍加意令其豐足感激，可速諭一路應事官員知悉。再他又向藏之論，此信未必也。可速速詳悉逐條寫奏以聞。特諭。」從這個諭批看來，完整百餘字中，只抹去一個「料」字，改為「略」字，再則加了個「如」、「此」二字，別無塗畫。

雍正皇帝執政十三年，以漢文寫的朱批奏摺多達兩萬兩千多件，以每件朱批平均為一百字計算，字數就有二百二十多萬字。如果文思不敏捷，語言不流暢，是不可能寫得出的。乾隆時期《四庫全書》總纂修紀曉嵐曾說：「秦漢以後，皇帝對於各種奏章，有看有不看的，即使過目了，批上一個字，名曰『風尾諾』，但並沒有連篇累牘，一一對奏疏作朱批的。唐宋以後，皇帝的文章多為臣下代為草擬，偶爾寫幾個字就傳為美談，哪裡有世宗皇帝（雍正）那樣字句密多，標注次序，無微不至，真是自有文書以來未嘗聞見者。」

在處理國家事務中，雍正皇帝更是認真細緻。下臣的疏忽大意和草率，或者掩飾過失。偶露形跡，總會在他的精細之中被發現出來。

雍正元年時，年羹堯上奏一個摺子，大學士已經議覆，後來蔡珽又有相同內容的奏摺，大學士沒有察覺，又行上奏，雍正注意到後，立即批評大學士們漫不經心。

雍正五年時，浙閩總督高其焯連著就福建水師問題遞了兩個報告，因為路途遙遠和其他原因，後寫的奏報卻先到了北京。雍正帝閱覽之後，見奏摺上有句續報的話，當即追問是怎麼回事。雍正七年，署理浙江總督性桂摺奏偵查甘鳳池的事，雍正閱後批道：「前既奏過，今又照樣抄奏，是何意見？」

雍正帝理事務不但細緻，而且往往對人和事都很詳盡地進行了解。雍正三年四月十日，他在河南巡撫田文鏡的奏摺上朱批詢問，向田文鏡瞭解年羹堯向河南運送資財的去向，又問河北鎮總兵紀成斌的為人。到了五月初六日，田文鏡便具摺回奏，向雍正皇帝報告說已派人瞭解年羹堯的問題，並且談了對紀成斌的印象。年羹堯在年底被賜自縊，紀成斌在雍正十一年被斬於軍前，想來田文鏡肯定沒說年羹堯和紀成斌二人的好話。這次雍正和田文鏡用密摺交流情況，交換看法，前後計二十天，工作效率在當時是很高的。

雍正和田文鏡君臣之間的奏摺問答，很能說明雍正皇帝辦事注重效率的作風。開封到北京的路程是一千六百里，田文鏡向皇帝的奏摺，都是由田文鏡的家人呈遞，來回要用十七天，每天約二百里的路程，速度也不算慢。由此判斷，很有可能是雍正收到奏摺就隨時閱讀批奏，隨即就快人快馬地發出去的。而田文鏡也定是一見到雍正皇帝的覆摺批奏，就推掉一切事務專心致志回覆皇帝的摺子，君臣二人的辦事效率倒很是可嘉的。

不僅對外地官員是如此，對於京師的奏摺，雍正皇帝處理得也不慢，絕不因是眼皮子底下事而稍有拖延。十年七月初八日，禮部侍郎張照為他祖父張淇呈請設立義莊，並請雍正皇帝給予旌獎。

三天後，即十一日，雍正便批准了張照的請求，並命禮部議奏旌表；到了十月十三日，大學士張廷玉題請給張淇封典，十五日雍正帝即給予認可。關於對張淇的旌表和封典，事情很小，又是例行公事，兩次題本，雍正都在兩三天內給了答復，並不因是平常的事情而拖延。按說，作為一個大國的皇帝，是不應該分散精力支管旌表封典這類小事的，可雍正事必躬親，同時又善於迅速處理事情，所以才會有如此之高的行政效率，這也是一般皇帝很難做得到的。

雍正皇帝如此躬親細務，有些下臣並不欣賞，反而對此生厭。因此，雍正就進一步說明躬親政務的必要：「國家設官分職，各有專司，而總攬萬機，全在一人之裁決。」到了七月，他又在《御制朋黨論》中，把反對他躬理細務的人歸之為朋黨，說：「畏人君之英察，而欲蒙蔽耳目，以自便其好惡之私。」這樣一來，百官噤聲，再沒人敢勸他不事細務了。看來他也並非是精力過剩或剛愎自用，究其原因，恐怕在於像小孩子保護大人送給你的禮物一樣寧可提不動也要強為之，把所有的權務都收到自己手裡，對別人不放心。

《論語》：子曰：「其言之不怍，則為之也難。」意思是孔子說過，如果一個人大言不慚，那麼，要實踐他的話一定是很困難的。所以，當代的人很少有說雍正帝英明洞察，事事比別人強，是個完善傑出的帝王的。

雍正世事洞明，事必躬親，的確是歷代帝五勤政的表率。他那種夙興夜寐，朝乾夕惕的工作精神，很值得今天的領導者學習。

改土歸流，一統西南

雍正是一位銳意進取的皇帝。他在打倒政敵、國內穩定後，他就開始實行一系列的政治經濟改革，而且卓有成效。前面我們談到其政治方面的改革，那麼在經濟上，他也是雷厲風行，做出了突出成績。

先說他在西南地區實行的土司改土歸流，頗為後人讚譽。

所謂改土歸流，就是取消西南地區的土司世襲制中央政府，設置州縣建立政權，並派官員輪流去做官，統治那裡的人民。自明朝以來，中央政府就在條件成熟的地區，取消土司世襲制，設置府廳州縣等地方政權，派遣一定時間進行調換的流官前往治理。這種辦法，明朝和清初偶或實行，所以土司制的問題嚴重存在著。到雍正時期，由於弊端的積累，暴露得更清楚了。

這些土司、土舍和頭人對屬民任情役使，賦稅是一年四小派，三年一大派，小派計錢，大派計兩。他們掠奪的比向中央上貢的要多得多。

如雲南鎮沅土知府刀瀚，於雍正初年每年向朝廷進貢銀三十六兩，米一百石，而向土民徵收的銀子即達二千三百四十八兩、米一千二百一十二石，強征的比上貢的多幾十倍。

再者，土司盜賊恣意虐殺屬民，對犯其法而被殺害者的家屬，要徵六十兩、二十四兩不等的銀子，還名之曰「墊刀銀」，實乃兇惡至極，殘無人道。屬民們對土司無官民之禮，而有萬世奴僕之勢，子女財帛總非本人自有，他們的一切，包括生命都是土司的。

還有，土司之間為了爭奪土地、人畜而時時互相廝殺，經年不解，世代為仇。如廣西隆州古隆地方土司王尚氏等，與貴州普安州地方的土司阿九等爭奪歪染、烏舍、壩犁、魯磉等寨，常年刀光血影不休。雍正二年經告官府，因事涉兩省，地方官互相推諉，到雍正四年還沒有審理。

此外，土司與地方政府也是衝突重重。有的犯罪漢人逃到土司那裡，得到好處的土司就將其保護起來，除非州縣官用銀錢買求，才能得到，這就破壞了地方政府的司法權。但有的地方官也無端欺凌土司。土司上告，需要州縣官轉呈，有的州縣官就借機勒索，多方刁難。有的土司向州縣官送禮，若被上司知道，州縣官反誣土司賄賂鑽營，而若不送禮，則加以傲抗之名，找些小事，申報上司，使土司左右不是。由於總有地方官向土司要錢，致使土司不敢到府縣城裡，怕被拘留勒逼……

這些弊端，令土、漢人民遭殃。而中央政令不能統一貫徹，也是產生地方吏治敗壞的一個原因。

土司制度的存在，其弊端是嚴重地妨礙國家的統一，破壞地方經濟文化的發展，不利於社會的安定，是阻礙社會進步的一個重要因素，因而取消土司制就成了歷史發展的必然要求。

作為一名銳意進取的皇帝，雍正對土司的惡行十分清楚。雍正二年五月他指示四川、陝西、湖廣、廣東、廣西、雲南、貴州等省督撫提鎮說：「朕聞各處土司，鮮知法紀，所屬土民，每年科派，較之有司徵收正供，不啻加蓰，甚至取其牛馬，奪其子女，生殺任情。土民受其魚肉，敢怒而不敢言。莫非朕之赤子，天下共享樂利，而土民獨使向隅，朕心深為不忍。」

意思是說，土著人也一樣是皇帝的子民，天下人都享受太平，安居樂業，獨獨讓同是子民的土著在偏遠的角落裡受土司的欺凌，我作為皇帝是於心不忍的。

其實早在雍正初年，就想取消土司制，改土歸流，但由於條件不成熟，沒有實現。至此，雍正皇帝下定決心要取消西南地區的土司制，對桂、滇、黔、湘、鄂、川六省少數民族地區施行的改土歸流，廢除了千百年來的土司制度，解放了西南地區的土民少數民族，這是歷史上一次較大的社會變革。

從改土歸流的實際效果來看，它把土司、土舍的利益分給廣大的土民，使天下共享樂利。然而雍正改土歸流的成功有一個過程，鞏固成果也需要繼續努力。

改土歸流，革除了土司之後，新任的流官就對安定改土歸流地區起著至關重要的作用。流官是否清廉，是不是苛猛，直接關係到地方的安危，雍正時期的清政府在這方面是有教訓的。

鄂爾泰針對流官為政苛猛的問題，也在奏摺上感慨萬分地說：「欲使人民相安感戴，實不在法而在人，得人之難，難於任事。」

因此，雍正皇帝和鄂爾泰一方面要加強對流官的選任，一方又要加強對流官的監督和考察，一旦發現有不利於地方安定的流官就撤換和治罪。由於雍正、鄂爾泰君臣二人的努力，改土歸流地區的第一任流官大多數基本上是清廉的，對安定地方、發展地方的生產發揮了良好的促進作用。

改土歸流後，清政府大規模清理錢糧，變革賦役，統一稅收，出現了「較之土司陋十不及一」的徵稅現象。土民所受的剝削大大減輕了。清政府在此基礎上以又大行丈量土地，鼓勵土民屯田墾荒，並分配給土民牛種、房屋，或者給以銀兩，更加激發了土民發展生產的熱情。

東川府劃歸雲南後，鄂爾泰捐發銀三千兩，買水牛一百頭，蓋房六百間，分配給來墾荒種地人，使這一地的農業生產又上了一個階段。

為了發展生產，清政府在改土歸流後又興修水利，造蓄水田。開發水陸交通的舉措更是令人振奮，使道路暢通，促進各民族的交流，加快了少數民族地區經濟的開發。漢族先進生產技術的傳入和推廣，促進了當地的種植質量，特別是朝廷又在這裡建立了學校，傳播漢族的先進思想，提高了西南少數民族的文化素質。

改革賦稅，攤丁入畝

雍正認為：「攤丁之議，不是小事，而是富國之大事，關係甚重。」這其實就是一個賦稅問題。而賦稅，在歷朝歷代都是一個重大問題，因而說是富國之大事，一點也不誇張。我們都知道，如果國家太平，世道穩定，統治者實行一套開明的仁道政策，當然百姓安居樂業，沒什麼大事。其中就有一個問題，賦稅輕，對老百姓有利，生產的積極性當然就提高了，這是有目共睹的。比如西漢文章之治，唐朝貞觀之治和開元盛世，就是在康熙朝，情況也是如此，所以保持了長達六十年之久的太平盛世。相比之下，賦稅加重，各種兵役、徭役等稅目繁多，百姓就難以承擔，而這樣的情況一般出現在朝代末期，也預示著這個朝代必將滅亡，歷史同樣給出了驗證。因之可以看出，賦稅是一個朝代的「晴雨表」，尤其值得統治者重視。

前面我們在整頓吏制中談到耗羨歸公的問題，不過那其實就是一個賦稅問題，不過那只是對官吏而言；而對老百姓呢，則是另外一套，即差徭和田賦。

差徭和田賦是封建社會臣民應盡的兩大義務，歷年來都是分別徵收。由於徭役很重，無田的平民難以承受，加上歷年來紳衿免於丁役，造成了差傜不均的局面，這樣迫使平民百姓只能隱匿人口來逃避差役。弄到最後，政府的徵傜也沒有保障。差傜制度的不合理，已成為必須解決的社會問題。改革役法已是勢在必行。

康熙末年，已有人提出「丁隨糧行」的建議，即把丁銀歸入田糧中一起徵收，完全按田地的面積來收取，不再按人口來繳納。但終康熙之世，改變役法與維持舊法之爭一直不絕於耳，然而卻難定斷。

雍正即位後，馬上就面對這棘手的、但又必須解決的問題。同決定耗羨歸公一樣，對此重大決策，雍正表現得極為小心慎重。

最早上疏觸及這問題的是山東巡撫黃炳，他提出丁銀分徵造成地方上隱匿人口、貧民逃亡的嚴重現象。

黃炳主張丁銀攤入地畝徵收，有地則納丁銀，無地不納丁銀，貧富均平才是善政。

但是，雍正沒有接受他的提議，反倒指責黃炳說這種不該說的話。雍正說：「攤丁之議，關係甚重。」在最後決策之前，他把問題交給眾大臣，讓他們積極討論，提出意見。

反對派的意見主要是：丁歸田糧以後，必然造成對人口的管束放鬆，使得對遊民的管理更難了；認為丁歸田糧實行久了，人民就會以為只有糧賦沒有丁銀了，為以後官僚們再加稅提供了藉口，最終使老百姓受苦。

一個月後，直隸巡撫李維鈞以有利於貧民為理由，奏請攤丁入糧。

李維鈞比黃炳聰明，他深知有錢人家肯定不樂意，會出來阻撓。而政府機構戶部又只知按常規辦事，公文旅行不知到猴年馬月，也不會同意。因此，他奏請雍正乾綱獨斷，批准他在轄區實行。

雍正把李維鈞的奏章交給戶部及九卿詹事科道一起討論，並明確要求，要謀劃最好的辦法，來達到最好的效果。雍正定下的指導原則就是，要對國家收入沒有影響，又能對貧民有益，讓人挑不出毛病。

雍正最後批准了李維鈞丁銀按地畝等級攤入的改革設想，並對李維鈞的詳細規劃深感滿意，鼓勵他要相信自己，大膽地去改革。之後，山東、雲南、浙江、河南等省隨之進行了改革，丁歸田糧在全國全面展開。浙江在全面實施攤丁入糧的時候，因為對田多的富人的利益損害較大，而貧民又期望能早日實行，兩種勢力鬥爭異常激烈。

攤丁入糧實行以後，由於納糧人完成丁銀的能力大大高於無地的農民，所以政府徵收丁銀也有了保障。由此，國庫也就有了保障。由於不再按照人頭來收稅，人民也不再像以往那樣為了逃稅而隱匿人口、四處逃亡了，社會處於平穩狀態，這為生產力的發展創造了良好的環境。

「攤丁入畝」是賦稅制度的一項重大改革，的確是一件富國大事。雍正高瞻遠矚，果斷了事，顯示出雷厲風行的君王氣度。

農業為本，發展經濟

「導民務為第一要政」是雍正的基本國策。雍正貴為一國之君，以九鼎之尊來推行改革，其號召力、影響力是歷史上的改革帝皇所無法比擬的，這是雍正實施改革的最大優勢，也使其有機會直接就能切入改革的核心問題。

雍正即位不久，就說：「我國家休養生息，數十年來，戶口日繁，而土地止有此數，非率天下農民竭力耕耘，欲家室寧止，治不可得。」他較清楚地看到了人口繁多、墾田有限而食糧不足的問題，還有，他更清楚到了康熙末年，清政府出現了國庫空虛、財政吃緊，經濟萎靡不振的現象。為此雍正提出了重農務本，裕國安民的重要治國方略。

對於一個封建帝王來說，能在當政的十三年間，始終不渝地自覺堅持這種政治方計，也的確是難能可貴的了。他一上臺就說：「稼穡為生命之所關，非此不能生活，而其他皆不足恃。」「農事者，帝王所以承無養人，久安長治之本也。」

為了實現這一理想，雍正提出了以下措施。

大力推行墾田：雍正充分認識到了人口增長過快所造成的地少人多的現象。因此，他提出了大力推廣和獎勵墾田，以擴大耕地面積的計畫。雍正二年，雍正說開墾能夠解決民食問題，「於百姓最有裨益。」這是盡人皆知的道理，問題是他試圖克服墾荒中的一些難題。過去民間報墾，官員勒索費用，以致墾荒之費比買田價格還高，故而農民不願報墾。雍正下令，允許民人相度地宜，自墾自報，官吏不得勒索和阻撓。從前報墾，水田六年，旱田九年起科，雍正命水田照舊，旱田推遲為十年，並著為定例。山西、河南、山東閒曠土地，民人無力開墾的，官給牛具，起科後官給執照，永為世業。墾荒令下達後，各地陸續推行，而以田文鏡在河南實行最有力。

在墾荒中，雍正有組織地做了兩件事。一是直隸營田。二是組織寧夏墾荒。另外，雍正還修築了浙江、江南海塘。除了發展農業，雍正還試行井田，組織屯田，推廣水田。

古時有所謂的井田，其產是公田，是早在西周時期的一種土地國有制。《詩經》中所謂「普天之下，莫非王土。率土之濱，莫非王臣，」是說整個天下間，所有的土地都是君王的。所謂「朕即國家」，皇帝是國家的化身，所以是皇帝的也就是國家的。而沿著各塊土地的邊界行走的，都是國家派出的大臣。由於對周朝的這種土地公有制很感興趣，因此，雍正就想試行八旗井田制。

試行井田制是一種大膽的嘗試，作為一名滿人血統的君王，雍正不受羈絆，勇於開拓進取而少因襲包袱，從這個意義上可以說雍正是真正試行井田制的一位君主。

雍正二年，雍正皇帝總結駐防兵屯田的成功經驗，批准戶部侍郎塞德的建議，設立井田，命令撥霸州、永清、固安、新城等縣的官田二百多頃，作為井田；從京城八旗內選擇十六歲以上，六十歲以下沒有產業的人員前往耕種；每戶授給一百畝為私田，十二畝半為公田，八家共有公田一百畝；私田在外，公田在內，又給每戶十二畝半作蓋場圃，國家給蓋房屋，按人口分配。另外給每戶發銀五十兩，以購置耕牛、農具、種籽用。私田的收入歸併田戶，公田收成在三年以後全部交公。為辦理此事，雍正特別設置了井田管理處，派戶部侍郎塞德前往料理，真正在井田中實行井田制。雍正之所以這樣做，在於他力圖以此來發展旗人產業，希望以此改變旗人長期來脫離農業生產的現象。

願望固然是良好的，但是，井田制在八旗內實行以後，願意去耕作井田的人很少。井田制試行十年，最後以失敗而告終。

八旗井田制的失敗，主要是雍正的主觀願望未能符合客觀條件，因為一部分旗人長期脫離生產，早已成了四體不勤的寄生蟲，要他們改變習性和生活習慣，不是一般的行政命令所能做到的，所以，用這些人去實行井田制，他們就只能破壞井田生產而不能建設。

組織軍人屯田是雍正安民裕國的另一舉措：由於歷代封建王朝都擁有一支龐大的軍隊，因此，軍費開支就成了國家和平民百姓的一大經濟負擔。雍正繼位時，清政府每年的財政收入約三千萬兩白銀，而每年需要支出的兵餉就高達一千七百萬兩。這樣巨大的軍費開支，不但增加了政府老百姓的經濟負擔，同時更是國家的一大經濟重負。

有鑑於此，雍正在康熙時代軍隊屯田基礎上，大力推行軍隊屯田制度。為此，他曾發佈過多道上諭，其中在批准雲貴廣西總督鄂爾泰的屯田建議中說：「烏蒙地廣田多，應將無業田地，每兵賞給三十畝，或有丁餘，准其倍給，並量與牛、種、銀兩，勸令耕墾。」

雍正的這一舉措，可謂高明至極，其高明處表現在：一，軍隊有了田地，可以自給自足，必將減少國家的財政負擔；二，國家的財政負擔小了，最受益的當然是老百姓，因為老百姓可以在此減少大量的賦稅和徭役。民乏思亂，民富懷安，這樣，國家的經濟運轉必然會逐漸走上良性循環的軌道；三，在和平年代，大量的軍隊有了田種，就能牽制住他們的手腳，使他們無暇去做傷民擾民的事，這樣，無形中就減少了軍隊與平民百姓之間的矛盾。

其三是推廣水田種植，鼓勵農民改進生產技術，用農藝技術帶動農產品增長幅度。根據南北暖季的氣候條件，在北方種植一季水稻是可行的。雍正的這一策略雖好，但當時的北方農民卻一直習慣於種旱田，很少有人懂得種植水田的方法。為此，雍正命令怡親王總理其事，建立營田四局，設置水利營田府，負責此項工程。

水利營田府組成後，雍正派人從浙江招募了一批有經驗的老農擔任農藝師，具體教授耕種水田的方法，並請人打造了種植水田所需的農具，如水車、戽斗等。經過三年的努力，到雍正七年，已修築水田數千頃。據《清實錄》記載，當時直隸共營造水田八二八七頃，而且，新營水田全是「禾稻茂密，高四五尺，每畝可收穀五、六、七石不等」。特別是牙山縣和天津州營造的水田中，有的水稻「一莖三穗，或一莖雙穗」。

在北方大面積推廣水稻栽培技術是具有劃時代意義的一件大事。這件事自雍正開始，一直延續到今天。也給北方農業帶來了新的生機和活力，加速了農業的發展步伐。與推廣水田種植相配套的工程是大力發展水利事業。為此，雍正帝指示：水利事業「關係民生，必須一勞永逸，務要工程堅固，不得吝惜錢糧。」這就是說，興修水利是關係國計民生的百年大計，因此不能捨不得花錢花力，一定要把這些工程修築堅固。

雍正帝的這一看法，既表現了他興修水利、造福於民、防患於未然的決心，同時也顯示了他高屋建瓴的政治家氣度。為了使這一方針順利實施，從地方到中央，各級官吏必須起表率作用。雍正要求自己本人也不能例外，也要每年定期下到田間地頭，親自扶犁耕地，親自播種收割——這就是雍正推行的耕耤禮，並以此號召群臣和社會必須以農業為根本，明白「敬天勤民」的道理。

富國富民，朕之圖也

國家是一部機器，各個部門、各個環節都是這部機器上必不可少的一個零件，雍正雖然有嚴重的重農輕商傾向，但綜觀他對工商業的政策，整體來說還是扶持抑制兼而有之的。

之所以如此，主要還是因為他本人也看到了工商業對社會和國家有著不可忽視的作用。所謂「通商即所以理財，足民即所以利國」。也就是說，他也能夠認識到：保護工商業者，讓他們適當地得利，整體來說還是一件利國利民的好事。

他指出：「國家之設關稅，所以通商，而非以累商；所以便民，而非以病民也。近聞榷關者依靠胥役，任意勒索，雖貨多稅重，而蒙蔽不報者有之，或以重報者亦有之，不逐其欲，雖貨少稅輕，而停滯關口，候至數日，尚不得過。嗣後榷關者，務須秉公，實心查驗，過關船隻，隨到隨查。應報稅者，納稅及放，不得任意作弊、勒索阻滯，以副朕通商便民之意。」

雍正帝這段話是針對那些不法官員對商人任意勒索，擅自加重或減輕稅收的現象的，他特地指出：國家設立關稅部門，是為了通商而不是為了累商，是為了便民而不是為了傷民。因此他要求各稅收部門，自此之後必須杜絕貪污受賄坑害商人的現象，必須秉公辦事，對過往物資，隨到隨查，對應收的稅費，收稅後立即放行，不得任意作弊，不得勒索阻留。

此後，針對地方官員「額外加派，苦累商民，致使商民畏懼，裹足不前」的行為，雍正再次指出：「困商實所以自困也，致商人失業，國帑常虧。」這就是說，雍正已經看到了由於商人失業而導致的國庫空虛的現實。

為此他發佈上諭，指出：「各省商牙雜稅，額設牙帖，俱由藩司衙門頒發，不許州縣濫給。所以防增添之弊，不使貼累於商民也。近聞各省牙帖，歲有增添，即如各集物中，有雜貨小販，向來無藉牙行者，今概行給帖。而市井奸牙，遂恃此把持，抽分利息，是集場多一牙戶，商民即多一苦累，甚非平價通商之本意。著直省督撫，飭令備該藩司，因地制宜，著為定額，報部存案，不許有司任

雍正皇帝

意增添。嗣後止將額內退帖頂補之處，查明換給。再有新開集物，應設牙行者，酌定名數給發，亦報部存案。庶貿易小民，可永除牙行苛索之弊矣。」

這一政策的實施，既打擊了牙商，穩定了市場，同時還保護了商人的合法權益。因此，對促進商業發展，增加政府稅收產生了一定作用。

同時，為了促進商業發展，雍正還採取了這樣一項措施：即從國庫中撥出了九十萬兩白銀作為「生息銀兩」，並將這部分銀兩所產生的利息，做為對八旗和內府三旗官員兵丁的獎勵。

用銀兩購買土地供人租種的方法並不是雍正皇帝個人的獨創，但由國家政府提供高額借貸和辦當鋪及商店的作法，雍正帝當屬第一人。因為，在他當政初期，國庫存銀僅有八百萬兩，從中提出九十萬兩，相當於國存銀兩的十二%，由此可見，雍正帝的確是有魄力的。同時，由國家出資實施借貸，便與善通的高利貸有所不同了，特別是在清廷明文規定每兩銀子收息一分後，這種借貸業務因之走上了正經軌道，就有「國家銀行」的意思了。

提供借貸、收取息銀，這一方式既使清政府增加了收入，同時又使商業資金增多，因此對商業發展和資金流通都產生了促進作用。此外，由於開設了大部分商店和當鋪，有力地帶動了國家物資的交流與轉換。

以上事實證明，雍正帝並不是個徹頭徹尾冥頑不化的重農輕商的統治者，恰恰相反，作為一代高級領導人，在國家經濟建設中，他還是在不少方面起了一定的積極作用的。特別是向商人提供借貸一事，很能說明他具有駕馭經濟建設的能力和智慧，證明他是一位生財有道的君主。

為了利商便民，增加國家的稅收，雍正還廢除了康熙時期的許多禁令，在邊境地區設立了榷場即交易場，以開展邊境貿易。

由於雍正帝主張開發南洋，當時的清政府同越南、緬甸、菲律賓等東南亞國家官方貿易和民間貿易都有所增加。

以上這些活動，既促進了國與國之間的交流，同時也加深了世界各民族之間的溝通與瞭解。而雍正帝在這件事上所作的貢獻是有目共睹、功不可沒的。同時，他的這一舉措施也證明了他的遠見卓識。

正像雍正所說：「上天之善惡惟在公私二字，為國即為公，為己即為私，一涉私為自身利害計，便善事亦不能仰邀上天神明之鑑佑，何況其非善乎！若不貪利沽名作威作福，一派大公致身於國，何往何為而不蒙福也！」

壯哉！偉哉！

典藏中國：

01	三國志--限量精裝版	秦漢唐	定價：199元
02	三十六計--限量精裝版	秦漢唐	定價：199元
03	資治通鑑的故事--限量精裝版	秦漢唐	定價：249元
04-1	史記的故事	秦漢唐	定價：250元
05	大話孫子兵法--中國第一智慧書	黃樸民	定價：249元
06	速讀二十四史--上下	汪高鑫李傳印	定價：720元
08	速讀資治通鑑	汪高鑫李傳印	定價：380元
09	速讀中國古代文學名著	汪龍麟主編	定價：450元
10	速讀世界文學名著	楊坤　主編	定價：380元
11	易經的人生64個感悟	魯衛賓	定價：280元
12	心經心得	曾琦雲	定價：280元
13	淺讀《金剛經》	夏春芬	定價：210元
14	讀《三國演義》悟人生大智慧	王　峰	定價：240元
15	生命的箴言《菜根譚》	秦漢唐	定價：168元
16	讀孔孟老莊悟人生智慧	張永生	定價：220元
17	厚黑學全集【壹】絕處逢生	李宗吾	定價：300元
18	厚黑學全集【貳】舌燦蓮花	李宗吾	定價：300元
19	論語的人生64個感悟	馮麗莎	定價：280元
20	老子的人生64個感悟	馮麗莎	定價：280元
21	讀墨學法家悟人生智慧	張永生	定價：220元
22	左傳的故事	秦漢唐	定價：240元
23	歷代經典絕句三百首	張曉清 張笑吟	定價：260元
24	商用生活版《現代36計》	耿文國	定價：240元
25	禪話•禪音•禪心禪宗經典智慧故事全集	李偉楠	定價：280元
26	老子看破沒有說破的智慧	麥迪	定價：320元
27	莊子看破沒有說破的智慧	吳金衛	定價：320元
28	菜根譚看破沒有說破的智慧	吳金衛	定價：320元
29	孫子看破沒有說破的智慧	吳金衛	定價：320元
30	小沙彌說解 《心經》	禾慧居士	定價：250元
31	每天讀點《道德經》	王福振	定價：320元
32	推背圖和燒餅歌裡的歷史	邢群麟	定價：360元
33	易經：現代生活的智慧	孫三寶	定價：280元
34	《傳習錄》白話本	姜波	定價：330元
35	《史記》故事導讀		

人物中國：

01	解密商豪胡雪巖《五字商訓》	侯書森	定價：220元
02	睜眼看曹操-雙面曹操的陰陽謀略	長　浩	定價：220元
03	第一大貪官-和珅傳奇（精裝）	王輝盛珂	定價：249元
04	撼動歷史的女中豪傑	秦漢唐	定價：220元
05	睜眼看慈禧	李　傲	定價：240元
06	睜眼看雍正	李　傲	定價：240元
07	睜眼看秦皇	李　傲	定價：240元
08	風流倜儻-蘇東坡	門冀華	定價：200元
09	機智詼諧大學士-紀曉嵐	郭力行	定價：200元
10	貞觀之治-唐太宗之王者之道	黃錦波	定價：220元
11	傾聽大師李叔同	梁　靜	定價：240元
12	品中國古代帥哥	頤　程	定價：240元
13	禪讓--中國歷史上的一種權力遊戲	張　程	定價：240元
14	商賈豪俠胡雪巖(精裝)	秦漢唐	定價：169元
15	歷代后妃宮闈傳奇	秦漢唐	定價：260元
16	歷代后妃權力之爭	秦漢唐	定價：220元
17	大明叛降吳三桂	鳳　娟	定價：220元
18	鐵膽英雄一趙子龍	戴宗立	定價：260元
19	一代天驕成吉思汗	郝鳳娟	定價：230元
20	弘一大師李叔同的後半生-精裝	王湜華	定價：450元
21	末代皇帝溥儀與我	李淑賢口述	定價：280元
22	品關羽	東方誠明	定價：260元
23	明朝一哥　王陽明	呂　崢	定價：280元
24	季羨林的世紀人生	李　琴	定價：260元
25	民國十大奇女子的美麗與哀愁	蕭素均	定價：260元
26	這個宰相不簡單--張居正	逸　鳴	定價：260元
27	六世達賴喇嘛倉央嘉措的情與詩	任倬灝	定價：260元
28	曾國藩經世101智慧	吳金衛	定價：280元
29	魏晉原來是這麼瘋狂	姚勝祥	定價：280元
30	王陽明悟人生大智慧	秦漢唐	定價：280元
31	不同於戲裡說的雍正皇帝	秦漢唐	定價：240元
32	不同於戲裡說的慈禧太后	秦漢唐	定價：240元
33	不同於戲裡說的一代女皇武則天	秦漢唐	定價：240元
34	後宮女人心計	秦漢唐	定價：220元

國家圖書館出版品預行編目資料

不同於戲裡說的雍正皇帝 / 秦漢唐 作

-- 一版. -- 臺北市 :廣達文化，2012.9

; 公分. -（人物中國:31)（文經閣）

ISBN 978-957-713-503-2 (平裝)

1. 清世宗 2.傳記

627.3 101010040

文經閣

書山有路勤為徑
學海無涯苦作舟

不同於戲裡說的雍正皇帝

作　者：秦漢唐
叢書別：人物中國：31
出版者：廣達文化事業有限公司

文經閣企畫出版
Quanta Association Cultural Enterprises Co. Ltd
編輯執行總監：秦漢唐

編輯所：臺北市信義區中坡南路 287 號 5 樓
通訊：南港福德郵政 7-49 號
電話：27283588　傳真：27264126
劃撥帳號：19805171
戶名：廣達文化事業有限公司
E-mail：siraviko@seed.net.tw
www.quantabooks.com.tw

製　版：卡樂製版有限公司
印　刷：大裕印刷排版公司
裝　訂：秉成裝訂有限公司

代理行銷：創智文化有限公司
23674 新北市土城區忠承路 89 號 6 樓
電話：02-2268-3489　傳真：02-2269-6560

CVS 代理：美璟文化有限公司
電話：02-27239968　傳真：27239668

一版一刷：2012 年 9 月
定 價：240 元

書山有路勤為徑
學海無崖苦作舟

文經閣

書山有路勤為徑
學海無崖苦作舟

文經閣